KAMPFSPORT FÜR KINDER

EIN ELTERNRATGEBER von Dusan Drazic

Impressum

© 2024 Dusan Drazic

ISBN: 978-3-7693-1764-0

Web: www.martial-arts-center.de

Verlag: BoD · Books on Demand GmbH, In de Tarpen 42, 22848 Norderstedt

Druck: Libri Plureos GmbH, Friedensallee 273, 22763 Hamburg

Inhalt

Vorwort

Liebe Eltern,

es freut mich sehr, Sie auf den ersten Seiten dieses Buches begrüßen zu dürfen. Die Entscheidung, Ihr Kind in den Kampfsport einzuführen, ist eine bedeutende und aufregende Wahl. Sie setzen damit einen wichtigen Schritt in Richtung einer gesunden, selbstbewussten und ausgeglichenen Entwicklung Ihres Kindes. Als erfahrener Kampfsportler und Trainer habe ich über die Jahre unzählige Kinder und Jugendliche auf ihrem Weg begleitet und ihre beeindruckenden Fortschritte miterlebt. In diesem Vorwort möchte ich Ihnen einen ersten Überblick darüber geben, was Sie in diesem Buch erwartet und wie es Ihnen dabei helfen kann, die bestmöglichen Entscheidungen für Ihr Kind zu treffen.

Kampfsport ist weit mehr als nur körperliches Training. Es ist eine Lebensschule, die Kinder in vielerlei Hinsicht stärkt und fördert. In den folgenden Kapiteln werde ich ausführlich auf die zahlreichen Vorteile eingehen, die der Kampfsport für die körperliche, geistige, emotionale und soziale Entwicklung von Kindern bietet. Mein Ziel ist es, Ihnen als Eltern ein umfassendes Verständnis dafür zu vermitteln, warum der Kampfsport eine hervorragende Wahl für die Freizeitgestaltung und Persönlichkeitsentwicklung Ihres Kindes sein kann.

In den letzten Jahrzehnten hat sich der Kampfsport weltweit als beliebte Freizeitbeschäftigung etabliert. Doch der Weg dahin war nicht immer einfach. In vielen Kulturen wurde und wird der Kampfsport als reine Kampfkunst missverstanden, die ausschließlich auf körperliche Stärke und Gewalt abzielt. Diese Ansicht könnte nicht weiter von der Wahrheit entfernt sein. Kampfsport lehrt Respekt, Disziplin, Selbstkontrolle und Verantwortungsbewusstsein – Werte, die in unserer modernen Gesellschaft von unschätzbarem Wert sind.

Als Eltern spielen Sie eine entscheidende Rolle im Entwicklungsprozess Ihres Kindes. Ihre Unterstützung, Ermutigung und Ihr Verständnis sind essenziell, um die positiven Effekte des Kampfsports voll auszuschöpfen. Dieses Buch soll Ihnen dabei helfen, den richtigen Weg zu finden, um Ihr Kind optimal zu fördern und zu unterstützen. Ich werde Ihnen nicht nur die verschiedenen Kampfsportarten vorstellen, sondern auch wertvolle Tipps geben, wie Sie die passende Schule und den richtigen Trainer für Ihr Kind auswählen können. Zudem werden wir uns mit wichtigen Aspekten wie Sicherheit, Disziplin und der Rolle der Eltern im Trainingsprozess auseinandersetzen.

Es ist mir ein besonderes Anliegen, dass Sie als Eltern verstehen, wie Sie Ihrem Kind helfen können, die im Kampfsport erlernten Fähigkeiten und Werte auch im Alltag anzuwenden. Disziplin und Selbstvertrauen sind nicht nur im Dojo oder im Training wichtig, sondern in jeder Lebenslage – sei es in der Schule, im Freundeskreis oder später im Berufsleben. Der Kampfsport bietet eine einzigartige Plattform, um diese Qualitäten zu entwickeln und zu stärken.

Ich erinnere mich noch gut an meine ersten Schritte im Kampfsport. Damals war ich selbst ein Kind voller Neugier und Tatendrang, jedoch auch unsicher und manchmal ängstlich. Der Kampfsport hat mir geholfen, meine Ängste zu überwinden und mein Selbstbewusstsein zu stärken. Die Werte, die ich im Training gelernt habe, begleiten mich bis heute und haben mein Leben in vielerlei Hinsicht positiv geprägt. Diese Erfahrungen möchte ich mit Ihnen teilen, um Ihnen zu zeigen, welche wunderbaren Möglichkeiten der Kampfsport Ihrem Kind bieten kann.

Die positiven Effekte des Kampfsports gehen jedoch weit über das Training hinaus. Kinder lernen, ihre Emotionen zu kontrollieren, Ziele zu setzen und diese zu verfolgen. Sie entwickeln ein Gefühl der Zugehörigkeit und lernen, wie wichtig es ist, Teil eines Teams zu sein. Diese sozialen Fähigkeiten sind in unserer heutigen, oft individualistischen Gesellschaft von unschätzbarem Wert. Kinder, die Kampfsport betreiben, zeigen oft ein höheres Maß an Empathie und Mitgefühl, da sie lernen, ihre eigenen Grenzen und die ihrer Trainingspartner zu respektieren.

Ein weiterer wichtiger Aspekt ist die Sicherheit. Viele Eltern machen sich Sorgen über die Verletzungsgefahr im Kampfsport. In diesem Buch werde ich Ihnen zeigen, wie moderne Trainingsmethoden und die richtige Schutzausrüstung dazu beitragen, das Verletzungsrisiko zu minimieren. Zudem werde ich darauf eingehen, wie Sie die richtige Schule und den richtigen Trainer finden können, um sicherzustellen, dass Ihr Kind in einer sicheren und unterstützenden Umgebung trainiert.

Die Wahl der richtigen Kampfsportart kann eine Herausforderung sein, da es viele verschiedene Stile gibt, die alle ihre eigenen Vorzüge haben. Ob Karate, Judo, Taekwondo, Ving Tsun oder eine andere Kampfsportart – jede hat ihre eigenen Techniken und Philosophien. Ich werde Ihnen dabei helfen, die Unterschiede zu verstehen und die beste Wahl für Ihr Kind zu treffen. Dabei berücksichtige ich nicht nur die körperlichen Anforderungen, sondern auch die Interessen und Persönlichkeitsmerkmale Ihres Kindes.

Abschließend möchte ich betonen, dass der Weg des Kampfsports eine Reise ist, die sowohl Herausforderungen als auch Belohnungen mit sich bringt. Es ist eine Reise, die Ihr Kind nicht allein bestreiten muss. Ihre Unterstützung als Eltern ist von unschätzbarem Wert. Gemeinsam können Sie die Höhen und Tiefen des Trainings erleben, die Erfolge feiern und aus den Misserfolgen lernen. Der Kampfsport bietet eine wunderbare Möglichkeit, die Bindung zu Ihrem Kind zu stärken und gemeinsam wertvolle Erinnerungen zu schaffen.

Ich bin überzeugt, dass Sie durch die Lektüre dieses Buches einen tiefen Einblick in die Welt des Kampfsports gewinnen und die für Ihr Kind besten Entscheidungen treffen werden. Lassen Sie uns gemeinsam diese Reise antreten und die vielfältigen Vorteile des Kampfsports entdecken. Ich hoffe, dass dieses Buch Ihnen nicht nur als Ratgeber dient, sondern auch als Inspirationsquelle, um Ihr Kind auf seinem Weg zu einem gesunden, selbstbewussten und glücklichen Menschen zu begleiten.

Ein oft übersehener Vorteil des Kampfsports ist die Förderung der geistigen Gesundheit. Kinder, die regelmäßig Kampfsport betreiben, zeigen häufig eine verbesserte Fähigkeit, mit Stress umzugehen. Die Techniken zur Atmung und Meditation, die in vielen Kampfsportarten gelehrt werden, helfen ihnen, einen klaren Kopf zu bewahren und sich zu konzentrieren. Diese Fähigkeiten sind besonders in unserer heutigen, hektischen Welt von unschätzbarem Wert und können Ihrem Kind helfen, schulische und soziale Herausforderungen besser zu meistern.

Darüber hinaus fördert der Kampfsport eine gesunde Lebensweise. Kinder lernen die Bedeutung von körperlicher Betätigung und gesunder Ernährung kennen. Diese Prinzipien werden durch das Training und die Philosophie des Kampfsports verstärkt, was zu einer insgesamt gesünderen Lebensweise führt. Indem Sie Ihr Kind in den Kampfsport einführen, legen Sie den Grundstein für ein Leben voller Gesundheit und Wohlbefinden.

In diesem Buch werde ich Ihnen auch persönliche Erfolgsgeschichten von Kindern und ihren Eltern vorstellen, die durch den Kampfsport positive Veränderungen in ihrem Leben erfahren haben. Diese Geschichten sollen Ihnen Mut machen und Ihnen zeigen, welche positiven Auswirkungen der Kampfsport auf das Leben Ihres Kindes haben kann.

Mit herzlichen Grüßen,

Dusan Drazic

Einführung

Warum Kampfsport für Kinder?

Kampfsport ist weit mehr als nur eine körperliche Betätigung; er ist eine umfassende Disziplin, die Kinder in vielerlei Hinsicht fördert und stärkt. In diesem Abschnitt werde ich detailliert darlegen, warum Kampfsport eine ausgezeichnete Wahl für die Entwicklung Ihres Kindes ist. Wir werden die verschiedenen Vorteile auf physischer, mentaler, emotionaler und sozialer Ebene betrachten und verstehen, warum immer mehr Eltern sich für diese Form der sportlichen Betätigung für ihre Kinder entscheiden.

1. Physische Vorteile

Kampfsport bietet zahlreiche körperliche Vorteile, die sich positiv auf die Gesundheit und das Wohlbefinden Ihres Kindes auswirken. Kinder, die regelmäßig Kampfsport betreiben, entwickeln eine bessere Körperbeherrschung und Koordination. Die Bewegungsabläufe im Training fördern die Feinmotorik und verbessern das Gleichgewicht. Diese Fähigkeiten sind nicht nur im Sport, sondern auch im Alltag von großer Bedeutung.

Ein weiterer wichtiger Aspekt ist die Steigerung der allgemeinen Fitness. Kampfsporttraining beinhaltet eine Vielzahl von Übungen, die Kraft, Ausdauer, Schnelligkeit und Flexibilität fördern. Kinder lernen, ihren Körper besser einzuschätzen und ihre körperlichen Grenzen zu erkennen und zu erweitern. Dies führt zu einer verbesserten körperlichen Leistungsfähigkeit und kann Übergewicht und damit verbundene Gesundheitsprobleme vorbeugen.

2. Mentale Vorteile

Neben den physischen Vorteilen hat Kampfsport auch einen erheblichen Einfluss auf die geistige Entwicklung Ihres Kindes. Einer der größten Vorteile ist die Verbesserung der Konzentrationsfähigkeit. Beim Kampfsporttraining müssen Kinder sich auf komplexe Bewegungsabläufe und Techniken konzentrieren, was ihre Fähigkeit zur Fokussierung stärkt. Diese verbesserte Konzentration wirkt sich positiv auf schulische Leistungen und andere Lebensbereiche aus.

Darüber hinaus fördert Kampfsport die geistige Disziplin. Kinder lernen, Anweisungen zu befolgen, sich an Regeln zu halten und geduldig zu sein. Diese Fähigkeiten sind nicht nur im Training, sondern auch im schulischen und sozialen Umfeld von großer Bedeutung. Die Fähigkeit, sich selbst zu disziplinieren und sich auf langfristige Ziele zu konzentrieren, wird Ihrem Kind im weiteren Leben zugutekommen.

3. Emotionale Vorteile

Kampfsport bietet auch erhebliche emotionale Vorteile. Kinder lernen, ihre Emotionen zu kontrollieren und in positiven Bahnen zu lenken. Durch das Training und den Umgang mit Erfolg und Misserfolg entwickeln sie ein gesundes Selbstbewusstsein und Selbstwertgefühl. Die regelmäßige Teilnahme am Training und das Erreichen von Zielen, wie dem Erwerb neuer Gürtel oder dem Bestehen von Prüfungen, stärken das Selbstvertrauen und die Motivation.

Ein weiterer wichtiger Aspekt ist der Abbau von Stress und Aggressionen. Kampfsport bietet Kindern einen sicheren und kontrollierten Rahmen, in dem sie ihre Energie und Emotionen kanalisieren können. Dies hilft ihnen, negative Gefühle abzubauen und in positive Energie umzuwandeln. Kinder lernen, Konflikte friedlich zu lösen und entwickeln ein besseres Verständnis für ihre eigenen Emotionen und die ihrer Mitmenschen.

4. Soziale Vorteile

Kampfsport fördert auch die sozialen Fähigkeiten von Kindern. Im Training lernen sie, mit anderen Kindern zusammenzuarbeiten und sich gegenseitig zu respektieren. Die Prinzipien von Respekt, Höflichkeit und Fairness, die im Kampfsport vermittelt werden, sind in allen sozialen Interaktionen von Bedeutung. Kinder lernen, die Regeln zu befolgen und Verantwortung für ihr eigenes Verhalten zu übernehmen.

Darüber hinaus entwickeln Kinder im Kampfsporttraining ein starkes Gemeinschaftsgefühl. Sie werden Teil einer Gruppe, die gemeinsam trainiert und sich gegenseitig unterstützt. Dieses Gefühl der Zugehörigkeit stärkt die sozialen Bindungen und hilft Kindern,

Freundschaften zu knüpfen. Das Training bietet auch die Möglichkeit, positive Vorbilder zu finden und von erfahrenen Trainern und älteren Schülern zu lernen.

5. Historischer Hintergrund und kulturelle Bedeutung

Um die volle Bedeutung des Kampfsports zu verstehen, ist es hilfreich, einen Blick auf die Geschichte und die kulturelle Bedeutung dieser Disziplin zu werfen. Kampfsportarten wie Karate, Judo, Taekwondo und Ving Tsun haben ihre Wurzeln in verschiedenen Kulturen und Traditionen. Diese Disziplinen wurden über Jahrhunderte hinweg entwickelt und verfeinert, und jede hat ihre eigenen einzigartigen Techniken und Philosophien.

Die Geschichte des Kampfsports ist reich an Geschichten von Mut, Ehre und Entschlossenheit. Indem Kinder diese Geschichten kennenlernen, entwickeln sie ein tieferes Verständnis für die Werte und Prinzipien, die dem Kampfsport zugrunde liegen. Dies hilft ihnen, die Bedeutung von Respekt, Disziplin und Selbstkontrolle zu schätzen und in ihrem eigenen Leben umzusetzen.

6. Unterschiedliche Stile und ihre Besonderheiten

Es gibt eine Vielzahl von Kampfsportarten, jede mit ihren eigenen Techniken, Regeln und Philosophien. Einige der bekanntesten Stile sind Karate, Judo, Taekwondo, Ving Tsun und Kickboxen. Jeder dieser Stile hat seine eigenen Vorteile und kann je nach den individuellen Bedürfnissen und Vorlieben Ihres Kindes gewählt werden.

- Karate: Diese japanische Kampfkunst legt großen Wert auf Schlagtechniken, Kicks und Blocks. Karate fördert die körperliche Fitness und die mentale Disziplin.
- Judo: Ebenfalls aus Japan stammend, konzentriert sich Judo auf Würfe und Bodenkampf. Es lehrt Techniken zur Selbstverteidigung und fördert die körperliche und geistige Stärke.
- Taekwondo: Diese koreanische Kampfkunst ist bekannt für ihre hohen und kraftvollen Kicks. Taekwondo verbessert die Flexibilität, das Gleichgewicht und die Ausdauer.
- Ving Tsun: Ein südchinesischer Stil, der sich auf schnelle, effiziente Techniken und Selbstverteidigung konzentriert. Ving Tsun fördert die Reflexe und die Körperkontrolle.
- Kickboxen: Eine moderne Kampfsportart, die Elemente des Boxens und des Kickens kombiniert. Kickboxen ist ein intensives Ganzkörpertraining, das Kraft, Ausdauer und Koordination fördert.

Jede dieser Kampfsportarten bietet einzigartige Vorteile, und es ist wichtig, den richtigen Stil für Ihr Kind auszuwählen. Probetraining und Schnupperstunden können eine hervorragende Möglichkeit sein, um herauszufinden, welche Kampfsportart am besten zu den Interessen und Fähigkeiten Ihres Kindes passt.

7. Der Einfluss des Kampfsports auf das tägliche Leben

Die im Kampfsport erlernten Fähigkeiten und Werte sind nicht auf das Training beschränkt; sie haben einen tiefgreifenden Einfluss auf das tägliche Leben Ihres Kindes. Disziplin, Selbstkontrolle und Durchhaltevermögen sind Eigenschaften, die in vielen Bereichen des Lebens von Vorteil sind. Kinder, die Kampfsport betreiben, zeigen oft eine bessere schulische Leistung, da sie gelernt haben, sich zu konzentrieren und sich selbst zu motivieren.

Darüber hinaus fördert der Kampfsport eine positive Einstellung und ein gesundes Selbstbild. Kinder lernen, Herausforderungen zu meistern und sich nicht von Rückschlägen entmutigen zu lassen. Diese Resilienz ist eine wertvolle Lebenskompetenz, die ihnen hilft, sowohl in der Schule als auch im späteren Berufsleben erfolgreich zu sein.

8. Kampfsport als Mittel zur Selbstverteidigung

Ein weiterer wichtiger Aspekt des Kampfsports ist die Fähigkeit zur Selbstverteidigung. Kinder lernen, sich in gefährlichen Situationen zu verteidigen und Gefahren zu erkennen. Dies gibt ihnen nicht nur ein Gefühl der Sicherheit, sondern auch das Vertrauen, sich selbst zu schützen und in schwierigen Situationen ruhig zu bleiben.

Selbstverteidigungstechniken sind ein wesentlicher Bestandteil des Kampfsporttrainings. Kinder lernen, wie sie sich gegen Angriffe verteidigen können, ohne dabei aggressiv zu sein. Diese Fähigkeiten können in vielen Lebenssituationen nützlich sein und tragen dazu bei, das Selbstbewusstsein und die Selbstsicherheit Ihres Kindes zu stärken.

9. Die Rolle des Trainers

Ein guter Trainer spielt eine entscheidende Rolle im Kampfsporttraining Ihres Kindes. Er ist nicht nur ein Lehrer, sondern auch ein Mentor und Vorbild. Ein erfahrener und qualifizierter Trainer kann Ihr Kind auf seinem Weg begleiten und ihm die notwendigen Fähigkeiten und Werte vermitteln.

Bei der Auswahl eines Trainers ist es wichtig, auf die Qualifikationen und die Erfahrung zu achten. Ein guter Trainer sollte nicht nur über technisches Wissen verfügen, sondern auch in der Lage sein, Kinder zu motivieren und zu inspirieren. Er sollte ein sicheres und unterstützendes Umfeld schaffen, in dem Kinder ihre Fähigkeiten entwickeln und wachsen können.

10. Der Weg zum Erfolg

Der Weg des Kampfsports ist eine Reise, die sowohl Herausforderungen als auch Belohnungen mit sich bringt. Es ist wichtig, dass Kinder verstehen, dass Erfolg nicht über Nacht kommt, sondern durch harte Arbeit und Ausdauer erreicht wird. Der Prozess des Lernens und Wachsens ist ebenso wertvoll wie die Erreichung von Zielen.

Eltern können eine entscheidende Rolle dabei spielen, ihre Kinder auf diesem Weg zu unterstützen. Durch Ermutigung und positive Verstärkung können Sie Ihrem Kind helfen, seine Ziele zu erreichen und die Vorteile des Kampfsports voll auszuschöpfen. Gemeinsame Ziele zu setzen und die Fortschritte zu feiern, kann die Motivation und das Engagement Ihres Kindes stärken.

11. Langfristige Auswirkungen und persönliche Entwicklung

Die positiven Auswirkungen des Kampfsports erstrecken sich weit über die Kindheit hinaus und prägen die persönliche Entwicklung bis ins Erwachsenenalter. Kinder, die Kampfsport betreiben, entwickeln oft ein starkes Selbstbewusstsein und ein hohes Maß an Selbstdisziplin. Diese Eigenschaften sind in vielen Lebensbereichen von Vorteil und tragen zur beruflichen und persönlichen Entwicklung bei.

Durch die regelmäßige Teilnahme am Kampfsporttraining lernen Kinder, langfristige Ziele zu setzen und konsequent daran zu arbeiten. Dies fördert nicht nur ihre Zielstrebigkeit, sondern auch ihre Fähigkeit, Herausforderungen zu meistern und sich nicht von Rückschlägen entmutigen zu lassen. Diese Resilienz ist eine wertvolle Lebenskompetenz, die ihnen hilft, sowohl in der Schule als auch im späteren Berufsleben erfolgreich zu sein.

Ein weiterer wichtiger Aspekt ist die Entwicklung von Führungsfähigkeiten. Kinder, die Kampfsport betreiben, lernen, Verantwortung zu übernehmen und anderen als Vorbild zu dienen. Diese Führungsfähigkeiten sind nicht nur im Training, sondern auch in anderen Bereichen des Lebens von großem Wert. Sie helfen Kindern, sich in Gruppen zu integrieren und als positive Einflussnahme zu wirken.

12. Die Bedeutung von Ritualen und Traditionen

Kampfsport ist reich an Ritualen und Traditionen, die den Trainingsalltag strukturieren und eine tiefere Verbindung zur Geschichte und Kultur der jeweiligen Disziplin herstellen. Diese Rituale und Traditionen vermitteln wichtige Werte wie Respekt, Ehre und Disziplin. Kinder lernen, diese Werte zu schätzen und in ihrem täglichen Leben umzusetzen.

Rituale wie das Verbeugen vor und nach dem Training, das Tragen von traditionellen Uniformen und das Feiern von Fortschritten und Erfolgen tragen zur Schaffung einer positiven und respektvollen Trainingsumgebung bei. Diese Rituale stärken das Gemeinschaftsgefühl und fördern das Verständnis für die kulturelle Bedeutung des Kampfsports.

13. Integration in den Alltag

Kampfsport kann auch eine positive Integration in den Alltag der Kinder und ihrer Familien ermöglichen. Viele Kampfsportschulen bieten Familienprogramme an, bei denen Eltern und Kinder gemeinsam trainieren können. Dies fördert nicht nur die körperliche Fitness, sondern stärkt auch die familiären Bindungen und schafft gemeinsame Erlebnisse.

Die im Kampfsport erlernten Fähigkeiten und Werte können auch in anderen Bereichen des täglichen Lebens angewendet werden. Kinder lernen, sich zu konzentrieren, Herausforderungen zu meistern und respektvoll mit anderen umzugehen. Diese Fähigkeiten sind in der Schule, im Freundeskreis und später im Berufsleben von großem Wert.

14. Erfolgsgeschichten und Inspiration

Es gibt zahlreiche Erfolgsgeschichten von Kindern, die durch den Kampfsport positive Veränderungen in ihrem Leben erfahren haben. Diese Geschichten sind inspirierend und zeigen, welche vielfältigen Vorteile der Kampfsport bieten kann. Im Folgenden möchte ich einige dieser Geschichten teilen, um Ihnen zu zeigen, wie der Kampfsport das Leben von Kindern und ihren Familien positiv beeinflusst hat.

- Max, 10 Jahre alt: Max war ein schüchterner und zurückhaltender Junge, der Schwierigkeiten hatte, Freundschaften zu schließen. Durch den Kampfsport lernte er, selbstbewusster aufzutreten und seine sozialen Fähigkeiten zu verbessern. Heute ist Max ein aktives und beliebtes Mitglied seiner Trainingsgruppe und hat viele neue Freunde gefunden.
- Lisa, 12 Jahre alt: Lisa hatte mit Übergewicht und mangelndem Selbstvertrauen zu kämpfen. Durch das regelmäßige Kampfsporttraining konnte sie nicht nur ihr Gewicht reduzieren, sondern auch ihr Selbstbewusstsein stärken. Lisa hat gelernt, ihre Ziele konsequent zu verfolgen und ist heute eine der besten Schülerinnen in ihrer Klasse.
- Tom, 14 Jahre alt: Tom hatte Probleme, sich in der Schule zu konzentrieren und seine Hausaufgaben zu erledigen. Durch das Kampfsporttraining lernte er, sich besser zu fokussieren und seine Zeit effizient zu nutzen. Seine schulischen Leistungen haben sich deutlich verbessert, und er ist stolz auf seine Fortschritte.

Diese Geschichten zeigen, wie der Kampfsport Kindern helfen kann, ihre individuellen Herausforderungen zu meistern und sich positiv zu entwickeln. Sie sind ein Beweis dafür, dass der Kampfsport nicht nur körperliche Fitness fördert, sondern auch das Selbstbewusstsein, die Disziplin und die sozialen Fähigkeiten der Kinder stärkt.

Kapitel 1: Die Vorteile des Kampfsports für Kinder

1. Physische Vorteile

Kampfsport bietet zahlreiche physische Vorteile, die zur gesunden Entwicklung von Kindern beitragen. In diesem Abschnitt werden wir die verschiedenen körperlichen Vorteile detailliert betrachten und verstehen, warum Kampfsport eine ausgezeichnete Wahl für die Förderung der physischen Gesundheit von Kindern ist.

1.1 Verbesserung der körperlichen Fitness

Regelmäßiges Kampfsporttraining verbessert die allgemeine körperliche Fitness von Kindern. Durch die vielfältigen Bewegungsabläufe werden Ausdauer, Kraft, Schnelligkeit und Flexibilität gefördert. Das Training umfasst typischerweise Aufwärmübungen, Techniktraining, Partnerübungen und Abkühlungsphasen, die alle dazu beitragen, die körperliche Leistungsfähigkeit zu steigern.

- Ausdauer: Kampfsportarten wie Karate, Taekwondo und Kickboxen beinhalten intensive Cardio-Übungen, die die Herz-Kreislauf-Fitness verbessern. Kinder lernen, ihre Ausdauer zu erhöhen und ihre Energie effizient zu nutzen.
- Kraft: Durch Übungen wie Liegestütze, Sit-ups und spezielle Kampfsporttechniken wird die Muskulatur gestärkt. Dies fördert nicht nur die körperliche Stärke, sondern auch die Knochendichte und die allgemeine Gesundheit.
- Flexibilität: Viele Kampfsportarten legen großen Wert auf Dehnübungen, die die Flexibilität und Beweglichkeit der Kinder verbessern. Flexibilität ist wichtig, um Verletzungen vorzubeugen und die Leistung zu optimieren.
- Koordination: Kampfsport fördert die Hand-Auge-Koordination und die Körperbeherrschung. Kinder lernen, ihre Bewegungen präzise zu steuern und gleichzeitig auf ihre Umgebung zu achten.

1.2 Förderung der motorischen Fähigkeiten

Kampfsport fördert die Entwicklung der grob- und feinmotorischen Fähigkeiten von Kindern. Die präzisen Bewegungsabläufe und Techniken erfordern eine hohe Kontrolle und Koordination der Muskeln.

- Feinmotorik: Techniken wie Schläge, Tritte und Blocks erfordern eine präzise Handhabung und Kontrolle der Hände und Füße. Dies verbessert die Feinmotorik, die für viele Alltagsaktivitäten wichtig ist.

- Grobmotorik: Bewegungen wie Würfe, Sprünge und Drehungen fördern die grobmotorischen Fähigkeiten und verbessern die Körperbeherrschung und das Gleichgewicht.

1.3 Förderung des Gleichgewichts und der Körperbeherrschung

Ein weiterer wichtiger physischer Vorteil des Kampfsports ist die Verbesserung des Gleichgewichts und der Körperbeherrschung. Viele Techniken und Übungen im Kampfsport erfordern ein hohes Maß an Stabilität und Kontrolle.

- Gleichgewicht: Übungen wie Standtechniken und Bewegungsformen (Kata) helfen Kindern, ihr Gleichgewicht zu verbessern. Ein gutes Gleichgewicht ist nicht nur im Kampfsport wichtig, sondern auch für viele Alltagsaktivitäten.
- Körperbeherrschung: Kinder lernen, ihre Bewegungen präzise zu steuern und ihre Körperhaltung zu kontrollieren. Dies fördert eine bessere Körperbeherrschung und hilft, Verletzungen vorzubeugen.

1.4 Vorbeugung von Übergewicht und Gesundheitsproblemen

Regelmäßiges Kampfsporttraining hilft, Übergewicht zu verhindern und damit verbundene Gesundheitsprobleme zu vermeiden. Durch die intensive körperliche Betätigung wird der Kalorienverbrauch erhöht und der Stoffwechsel angeregt.

- Gewichtsmanagement: Kampfsportarten bieten ein effektives Training zur Gewichtskontrolle. Kinder, die regelmäßig trainieren, entwickeln eine gesunde Körperzusammensetzung und reduzieren das Risiko von Übergewicht.
- Herz-Kreislauf-Gesundheit: Durch die Verbesserung der Ausdauer und die Stärkung des Herz-Kreislauf-Systems wird das Risiko von Herzkrankheiten und anderen gesundheitlichen Problemen verringert.
- Muskel- und Knochengesundheit: Das Training stärkt die Muskulatur und fördert die Knochendichte, was das Risiko von Verletzungen und altersbedingten Erkrankungen reduziert.

1.5 Stärkung des Immunsystems

Ein weiterer bedeutender Vorteil des Kampfsports ist die Stärkung des Immunsystems. Regelmäßige körperliche Aktivität unterstützt das Immunsystem und hilft, Krankheiten vorzubeugen.

- Immunsystem: Sportliche Betätigung regt die Produktion von Immunzellen an und verbessert die Fähigkeit des Körpers, Infektionen abzuwehren. Kinder, die regelmäßig Kampfsport betreiben, sind oft seltener krank.
- Stressabbau: Kampfsport hilft, Stress abzubauen, der das Immunsystem schwächen kann. Durch das Training und die Entspannungstechniken lernen Kinder, besser mit Stress umzugehen und ihr Immunsystem zu stärken.

1.6 Förderung der Körperhaltung und Prävention von Haltungsschäden

Eine gute Körperhaltung ist entscheidend für die allgemeine Gesundheit und das Wohlbefinden. Kampfsportarten legen großen Wert auf eine korrekte Körperhaltung und helfen, Haltungsschäden zu verhindern.

- Körperhaltung: Durch gezielte Übungen und Techniken wird die Körperhaltung verbessert. Kinder lernen, ihren Rücken gerade zu halten und ihre Muskulatur richtig einzusetzen.
- Prävention von Haltungsschäden: Eine korrekte Körperhaltung hilft, Haltungsschäden wie Skoliose und Rundrücken zu vermeiden. Das Training stärkt die Rückenmuskulatur und fördert eine gesunde Haltung.

1.7 Verbesserung der Beweglichkeit und Reaktionsfähigkeit

Kampfsport fördert die Beweglichkeit und die Reaktionsfähigkeit von Kindern. Die schnellen und präzisen Bewegungen erfordern eine hohe Beweglichkeit und schnelle Reaktionen.

- Beweglichkeit: Dehnübungen und dynamische Bewegungsabläufe verbessern die Beweglichkeit der Gelenke und Muskeln. Dies ist wichtig, um Verletzungen vorzubeugen und die Leistung zu steigern.
- Reaktionsfähigkeit: Kampfsporttechniken erfordern schnelle und präzise Reaktionen auf die Bewegungen des Gegners. Dies fördert die Reaktionsfähigkeit und hilft Kindern, schneller und effektiver zu reagieren.

1.8 Förderung der Ausdauer und der mentalen Stärke

Neben den körperlichen Vorteilen fördert Kampfsport auch die Ausdauer und die mentale Stärke. Kinder lernen, durchzuhalten und ihre körperlichen Grenzen zu erweitern.

- Ausdauer: Intensive Trainingseinheiten verbessern die Ausdauer und die Fähigkeit, länger durchzuhalten. Dies ist nicht nur im Sport, sondern auch im Alltag von Vorteil.
- Mentale Stärke: Kinder lernen, sich auf ihre Ziele zu konzentrieren und Herausforderungen zu meistern. Dies stärkt ihre mentale Stärke und hilft ihnen, mit Stress und Druck umzugehen.

1.9 Entwicklung von Selbstverteidigungsfähigkeiten

Ein wichtiger Aspekt des Kampfsports ist die Entwicklung von Selbstverteidigungsfähigkeiten. Kinder lernen, sich in gefährlichen Situationen zu verteidigen und Gefahren zu erkennen.

- Selbstverteidigung: Techniken wie Schläge, Tritte und Blocks helfen Kindern, sich gegen Angriffe zu verteidigen. Dies gibt ihnen ein Gefühl der Sicherheit und das Vertrauen, sich selbst zu schützen.
- Gefahrenbewusstsein: Kinder lernen, potenzielle Gefahren zu erkennen und angemessen darauf zu reagieren. Dies fördert ihr Gefahrenbewusstsein und hilft ihnen, sich sicherer zu fühlen.

- 1.10 Förderung der Teamarbeit und des Gemeinschaftsgefühls

Kampfsport fördert die Teamarbeit und das Gemeinschaftsgefühl. Kinder lernen, mit anderen zusammenzuarbeiten und sich gegenseitig zu unterstützen.

- Teamarbeit: Übungen wie Partnertraining und Gruppentraining fördern die Teamarbeit und die Fähigkeit, mit anderen zusammenzuarbeiten. Dies stärkt die sozialen Fähigkeiten und das Gemeinschaftsgefühl.
- Gemeinschaftsgefühl: Kinder werden Teil einer Trainingsgemeinschaft, die gemeinsam trainiert und sich gegenseitig unterstützt. Dies fördert das Gemeinschaftsgefühl und hilft Kindern, sich in einer Gruppe wohlzufühlen.

1.11 Bedeutung von Respekt und Disziplin

Ein zentraler Aspekt des Kampfsports ist die Vermittlung von Respekt und Disziplin. Kinder lernen, respektvoll mit anderen umzugehen und sich an Regeln zu halten.

- Respekt: Kampfsport lehrt Kinder, Respekt vor ihren Trainern, Trainingspartnern und sich selbst zu haben. Dies ist eine wichtige soziale Fähigkeit, die in vielen Lebensbereichen von Bedeutung ist.
- Disziplin: Durch das Training lernen Kinder, sich selbst zu disziplinieren und sich an Regeln zu halten. Dies fördert die Selbstkontrolle und die Fähigkeit, sich auf langfristige Ziele zu konzentrieren.

1.12 Förderung der emotionalen Stabilität

Kampfsport trägt zur emotionalen Stabilität bei, indem er Kindern hilft, ihre Emotionen zu kontrollieren und in positiven Bahnen zu lenken.

- Emotionale Kontrolle: Durch das Training lernen Kinder, ihre Emotionen zu kontrollieren und angemessen auszudrücken. Dies fördert die emotionale Stabilität und hilft, Stress und Aggressionen abzubauen.
- Selbstwertgefühl: Erfolgreiche Erfahrungen im Training stärken das Selbstwertgefühl und das Selbstvertrauen der Kinder. Dies trägt zu einer positiven emotionalen Entwicklung bei.

1.13 Langfristige gesundheitliche Vorteile

Die langfristigen gesundheitlichen Vorteile des Kampfsports sind zahlreich. Kinder, die regelmäßig trainieren, entwickeln gesunde Gewohnheiten, die ein Leben lang von Vorteil sind.

- Gesunde Lebensweise: Kampfsport fördert eine gesunde Lebensweise, die körperliche Aktivität und gesunde Ernährung einschließt. Kinder lernen, wie wichtig es ist, sich regelmäßig zu bewegen und sich ausgewogen zu ernähren. Diese Gewohnheiten tragen dazu bei, ein gesundes Körpergewicht zu halten und das Risiko von chronischen Erkrankungen zu reduzieren.
- Prävention von Krankheiten: Durch regelmäßiges Training und die damit verbundene Stärkung des Herz-Kreislauf-Systems und des Immunsystems können Kinder ihr Risiko für viele chronische Krankheiten wie Herzkrankheiten, Diabetes und Fettleibigkeit senken. Diese positiven Auswirkungen bleiben oft bis ins Erwachsenenalter bestehen.

1.14 Förderung der geistigen Gesundheit

Kampfsport hat auch positive Auswirkungen auf die geistige Gesundheit von Kindern. Durch das Training und die damit verbundene körperliche Aktivität können Kinder Stress abbauen und ihre geistige Gesundheit verbessern.

- Stressabbau: Körperliche Aktivität ist eine hervorragende Möglichkeit, Stress abzubauen. Beim Kampfsport können Kinder ihren Alltagsstress durch intensive körperliche Betätigung abbauen. Dies hilft ihnen, sich zu entspannen und ihre geistige Gesundheit zu verbessern.
- Selbstbewusstsein und Selbstwertgefühl: Erfolgreiche Erfahrungen im Kampfsporttraining, wie das Erreichen neuer Gürtelgrade oder das Bestehen von Prüfungen, stärken das Selbstbewusstsein und das Selbstwertgefühl der Kinder. Diese positiven Gefühle tragen zu einer besseren geistigen Gesundheit bei und helfen den Kindern, sich sicherer und wohler zu fühlen.
- Förderung der Achtsamkeit: Viele Kampfsportarten beinhalten auch Techniken zur Förderung der Achtsamkeit und Konzentration. Diese Übungen helfen Kindern, im

Moment zu leben und ihre Gedanken zu kontrollieren. Dies kann besonders für Kinder mit Aufmerksamkeitsdefizit-Hyperaktivitätsstörung (ADHS) von Vorteil sein, da sie lernen, sich besser zu konzentrieren und ihre Impulse zu kontrollieren.

1.15 Verbesserung der Schlafqualität

Regelmäßige körperliche Aktivität, wie sie im Kampfsporttraining stattfindet, kann auch die Schlafqualität von Kindern verbessern. Guter Schlaf ist wichtig für die allgemeine Gesundheit und das Wohlbefinden.

- Tieferer Schlaf: Körperliche Betätigung hilft, den Körper zu ermüden und den Schlaf-Wach-Rhythmus zu regulieren. Kinder, die regelmäßig Kampfsport betreiben, schlafen oft tiefer und erholsamer. Dies trägt zu einer besseren Erholung und einer höheren Energie am nächsten Tag bei.
- Schlafmuster: Durch das Training entwickeln Kinder regelmäßigere Schlafmuster. Ein fester Trainingsplan kann dazu beitragen, dass Kinder einen geregelten Tagesablauf einhalten, was wiederum die Schlafgewohnheiten verbessert.

1.16 Förderung der kognitiven Fähigkeiten

Kampfsport kann auch die kognitiven Fähigkeiten von Kindern fördern. Durch die komplexen Bewegungsabläufe und Techniken, die im Training erlernt werden, werden verschiedene Bereiche des Gehirns aktiviert und trainiert.

- Kognitive Flexibilität: Die Fähigkeit, schnell zwischen verschiedenen Aufgaben und Techniken zu wechseln, fördert die kognitive Flexibilität. Kinder lernen, flexibel zu denken und sich schnell an neue Situationen anzupassen.
- Problemlösungsfähigkeiten: Im Kampfsport müssen Kinder oft Probleme lösen, wie zum Beispiel die beste Technik zur Verteidigung gegen einen bestimmten Angriff zu finden. Diese Problemlösungsfähigkeiten sind nicht nur im Training, sondern auch im schulischen und alltäglichen Leben von Vorteil.

1.17 Förderung der sozialen Fähigkeiten und Integration

Kampfsport bietet Kindern die Möglichkeit, soziale Fähigkeiten zu entwickeln und sich besser in soziale Gruppen zu integrieren. Das Training findet oft in Gruppen statt, was den sozialen Zusammenhalt und die Fähigkeit zur Zusammenarbeit fördert.

- Teamarbeit: Viele Übungen und Techniken im Kampfsport erfordern Teamarbeit. Kinder lernen, mit ihren Trainingspartnern zu kooperieren, sich gegenseitig zu unterstützen und gemeinsam Ziele zu erreichen. Diese Teamarbeit fördert die sozialen Fähigkeiten und hilft den Kindern, sich in Gruppen wohlzufühlen.

- Integration und Inklusion: Kampfsport kann auch ein Mittel zur Integration und Inklusion sein. Kinder aus verschiedenen sozialen und kulturellen Hintergründen können gemeinsam trainieren und voneinander lernen. Dies fördert das Verständnis und den Respekt für verschiedene Kulturen und Lebensweisen.

1.18 Entwicklung von Führungsqualitäten

Im Kampfsporttraining haben Kinder die Möglichkeit, Führungsqualitäten zu entwickeln. Sie lernen, Verantwortung zu übernehmen und als Vorbild für ihre Trainingspartner zu dienen.

- Verantwortungsbewusstsein: Kinder, die im Kampfsport erfolgreich sind, übernehmen oft Verantwortung für ihre jüngeren oder weniger erfahrenen Trainingspartner. Sie lernen, wie wichtig es ist, anderen zu helfen und sie zu unterstützen.
- Führungsrollen: Fortgeschrittene Schüler übernehmen häufig Führungsrollen im Training, wie zum Beispiel das Anleiten von Aufwärmübungen oder das Helfen bei der Durchführung von Techniken. Diese Erfahrungen fördern die Entwicklung von Führungsqualitäten und das Selbstbewusstsein.

1.19 Förderung von Durchhaltevermögen und Zielstrebigkeit

Durchhaltevermögen und Zielstrebigkeit sind wichtige Eigenschaften, die im Kampfsporttraining entwickelt werden. Kinder lernen, an ihren Zielen festzuhalten und sich durchzusetzen, auch wenn der Weg schwierig ist.

- Durchhaltevermögen: Kampfsporttraining erfordert viel Ausdauer und Durchhaltevermögen. Kinder lernen, Herausforderungen zu meistern und nicht aufzugeben, auch wenn der Fortschritt langsam erscheint. Diese Eigenschaft hilft ihnen, in vielen Bereichen des Lebens erfolgreich zu sein.
- Zielstrebigkeit: Durch das Setzen und Erreichen von Zielen, wie zum Beispiel dem Erwerb neuer Gürtelgrade, entwickeln Kinder eine starke Zielstrebigkeit. Sie lernen, sich auf ihre Ziele zu konzentrieren und kontinuierlich daran zu arbeiten, sie zu erreichen.

1.20 Förderung der emotionalen Intelligenz

Emotionale Intelligenz ist die Fähigkeit, die eigenen Emotionen und die Emotionen anderer zu erkennen, zu verstehen und zu managen. Kampfsporttraining fördert die Entwicklung der emotionalen Intelligenz bei Kindern.

- Selbstwahrnehmung: Kinder lernen, ihre eigenen Emotionen zu erkennen und zu verstehen. Sie entwickeln ein besseres Bewusstsein für ihre Gefühle und können diese besser kontrollieren.
- Empathie: Durch das Training mit anderen lernen Kinder, die Emotionen und Perspektiven ihrer Trainingspartner zu verstehen. Dies fördert die Empathie und das Mitgefühl für andere.
- Beziehungsmanagement: Kampfsport lehrt Kinder, wie sie positive Beziehungen aufbauen und Konflikte friedlich lösen können. Diese Fähigkeiten sind wichtig für die Entwicklung gesunder und stabiler sozialer Beziehungen.

1.21 Förderung der Kreativität

Kampfsport fördert auch die Kreativität der Kinder. Viele Kampfsportarten beinhalten kreative Elemente, wie zum Beispiel die Entwicklung eigener Techniken oder das Erstellen von Bewegungsformen (Kata).

- Kreative Techniken: Kinder lernen, ihre eigenen Techniken zu entwickeln und anzupassen. Diese fördern die Kreativität und das innovative Denken.
- Kata und Formen: Bewegungsformen wie Kata oder Poomse beinhalten oft kreative Elemente und erfordern eine hohe Konzentration und Vorstellungskraft. Kinder lernen, ihre Bewegungen zu gestalten und zu perfektionieren, was ihre kreative Entwicklung unterstützt.

2. Mentale Vorteile

Neben den physischen Vorteilen hat Kampfsport auch erhebliche positive Auswirkungen auf die geistige Entwicklung von Kindern. In diesem Abschnitt werden wir die verschiedenen mentalen Vorteile des Kampfsports betrachten und verstehen, warum er eine hervorragende Wahl für die Förderung der geistigen Gesundheit und Entwicklung Ihres Kindes ist.

2.1 Verbesserung der Konzentration und Aufmerksamkeit

Einer der größten mentalen Vorteile des Kampfsports ist die Verbesserung der Konzentrationsfähigkeit. Beim Kampfsporttraining müssen Kinder sich auf komplexe Bewegungsabläufe und Techniken konzentrieren, was ihre Fähigkeit zur Fokussierung stärkt. Diese verbesserte Konzentration wirkt sich positiv auf schulische Leistungen und andere Lebensbereiche aus.

- Fokussierung: Kampfsport erfordert eine hohe Konzentration auf die jeweilige Technik und die Reaktion des Gegners. Kinder lernen, sich intensiv auf eine Aufgabe zu konzentrieren und Ablenkungen zu ignorieren. Dies fördert ihre Fähigkeit, sich auch in der Schule und bei anderen Aufgaben besser zu konzentrieren.

- Aufmerksamkeit: Kinder müssen beim Training aufmerksam sein und schnell auf Anweisungen und Bewegungen reagieren. Dies verbessert ihre Aufmerksamkeitsspanne und ihre Fähigkeit, Details wahrzunehmen.

2.2 Förderung der geistigen Disziplin

Kampfsport fördert die geistige Disziplin, indem er Kindern beibringt, Anweisungen zu befolgen, sich an Regeln zu halten und geduldig zu sein. Diese Fähigkeiten sind nicht nur im Training, sondern auch im schulischen und sozialen Umfeld von großer Bedeutung.

- Regelbefolgung: Im Kampfsport gibt es klare Regeln und Strukturen, die eingehalten werden müssen. Kinder lernen, diese Regeln zu respektieren und sich daran zu halten. Dies fördert ihre Fähigkeit, auch in anderen Bereichen diszipliniert und regelkonform zu handeln.
- Geduld und Ausdauer: Viele Techniken im Kampfsport erfordern Geduld und wiederholtes Üben, um sie zu meistern. Kinder lernen, geduldig zu sein und sich durchzusetzen, auch wenn der Fortschritt langsam ist. Diese Ausdauer hilft ihnen, langfristige Ziele zu erreichen und Herausforderungen zu bewältigen.

2.3 Förderung der Selbstdisziplin und Selbstkontrolle

Kampfsport lehrt Kinder, sich selbst zu disziplinieren und ihre Impulse zu kontrollieren. Diese Fähigkeiten sind entscheidend für die persönliche Entwicklung und den Erfolg in vielen Lebensbereichen.

- Selbstdisziplin: Durch regelmäßiges Training und das Setzen von Zielen lernen Kinder, sich selbst zu motivieren und diszipliniert zu arbeiten. Sie entwickeln die Fähigkeit, sich auf ihre Aufgaben zu konzentrieren und kontinuierlich daran zu arbeiten, ihre Ziele zu erreichen.
- Selbstkontrolle: Kampfsport hilft Kindern, ihre Impulse zu kontrollieren und angemessen auf Herausforderungen zu reagieren. Sie lernen, ihre Emotionen zu beherrschen und in stressigen Situationen ruhig zu bleiben. Diese Selbstkontrolle ist wichtig für den Umgang mit Konflikten und Stress im Alltag.

2.4 Stärkung der Problemlösungsfähigkeiten

Kampfsport fördert auch die Problemlösungsfähigkeiten von Kindern. Durch die Auseinandersetzung mit verschiedenen Techniken und Taktiken lernen sie, kreative Lösungen zu finden und Herausforderungen zu meistern.

- Kreatives Denken: Kinder müssen im Kampfsport oft schnell auf unerwartete Situationen reagieren und kreative Lösungen finden. Dies fördert ihr kreatives Denken und ihre Fähigkeit, Probleme auf innovative Weise zu lösen.
- Strategisches Denken: Viele Kampfsportarten erfordern strategisches Denken und Planung. Kinder lernen, ihre Techniken und Taktiken zu planen und ihre Strategien anzupassen, um erfolgreich zu sein. Diese Fähigkeiten sind in vielen Lebensbereichen von Vorteil.

2.5 Förderung der Geduld und des Durchhaltevermögens

Kampfsport ist eine Disziplin, die Geduld und Durchhaltevermögen erfordert. Diese Eigenschaften sind entscheidend für den langfristigen Erfolg und helfen Kindern, ihre Ziele zu erreichen und Herausforderungen zu meistern.

- Geduld: Viele Techniken und Fähigkeiten im Kampfsport benötigen Zeit und wiederholtes Üben, um sie zu beherrschen. Kinder lernen, geduldig zu sein und sich kontinuierlich zu verbessern. Dies hilft ihnen, Frustrationen zu überwinden und motiviert zu bleiben.
- Durchhaltevermögen: Kinder lernen, nicht aufzugeben, auch wenn der Fortschritt langsam ist. Durchhaltevermögen ist eine wertvolle Eigenschaft, die ihnen hilft, in vielen Bereichen des Lebens erfolgreich zu sein, sei es in der Schule, im Beruf oder in persönlichen Projekten.

2.6 Entwicklung von Zielstrebigkeit und Ambitionen

Kampfsporttraining fördert die Zielstrebigkeit und Ambitionen von Kindern. Durch das Setzen und Erreichen von Zielen lernen sie, sich auf ihre Ziele zu konzentrieren und kontinuierlich daran zu arbeiten, sie zu erreichen.

- Zielsetzung: Im Kampfsport werden klare Ziele gesetzt, wie das Erreichen neuer Gürtelgrade oder das Bestehen von Prüfungen. Kinder lernen, diese Ziele zu verfolgen und sich auf ihre Erreichung zu konzentrieren.
- Ambitionen: Durch das Training entwickeln Kinder Ambitionen und den Wunsch, sich kontinuierlich zu verbessern. Sie lernen, dass harter Einsatz und Engagement notwendig sind, um Erfolg zu haben.

2.7 Verbesserung der emotionalen Intelligenz

Emotionale Intelligenz ist die Fähigkeit, die eigenen Emotionen und die Emotionen anderer zu erkennen, zu verstehen und zu managen. Kampfsporttraining fördert die Entwicklung der emotionalen Intelligenz bei Kindern.

- Selbstwahrnehmung: Kinder lernen, ihre eigenen Emotionen zu erkennen und zu verstehen. Sie entwickeln ein besseres Bewusstsein für ihre Gefühle und können diese besser kontrollieren.
- Empathie: Durch das Training mit anderen lernen Kinder, die Emotionen und Perspektiven ihrer Trainingspartner zu verstehen. Dies fördert die Empathie und das Mitgefühl für andere.
- Beziehungsmanagement: Kampfsport lehrt Kinder, wie sie positive Beziehungen aufbauen und Konflikte friedlich lösen können. Diese Fähigkeiten sind wichtig für die Entwicklung gesunder und stabiler sozialer Beziehungen.

2.8 Förderung der Selbstachtung und des Selbstbewusstseins

Selbstachtung und Selbstbewusstsein sind wichtige Aspekte der geistigen Gesundheit und des Wohlbefindens. Kampfsporttraining hilft Kindern, ein starkes Selbstbewusstsein und eine hohe Selbstachtung zu entwickeln.

- Selbstbewusstsein: Durch das Erlernen neuer Fähigkeiten und das Meistern von Herausforderungen entwickeln Kinder ein starkes Selbstbewusstsein. Sie wissen, dass sie in der Lage sind, ihre Ziele zu erreichen und Herausforderungen zu meistern.
- Selbstachtung: Erfolgreiche Erfahrungen im Training stärken die Selbstachtung und das Selbstwertgefühl der Kinder. Sie lernen, sich selbst zu respektieren und stolz auf ihre Leistungen zu sein.

2.9 Verbesserung der kognitiven Fähigkeiten

Kampfsport fördert auch die kognitiven Fähigkeiten von Kindern. Durch die komplexen Bewegungsabläufe und Techniken, die im Training erlernt werden, werden verschiedene Bereiche des Gehirns aktiviert und trainiert.

- Kognitive Flexibilität: Die Fähigkeit, schnell zwischen verschiedenen Aufgaben und Techniken zu wechseln, fördert die kognitive Flexibilität. Kinder lernen, flexibel zu denken und sich schnell an neue Situationen anzupassen.
- Problemlösungsfähigkeiten: Im Kampfsport müssen Kinder oft Probleme lösen, wie zum Beispiel die beste Technik zur Verteidigung gegen einen bestimmten Angriff zu finden. Diese Problemlösungsfähigkeiten sind nicht nur im Training, sondern auch im schulischen und alltäglichen Leben von Vorteil.

2.10 Förderung der Achtsamkeit und Konzentration

Viele Kampfsportarten beinhalten Techniken zur Förderung der Achtsamkeit und Konzentration. Diese Fähigkeiten sind besonders wertvoll für die geistige Gesundheit und die schulischen Leistungen der Kinder.

- Achtsamkeit: Durch Meditation und Atemübungen lernen Kinder, im Moment zu leben und ihre Gedanken zu kontrollieren. Diese Achtsamkeitstechniken helfen, Stress abzubauen und die geistige Klarheit zu verbessern.
- Konzentration: Intensive Konzentration auf Techniken und Bewegungsabläufe fördert die Fähigkeit, sich auf eine Aufgabe zu fokussieren. Diese verbesserte Konzentrationsfähigkeit wirkt sich positiv auf schulische Leistungen und andere Lebensbereiche aus.

2.11 Verbesserung der Gedächtnisfähigkeiten

Kampfsporttraining kann auch die Gedächtnisfähigkeiten der Kinder verbessern. Das Erlernen und Wiederholen von Techniken und Bewegungsabläufen stärkt das Gedächtnis.

- Kurzzeitgedächtnis: Kinder müssen sich Bewegungsabläufe und Techniken merken und diese im Training anwenden. Dies fördert das Kurzzeitgedächtnis und die Fähigkeit, sich neue Informationen schnell zu merken.
- Langzeitgedächtnis: Regelmäßiges Üben und Wiederholen von Techniken stärkt das Langzeitgedächtnis. Kinder lernen, sich komplexe Bewegungsabläufe dauerhaft zu merken.

2.12 Förderung der Kreativität

Kampfsport fördert auch die Kreativität der Kinder. Viele Kampfsportarten beinhalten kreative Elemente, wie zum Beispiel die Entwicklung eigener Techniken oder das Erstellen von Bewegungsformen (Kata).

- Kreative Techniken: Kinder lernen, ihre eigenen Techniken zu entwickeln und anzupassen. Dies fördert die Kreativität und das innovative Denken.
- Kata und Formen: Bewegungsformen wie Kata oder Poomsae beinhalten oft kreative Elemente und erfordern eine hohe Konzentration und Vorstellungskraft. Kinder lernen, ihre Bewegungen zu gestalten und zu perfektionieren, was ihre kreative Entwicklung unterstützt.

2.13 Förderung der geistigen Belastbarkeit

Kampfsport lehrt Kinder, geistig belastbar zu sein und Herausforderungen standzuhalten. Diese geistige Belastbarkeit ist wichtig für den Umgang mit Stress und schwierigen Situationen im Leben.

- Resilienz: Durch das Training lernen Kinder, Rückschläge zu überwinden und aus Fehlern zu lernen. Diese Resilienz hilft ihnen, auch in schwierigen Zeiten stark zu bleiben und sich nicht entmutigen zu lassen.
- Stressbewältigung: Kampfsport bietet Techniken zur Stressbewältigung, wie Atemübungen und Meditation. Kinder lernen, mit Stress umzugehen und ihre geistige Gesundheit zu erhalten.

2.14 Entwicklung von Selbstvertrauen und Selbstachtung

Selbstvertrauen und Selbstachtung sind entscheidend für die geistige Gesundheit und das Wohlbefinden. Kampfsporttraining hilft Kindern, ein starkes Selbstvertrauen und eine hohe Selbstachtung zu entwickeln.

- Selbstvertrauen: Durch das Erlernen neuer Fähigkeiten und das Meistern von Herausforderungen entwickeln Kinder ein starkes Selbstvertrauen. Sie wissen, dass sie in der Lage sind, ihre Ziele zu erreichen und Herausforderungen zu meistern.
- Selbstachtung: Erfolgreiche Erfahrungen im Training stärken die Selbstachtung und das Selbstwertgefühl der Kinder. Sie lernen, sich selbst zu respektieren und stolz auf ihre Leistungen zu sein.

2.15 Förderung der Entscheidungsfähigkeit

Kampfsport fördert die Entscheidungsfähigkeit der Kinder. Im Training müssen sie oft schnelle und wichtige Entscheidungen treffen, was ihre Fähigkeit verbessert, in stressigen Situationen die richtigen Entscheidungen zu treffen.

- Schnelle Entscheidungen: Viele Techniken im Kampfsport erfordern schnelle Entscheidungen. Kinder lernen, schnell zu reagieren und die besten Optionen abzuwägen.
- Bewusste Entscheidungen: Durch das Training entwickeln Kinder die Fähigkeit, bewusste und durchdachte Entscheidungen zu treffen. Sie lernen, die Konsequenzen ihrer Handlungen zu verstehen und verantwortungsbewusst zu handeln.

2.16 Förderung der Verantwortung und des Pflichtbewusstseins

Kampfsporttraining fördert das Verantwortungsbewusstsein und Pflichtgefühl der Kinder. Diese Eigenschaften sind entscheidend für die persönliche Entwicklung und den Erfolg in vielen Lebensbereichen.

- Verantwortungsbewusstsein: Kinder lernen, Verantwortung für ihr eigenes Handeln zu übernehmen. Sie erkennen, dass ihre Handlungen Konsequenzen haben und dass sie für ihre Entscheidungen und deren Auswirkungen verantwortlich sind.
- Pflichtbewusstsein: Im Kampfsport gibt es bestimmte Pflichten und Aufgaben, die erfüllt werden müssen. Kinder lernen, ihre Aufgaben ernst zu nehmen und sie zuverlässig zu erledigen. Diese Eigenschaft hilft ihnen, auch in der Schule und im späteren Berufsleben erfolgreich zu sein.

2.17 Förderung der sozialen Kompetenzen

Kampfsporttraining findet oft in Gruppen statt, was die sozialen Kompetenzen der Kinder fördert. Sie lernen, mit anderen zu interagieren und sich in sozialen Gruppen zurechtzufinden.

- Kommunikationsfähigkeiten: Kinder lernen, effektiv zu kommunizieren und sich klar auszudrücken. Dies ist wichtig, um Missverständnisse zu vermeiden und positive soziale Interaktionen zu fördern.
- Teamarbeit: Viele Übungen im Kampfsport erfordern Teamarbeit. Kinder lernen, mit ihren Trainingspartnern zu kooperieren und gemeinsam Ziele zu erreichen. Diese Fähigkeit zur Zusammenarbeit ist in vielen Lebensbereichen von Vorteil.
- Konfliktlösung: Im Kampfsport lernen Kinder, Konflikte friedlich und respektvoll zu lösen. Sie entwickeln Strategien zur Deeskalation und lernen, Kompromisse einzugehen und auf andere zuzugehen.

2.18 Förderung der positiven Einstellung und des Optimismus

Kampfsport fördert eine positive Einstellung und Optimismus. Kinder lernen, Herausforderungen als Chancen zu sehen und positiv zu denken.

- Positive Einstellung: Durch das Erreichen von Zielen und das Meistern von Herausforderungen entwickeln Kinder eine positive Einstellung. Sie lernen, dass sie durch harte Arbeit und Engagement erfolgreich sein können.
- Optimismus: Kampfsport lehrt Kinder, optimistisch zu bleiben, auch wenn der Weg schwierig ist. Sie entwickeln die Fähigkeit, das Positive in jeder Situation zu sehen und sich nicht von Rückschlägen entmutigen zu lassen.

2.19 Förderung der Zielorientierung und Planungskompetenzen

Kampfsporttraining fördert die Zielorientierung und die Fähigkeit, Pläne zu machen und diese umzusetzen. Diese Kompetenzen sind entscheidend für den langfristigen Erfolg.

- Zielorientierung: Kinder lernen, klare Ziele zu setzen und sich auf deren Erreichung zu konzentrieren. Sie entwickeln die Fähigkeit, ihre Anstrengungen zu fokussieren und ihre Ziele systematisch zu verfolgen.
- Planungskompetenzen: Durch das Training lernen Kinder, Pläne zu machen und ihre Fortschritte zu überwachen. Sie entwickeln die Fähigkeit, ihre Zeit und ihre Ressourcen effektiv zu nutzen, um ihre Ziele zu erreichen.

2.20 Förderung der Anpassungsfähigkeit und Flexibilität

Kampfsporttraining fördert die Anpassungsfähigkeit und Flexibilität der Kinder. Diese Eigenschaften sind wichtig, um in einer sich ständig verändernden Welt erfolgreich zu sein.

- Anpassungsfähigkeit: Kinder lernen, sich schnell an neue Situationen und Herausforderungen anzupassen. Sie entwickeln die Fähigkeit, flexibel zu denken und ihre Strategien anzupassen, um erfolgreich zu sein.
- Flexibilität: Im Kampfsport müssen Kinder oft ihre Techniken und Taktiken ändern, um auf die Bewegungen ihrer Gegner zu reagieren. Diese Fähigkeit zur Flexibilität ist in vielen Lebensbereichen von Vorteil.

2.21 Förderung der geistigen Ausdauer und Belastbarkeit

Kampfsport fördert die geistige Ausdauer und Belastbarkeit der Kinder. Diese Eigenschaften sind wichtig, um Herausforderungen zu meistern und langfristig erfolgreich zu sein.

- Geistige Ausdauer: Kinder lernen, auch bei schwierigen Aufgaben und Herausforderungen nicht aufzugeben. Sie entwickeln die Fähigkeit, langfristig an ihren Zielen zu arbeiten und sich nicht von Rückschlägen entmutigen zu lassen.
- Belastbarkeit: Durch das Training lernen Kinder, mit Stress und Druck umzugehen. Sie entwickeln die Fähigkeit, auch in stressigen Situationen ruhig und konzentriert zu bleiben und ihre Aufgaben erfolgreich zu erledigen.

3. Emotionale Vorteile

Kampfsport bietet zahlreiche emotionale Vorteile, die zur gesunden Entwicklung von Kindern beitragen. In diesem Abschnitt werden wir die verschiedenen emotionalen Vorteile des Kampfsports betrachten und verstehen, warum er eine ausgezeichnete Wahl für die Förderung des emotionalen Wohlbefindens und der Stabilität Ihres Kindes ist.

3.1 Stärkung des Selbstbewusstseins

Kampfsport trägt erheblich zur Stärkung des Selbstbewusstseins von Kindern bei. Durch das Erlernen neuer Fähigkeiten und das Meistern von Herausforderungen entwickeln sie ein starkes Gefühl der Selbstsicherheit.

- Erfolgserlebnisse: Jedes Mal, wenn ein Kind eine neue Technik erlernt oder eine Prüfung besteht, erlebt es ein Erfolgserlebnis. Diese positiven Erfahrungen stärken das Selbstbewusstsein und motivieren das Kind, weiterzumachen.
- Selbstwirksamkeit: Kinder entwickeln das Gefühl, dass sie durch ihre eigenen Anstrengungen erfolgreich sein können. Diese Selbstwirksamkeit ist entscheidend für das Selbstbewusstsein und das Vertrauen in die eigenen Fähigkeiten.

3.2 Verbesserung der emotionalen Stabilität

Kampfsport hilft Kindern, ihre Emotionen zu kontrollieren und eine größere emotionale Stabilität zu erreichen. Dies ist besonders wichtig für die Entwicklung eines gesunden emotionalen Zustands.

- Emotionale Kontrolle: Durch das Training lernen Kinder, ihre Emotionen zu erkennen und zu kontrollieren. Sie lernen, ruhig zu bleiben und ihre Gefühle auf konstruktive Weise auszudrücken.
- Stressabbau: Körperliche Aktivität und Techniken wie Atemübungen und Meditation helfen, Stress abzubauen. Kinder, die regelmäßig trainieren, sind oft emotional stabiler und weniger anfällig für stressbedingte Probleme.

3.3 Abbau von Aggressionen und negativem Verhalten

Kampfsport bietet Kindern einen sicheren und kontrollierten Rahmen, um Aggressionen abzubauen und negatives Verhalten zu reduzieren.

- Aggressionsabbau: Durch intensive körperliche Betätigung können Kinder überschüssige Energie und Aggressionen abbauen. Dies hilft ihnen, ruhiger und ausgeglichener zu werden.
- Verhaltensverbesserung: Kinder lernen, ihre Emotionen und ihr Verhalten zu kontrollieren. Dies führt zu einer Reduzierung von negativem Verhalten und einer Verbesserung des allgemeinen Benehmens.

3.4 Förderung der Resilienz

Resilienz ist die Fähigkeit, sich von Rückschlägen zu erholen und aus Herausforderungen gestärkt hervorzugehen. Kampfsport fördert die Resilienz bei Kindern und hilft ihnen, widerstandsfähiger zu werden.

- Umgang mit Rückschlägen: Im Kampfsport erfahren Kinder sowohl Erfolge als auch Misserfolge. Sie lernen, mit Rückschlägen umzugehen und daraus zu lernen. Diese Erfahrung fördert ihre Fähigkeit, sich von schwierigen Situationen zu erholen.
- Stärkung des Durchhaltevermögens: Durch das ständige Üben und die Notwendigkeit, sich immer wieder neuen Herausforderungen zu stellen, entwickeln Kinder ein starkes Durchhaltevermögen. Diese Resilienz hilft ihnen, in vielen Lebensbereichen erfolgreich zu sein.

3.5 Verbesserung der sozialen Fähigkeiten

Kampfsport fördert die sozialen Fähigkeiten und hilft Kindern, besser mit anderen zu interagieren und Beziehungen aufzubauen.

- Teamarbeit: Viele Übungen im Kampfsport erfordern Teamarbeit. Kinder lernen, mit anderen zusammenzuarbeiten und gemeinsam Ziele zu erreichen. Dies stärkt ihre sozialen Fähigkeiten und ihr Gemeinschaftsgefühl.
- Kommunikation: Kinder lernen, effektiv zu kommunizieren und sich klar auszudrücken. Diese Kommunikationsfähigkeiten sind wichtig, um positive soziale Interaktionen zu fördern und Missverständnisse zu vermeiden.

3.6 Förderung der Empathie und des Mitgefühls

Kampfsport hilft Kindern, Empathie und Mitgefühl für andere zu entwickeln. Diese Fähigkeiten sind entscheidend für das Verständnis und den respektvollen Umgang miteinander.

- Empathie: Im Training lernen Kinder, die Perspektiven und Emotionen ihrer Trainingspartner zu verstehen. Diese Fähigkeit zur Empathie fördert das Mitgefühl und hilft Kindern, sich in andere hineinzuversetzen.
- Mitgefühl: Kinder lernen, anderen zu helfen und zu unterstützen. Dies stärkt ihr Mitgefühl und ihre Bereitschaft, sich um das Wohl anderer zu kümmern.

3.7 Förderung der emotionalen Intelligenz

Emotionale Intelligenz umfasst die Fähigkeit, die eigenen Emotionen und die Emotionen anderer zu erkennen, zu verstehen und zu managen. Kampfsporttraining fördert die Entwicklung der emotionalen Intelligenz bei Kindern.

- Selbstwahrnehmung: Kinder lernen, ihre eigenen Emotionen zu erkennen und zu verstehen. Sie entwickeln ein besseres Bewusstsein für ihre Gefühle und können diese besser kontrollieren.
- Soziale Fähigkeiten: Durch die Interaktion mit anderen entwickeln Kinder wichtige soziale Fähigkeiten, wie zum Beispiel das Erkennen und Reagieren auf die Emotionen anderer. Diese Fähigkeiten sind entscheidend für den Aufbau und die Pflege positiver Beziehungen.

3.8 Förderung der positiven Selbstwahrnehmung

Kampfsport hilft Kindern, eine positive Selbstwahrnehmung zu entwickeln und stolz auf ihre Fähigkeiten und Leistungen zu sein.

- Selbstwertgefühl: Erfolgreiche Erfahrungen im Training stärken das Selbstwertgefühl und das Selbstbewusstsein der Kinder. Sie lernen, sich selbst zu respektieren und stolz auf ihre Leistungen zu sein.
- Selbstakzeptanz: Kinder entwickeln ein gesundes Selbstbild und lernen, sich so zu akzeptieren, wie sie sind. Dies fördert eine positive Selbstwahrnehmung und trägt zu einem gesunden emotionalen Zustand bei.

3.9 Förderung der inneren Ruhe und Gelassenheit

Kampfsport beinhaltet oft Techniken zur Förderung der inneren Ruhe und Gelassenheit, wie zum Beispiel Atemübungen und Meditation. Diese Techniken helfen Kindern, einen Zustand der Ruhe und Gelassenheit zu erreichen.

- Innere Ruhe: Durch regelmäßiges Training und Achtsamkeitsübungen lernen Kinder, sich zu entspannen und innerlich ruhig zu bleiben. Diese innere Ruhe hilft ihnen, besser mit Stress und Herausforderungen umzugehen.
- Gelassenheit: Kinder entwickeln die Fähigkeit, gelassen zu bleiben, auch in schwierigen Situationen. Diese Gelassenheit fördert die emotionale Stabilität und hilft, impulsives Verhalten zu reduzieren.

3.10 Stärkung der emotionalen Bindungen

Kampfsport kann auch die emotionalen Bindungen zwischen Eltern und Kindern stärken, insbesondere wenn sie gemeinsam trainieren.

- Gemeinsame Aktivitäten: Durch das gemeinsame Training können Eltern und Kinder wertvolle Zeit miteinander verbringen und ihre Beziehung stärken. Gemeinsame Aktivitäten fördern das Verständnis und die Kommunikation innerhalb der Familie.

- Eltern-Kind-Training: Spezielle Eltern-Kind-Trainingseinheiten bieten die Möglichkeit, gemeinsam zu lernen und zu wachsen. Diese gemeinsamen Erlebnisse schaffen starke familiäre Bindungen und fördern das Vertrauen und die Zusammenarbeit.

3.11 Förderung der positiven Lebenshaltung

Kampfsport fördert eine positive Lebenshaltung und die Entwicklung von Optimismus und Lebensfreude.

- Positive Einstellung: Kinder lernen, Herausforderungen als Chancen zu sehen und positiv zu denken. Diese positive Einstellung hilft ihnen, motiviert zu bleiben und sich nicht von Rückschlägen entmutigen zu lassen.
- Optimismus: Kampfsport lehrt Kinder, optimistisch zu bleiben, auch wenn der Weg schwierig ist. Sie entwickeln die Fähigkeit, das Positive in jeder Situation zu sehen und sich auf ihre Ziele zu konzentrieren.

3.12 Förderung der emotionalen Resilienz

Emotionale Resilienz ist die Fähigkeit, sich von Rückschlägen und schwierigen Situationen zu erholen. Kampfsporttraining stärkt diese Resilienz bei Kindern.

- Umgang mit Niederlagen: Im Kampfsport erfahren Kinder sowohl Erfolge als auch Niederlagen. Sie lernen, wie wichtig es ist, aus Fehlern zu lernen und sich nicht von Rückschlägen entmutigen zu lassen. Diese Fähigkeit, sich zu erholen und weiterzumachen, ist entscheidend für ihre emotionale Resilienz.
- Anpassungsfähigkeit: Kinder entwickeln die Fähigkeit, sich an verschiedene Situationen anzupassen und flexibel zu reagieren. Diese Anpassungsfähigkeit hilft ihnen, besser mit Veränderungen und Herausforderungen umzugehen.

3.13 Förderung der Zielstrebigkeit und des Ehrgeizes

Kampfsport fördert die Zielstrebigkeit und den Ehrgeiz der Kinder. Durch das Setzen und Erreichen von Zielen lernen sie, sich kontinuierlich zu verbessern und ehrgeizig zu sein.

- Zielsetzung: Kinder lernen, realistische Ziele zu setzen und darauf hinzuarbeiten. Dies fördert ihre Zielstrebigkeit und ihren Ehrgeiz, ihre Ziele zu erreichen.
- Motivation: Durch die Erfahrung, dass harte Arbeit und Engagement zu Erfolgen führen, entwickeln Kinder eine starke Motivation, weiterzumachen und sich kontinuierlich zu verbessern.

3.14 Förderung der Selbstachtung und des Selbstwertgefühls

Selbstachtung und Selbstwertgefühl sind entscheidend für die emotionale Gesundheit und das Wohlbefinden von Kindern. Kampfsporttraining stärkt diese Eigenschaften.

- Selbstachtung: Kinder lernen, sich selbst zu respektieren und stolz auf ihre Leistungen zu sein. Erfolgreiche Erfahrungen im Training stärken das Selbstwertgefühl und die Selbstachtung.
- Selbstwertgefühl: Durch das Erlernen neuer Fähigkeiten und das Meistern von Herausforderungen entwickeln Kinder ein starkes Selbstwertgefühl. Sie wissen, dass sie durch ihre eigenen Anstrengungen erfolgreich sein können.

3.15 Förderung der sozialen Integration

Kampfsport bietet Kindern die Möglichkeit, soziale Bindungen zu knüpfen und sich in eine Gemeinschaft zu integrieren. Dies fördert die soziale Integration und das Gefühl der Zugehörigkeit.

- Gemeinschaftsgefühl: Kinder werden Teil einer Trainingsgemeinschaft, die gemeinsam trainiert und sich gegenseitig unterstützt. Dieses Gemeinschaftsgefühl stärkt ihre sozialen Bindungen und hilft ihnen, sich in einer Gruppe wohlzufühlen.
- Freundschaften: Durch das Training haben Kinder die Möglichkeit, neue Freundschaften zu schließen und bestehende Freundschaften zu stärken. Diese sozialen Bindungen sind wichtig für ihr emotionales Wohlbefinden.

3.16 Förderung der Selbstkontrolle und Impulskontrolle

Kampfsport lehrt Kinder, ihre Impulse zu kontrollieren und besonnen zu handeln. Diese Fähigkeiten sind entscheidend für die persönliche und soziale Entwicklung.

- Selbstkontrolle: Durch das Training lernen Kinder, ihre Emotionen und Impulse zu kontrollieren. Sie entwickeln die Fähigkeit, in stressigen Situationen ruhig und besonnen zu bleiben.
- Impulskontrolle: Kinder lernen, impulsives Verhalten zu kontrollieren und überlegte Entscheidungen zu treffen. Diese Impulskontrolle ist wichtig für den Umgang mit Konflikten und Herausforderungen.

3.17 Förderung der Gelassenheit und inneren Ruhe

Kampfsport beinhaltet oft Techniken zur Förderung der Gelassenheit und inneren Ruhe, wie zum Beispiel Atemübungen und Meditation. Diese Techniken helfen Kindern, einen Zustand der Ruhe und Gelassenheit zu erreichen.

- Innere Ruhe: Durch regelmäßiges Training und Achtsamkeitsübungen lernen Kinder, sich zu entspannen und innerlich ruhig zu bleiben. Diese innere Ruhe hilft ihnen, besser mit Stress und Herausforderungen umzugehen.
- Gelassenheit: Kinder entwickeln die Fähigkeit, gelassen zu bleiben, auch in schwierigen Situationen. Diese Gelassenheit fördert die emotionale Stabilität und hilft, impulsives Verhalten zu reduzieren.

3.18 Stärkung der familiären Bindungen

Kampfsport kann auch die Bindungen innerhalb der Familie stärken, insbesondere wenn Eltern und Kinder gemeinsam trainieren.

- Gemeinsame Aktivitäten: Durch das gemeinsame Training können Eltern und Kinder wertvolle Zeit miteinander verbringen und ihre Beziehung stärken. Gemeinsame Aktivitäten fördern das Verständnis und die Kommunikation innerhalb der Familie.
- Eltern-Kind-Training: Spezielle Eltern-Kind-Trainingseinheiten bieten die Möglichkeit, gemeinsam zu lernen und zu wachsen. Diese gemeinsamen Erlebnisse schaffen starke familiäre Bindungen und fördern das Vertrauen und die Zusammenarbeit.

3.19 Förderung der Verantwortungsbereitschaft

Kampfsporttraining fördert die Verantwortungsbereitschaft der Kinder. Sie lernen, Verantwortung für ihr eigenes Handeln und ihre Entscheidungen zu übernehmen.

- Persönliche Verantwortung: Kinder entwickeln ein Bewusstsein dafür, dass ihre Handlungen Konsequenzen haben. Sie lernen, Verantwortung für ihre Fehler zu übernehmen und aus ihnen zu lernen.
- Verantwortung gegenüber anderen: Im Kampfsport ist es wichtig, Verantwortung für die Sicherheit und das Wohlbefinden der Trainingspartner zu übernehmen. Dies stärkt das Verantwortungsbewusstsein und die Fürsorge gegenüber anderen.

3.20 Förderung des Gemeinschaftsgefühls

Kampfsport bietet Kindern die Möglichkeit, Teil einer Gemeinschaft zu sein und das Gemeinschaftsgefühl zu stärken.

- Zusammenhalt: Kinder erleben, wie wichtig der Zusammenhalt innerhalb einer Trainingsgruppe ist. Sie lernen, dass Zusammenarbeit und gegenseitige Unterstützung entscheidend für den Erfolg der gesamten Gruppe sind.

- Gemeinschaftliche Aktivitäten: Gemeinsame Trainingseinheiten und Veranstaltungen fördern das Gemeinschaftsgefühl und die Zusammenarbeit. Kinder entwickeln ein starkes Gefühl der Zugehörigkeit und Zusammengehörigkeit.

3.21 Förderung der emotionalen Ausdrucksfähigkeit

Kampfsport bietet Kindern einen sicheren Rahmen, um ihre Emotionen auszudrücken und zu verarbeiten.

- Emotionale Ausdrucksfähigkeit: Kinder lernen, ihre Gefühle auf gesunde und konstruktive Weise auszudrücken. Dies hilft ihnen, ihre Emotionen zu verarbeiten und negative Gefühle abzubauen.
- Verarbeitung von Emotionen: Durch das Training und die körperliche Betätigung können Kinder ihre Emotionen kanalisieren und auf positive Weise verarbeiten. Dies fördert die emotionale Stabilität und das Wohlbefinden.

3.22 Förderung der Entspannung und Stressbewältigung

Kampfsport beinhaltet oft Techniken zur Förderung der Entspannung und Stressbewältigung, wie zum Beispiel Atemübungen und Meditation. Diese Techniken helfen Kindern, besser mit Stress umzugehen und sich zu entspannen.

- Entspannungstechniken: Kinder lernen, verschiedene Entspannungstechniken anzuwenden, um sich zu beruhigen und Stress abzubauen. Diese Techniken sind besonders nützlich in stressigen Situationen und fördern die allgemeine Entspannung.
- Stressbewältigungsstrategien: Durch das Training entwickeln Kinder Strategien zur Bewältigung von Stress. Sie lernen, wie sie in stressigen Situationen ruhig und konzentriert bleiben können.

3.23 Förderung der inneren Stärke und Selbstbeherrschung

Kampfsport stärkt die innere Stärke und Selbstbeherrschung der Kinder. Diese Eigenschaften sind wichtig für die persönliche Entwicklung und den Umgang mit Herausforderungen.

- Innere Stärke: Kinder entwickeln eine starke innere Kraft, die ihnen hilft, schwierige Situationen zu meistern und ihre Ziele zu verfolgen. Diese innere Stärke fördert das Selbstvertrauen und die Resilienz.
- Selbstbeherrschung: Durch das Training lernen Kinder, ihre Impulse zu kontrollieren und besonnen zu handeln. Diese Selbstbeherrschung ist entscheidend für den Umgang mit Konflikten und stressigen Situationen.

3.24 Förderung des Optimismus und der Lebensfreude

Kampfsport fördert eine positive Lebenshaltung und die Entwicklung von Optimismus und Lebensfreude.

- Optimismus: Kinder lernen, Herausforderungen als Chancen zu sehen und positiv zu denken. Diese positive Einstellung hilft ihnen, motiviert zu bleiben und sich nicht von Rückschlägen entmutigen zu lassen.
- Lebensfreude: Durch das Training und die Erfolge, die sie dabei erleben, entwickeln Kinder eine tiefe Freude am Leben und an ihren Fähigkeiten. Diese Lebensfreude trägt zu ihrem allgemeinen Wohlbefinden und ihrer Zufriedenheit bei.

3.25 Förderung der emotionalen Balance

Kampfsport hilft Kindern, eine emotionale Balance zu finden und ihre Gefühle in Einklang zu bringen.

- Emotionales Gleichgewicht: Kinder lernen, ihre Emotionen auszubalancieren und sowohl positive als auch negative Gefühle zu akzeptieren und zu verarbeiten. Diese emotionale Balance fördert ihre geistige Gesundheit und ihr Wohlbefinden.
- Selbstregulation: Durch das Training entwickeln Kinder die Fähigkeit zur Selbstregulation, d. h. sie lernen, ihre Emotionen und Verhaltensweisen bewusst zu steuern. Diese Selbstregulation ist wichtig für die persönliche und soziale Entwicklung.

Kapitel 1: Die Vorteile des Kampfsports für Kinder

4. Soziale Vorteile

Kampfsport bietet zahlreiche soziale Vorteile, die zur gesunden Entwicklung von Kindern beitragen. In diesem Abschnitt werden wir die verschiedenen sozialen Vorteile des Kampfsports betrachten und verstehen, warum er eine ausgezeichnete Wahl für die Förderung der sozialen Fähigkeiten und der Integration Ihres Kindes ist.

4.1 Förderung der Teamarbeit

Kampfsporttraining findet oft in Gruppen statt und fördert dadurch die Teamarbeit. Kinder lernen, mit anderen zu interagieren und zusammenzuarbeiten.

- Kooperation: Kinder lernen, wie wichtig es ist, zusammenzuarbeiten, um gemeinsame Ziele zu erreichen. Sie entwickeln die Fähigkeit, sich in ein Team zu integrieren und effektiv zu kommunizieren.
- Unterstützung: Im Kampfsport unterstützen sich die Trainingspartner gegenseitig. Kinder lernen, anderen zu helfen und Unterstützung anzunehmen, was die Teamarbeit stärkt.

4.2 Entwicklung von Freundschaften

Kampfsport bietet eine hervorragende Gelegenheit, neue Freundschaften zu schließen und bestehende Freundschaften zu stärken.

- Gemeinsame Interessen: Kinder, die Kampfsport betreiben, teilen gemeinsame Interessen und Ziele. Diese gemeinsamen Interessen fördern das Knüpfen von Freundschaften.
- Vertrauen: Durch das gemeinsame Training und die gegenseitige Unterstützung entwickeln Kinder Vertrauen zueinander. Diese Vertrauensbasis ist entscheidend für die Entstehung und Pflege von Freundschaften.

4.3 Förderung des Respekts

Respekt ist ein zentraler Wert im Kampfsport. Kinder lernen, Respekt vor ihren Trainern, Trainingspartnern und sich selbst zu haben.

- Respekt vor Trainern: Kinder lernen, die Anweisungen und die Autorität ihrer Trainer zu respektieren. Dieser Respekt überträgt sich auch auf andere Autoritätspersonen, wie Lehrer und Eltern.
- Respekt vor Trainingspartnern: Im Kampfsport ist es wichtig, den Trainingspartner zu respektieren und fair zu behandeln. Kinder lernen, Rücksicht zu nehmen und respektvoll miteinander umzugehen.

4.4 Förderung der sozialen Integration

Kampfsport hilft Kindern, sich in soziale Gruppen zu integrieren und ein Gefühl der Zugehörigkeit zu entwickeln.

- Gemeinschaftsgefühl: Kinder werden Teil einer Trainingsgemeinschaft, die gemeinsam trainiert und sich gegenseitig unterstützt. Dieses Gemeinschaftsgefühl stärkt ihre sozialen Bindungen und hilft ihnen, sich in einer Gruppe wohlzufühlen.

- Inklusion: Kampfsport fördert die Integration von Kindern aus verschiedenen sozialen und kulturellen Hintergründen. Kinder lernen, Unterschiede zu akzeptieren und miteinander zu kooperieren.

4.5 Verbesserung der Kommunikationsfähigkeiten

Effektive Kommunikation ist ein wichtiger Bestandteil des Kampfsports. Kinder lernen, klar und effektiv zu kommunizieren.

- Verbale Kommunikation: Kinder müssen während des Trainings klar und deutlich kommunizieren, um Anweisungen zu geben und zu verstehen. Dies verbessert ihre verbalen Kommunikationsfähigkeiten.
- Nonverbale Kommunikation: Kampfsport beinhaltet auch nonverbale Kommunikation, wie zum Beispiel Körpersprache und Augenkontakt. Kinder lernen, nonverbale Signale zu erkennen und zu interpretieren.

4.6 Förderung der Konfliktlösung

Kampfsport lehrt Kinder, Konflikte auf friedliche und respektvolle Weise zu lösen.

- Deeskalationstechniken: Kinder lernen Techniken zur Deeskalation von Konflikten. Diese Techniken helfen ihnen, Spannungen zu reduzieren und Konflikte friedlich zu lösen.
- Problemlösungsfähigkeiten: Durch das Training entwickeln Kinder Problemlösungsfähigkeiten, die ihnen helfen, Konflikte zu analysieren und effektive Lösungen zu finden.

4.7 Förderung des Gemeinschaftsgefühls

Kampfsport stärkt das Gemeinschaftsgefühl der Kinder, indem sie lernen, Teil einer Gruppe zu sein und gemeinsam auf ein Ziel hinzuarbeiten.

- Zusammengehörigkeit: Kinder erfahren das Gefühl der Zusammengehörigkeit innerhalb ihrer Trainingsgruppe. Dieses Gefühl stärkt ihre Bindung zur Gruppe und fördert die soziale Integration.
- Gemeinsame Ziele: Durch das Training und die Teilnahme an Wettkämpfen arbeiten Kinder gemeinsam auf gemeinsame Ziele hin. Dies stärkt das Gemeinschaftsgefühl und fördert den Teamgeist.

4.8 Entwicklung von Führungsqualitäten

Kampfsport bietet Kindern die Möglichkeit, Führungsqualitäten zu entwickeln. Sie lernen, Verantwortung zu übernehmen und als Vorbilder für ihre Trainingspartner zu dienen.

- Führungsrollen: Fortgeschrittene Schüler übernehmen häufig Führungsrollen im Training, wie zum Beispiel das Anleiten von Aufwärmübungen oder das Helfen bei der Durchführung von Techniken. Diese Erfahrungen fördern die Entwicklung von Führungsqualitäten und das Selbstbewusstsein.
- Verantwortungsbewusstsein: Kinder, die im Kampfsport erfolgreich sind, übernehmen oft Verantwortung für ihre jüngeren oder weniger erfahrenen Trainingspartner. Sie lernen, wie wichtig es ist, anderen zu helfen und sie zu unterstützen.

4.9 Förderung des kulturellen Verständnisses

Kampfsport hat oft eine tiefe kulturelle Bedeutung und hilft Kindern, ein besseres Verständnis für verschiedene Kulturen zu entwickeln.

- Kulturelle Wertschätzung: Kinder lernen die Geschichte und die kulturellen Hintergründe ihrer Kampfsportart kennen. Dies fördert das Verständnis und die Wertschätzung für verschiedene Kulturen und Traditionen.
- Interkultureller Austausch: Im Kampfsport kommen Kinder oft mit anderen Kindern aus verschiedenen kulturellen Hintergründen in Kontakt. Dieser Austausch fördert das interkulturelle Verständnis und den Respekt für Vielfalt.

4.10 Förderung der Selbstdisziplin

Selbstdisziplin ist eine zentrale Eigenschaft im Kampfsport. Kinder lernen, sich selbst zu disziplinieren und ihre Ziele zu verfolgen.

- Regelmäßiges Training: Durch das regelmäßige Training entwickeln Kinder die Fähigkeit zur Selbstdisziplin. Sie lernen, sich auf ihre Aufgaben zu konzentrieren und kontinuierlich daran zu arbeiten, ihre Ziele zu erreichen.
- Selbstkontrolle: Kampfsport lehrt Kinder, ihre Impulse zu kontrollieren und besonnen zu handeln. Diese Selbstkontrolle ist entscheidend für den Umgang mit Konflikten und stressigen Situationen.

4.11 Förderung der sozialen Verantwortung

Kampfsport vermittelt Kindern Werte wie Respekt, Fairness und Verantwortungsbewusstsein. Diese Werte fördern die soziale Verantwortung und das ethische Verhalten.

- Respekt und Fairness: Kinder lernen, ihre Trainingspartner respektvoll und fair zu behandeln. Diese Werte übertragen sich auch auf andere Lebensbereiche und fördern das ethische Verhalten.
- Verantwortungsbewusstsein: Kinder entwickeln ein Bewusstsein für ihre Verantwortung gegenüber anderen. Sie lernen, dass ihr Verhalten Auswirkungen auf andere hat und dass sie Verantwortung für ihre Handlungen übernehmen müssen.

4.12 Förderung der Konfliktlösung und des friedlichen Miteinanders

Kampfsport bietet Kindern die Möglichkeit, Konflikte auf friedliche und respektvolle Weise zu lösen.

- Konfliktmanagement: Kinder lernen, Konflikte zu analysieren und effektive Lösungen zu finden. Diese Fähigkeiten helfen ihnen, Spannungen zu reduzieren und Konflikte friedlich zu lösen.
- Friedliches Miteinander: Kampfsport lehrt Kinder, respektvoll und friedlich miteinander umzugehen. Diese Fähigkeiten sind entscheidend für das friedliche Zusammenleben in der Gemeinschaft.

4.13 Entwicklung von Empathie und sozialem Bewusstsein

Kampfsport fördert die Entwicklung von Empathie und sozialem Bewusstsein bei Kindern. Sie lernen, die Gefühle und Bedürfnisse anderer zu verstehen und zu respektieren.

- Empathie: Durch das Training mit anderen lernen Kinder, die Emotionen und Perspektiven ihrer Trainingspartner zu verstehen. Diese Fähigkeit zur Empathie fördert das Mitgefühl und hilft Kindern, sich in andere hineinzuversetzen.
- Soziales Bewusstsein: Kinder entwickeln ein Bewusstsein für die sozialen Strukturen und Dynamiken innerhalb ihrer Trainingsgruppe. Sie lernen, wie wichtig es ist, auf andere Rücksicht zu nehmen und sozial verantwortungsbewusst zu handeln.

4.14 Förderung der Toleranz und des Respekts vor Vielfalt

Kampfsport fördert die Toleranz und den Respekt vor Vielfalt, indem Kinder lernen, Unterschiede zu akzeptieren und zu schätzen.

- Vielfalt anerkennen: Kinder kommen im Kampfsport mit Trainingspartnern aus unterschiedlichen kulturellen und sozialen Hintergründen in Kontakt. Dies fördert die Anerkennung und Wertschätzung von Vielfalt.
- Respekt vor Unterschieden: Durch den respektvollen Umgang mit anderen lernen Kinder, Unterschiede zu akzeptieren und zu respektieren. Diese Toleranz ist entscheidend für das friedliche Zusammenleben in einer multikulturellen Gesellschaft.

4.15 Förderung der sozialen Integration und des Gemeinschaftsgefühls

Kampfsport bietet Kindern die Möglichkeit, sich sozial zu integrieren und ein starkes Gemeinschaftsgefühl zu entwickeln.

- Gemeinschaftsbildung: Kinder werden Teil einer Trainingsgemeinschaft, die gemeinsam trainiert und sich gegenseitig unterstützt. Dieses Gemeinschaftsgefühl stärkt ihre sozialen Bindungen und hilft ihnen, sich in einer Gruppe wohlzufühlen.
- Soziale Integration: Kampfsport fördert die Integration von Kindern aus verschiedenen sozialen und kulturellen Hintergründen. Kinder lernen, Unterschiede zu akzeptieren und miteinander zu kooperieren.

4.16 Förderung des ethischen Verhaltens

Kampfsport vermittelt Kindern wichtige ethische Werte wie Ehrlichkeit, Integrität und Fairness. Diese Werte sind entscheidend für ihr Verhalten in der Gemeinschaft.

- Ehrlichkeit und Integrität: Kinder lernen, ehrlich und integer zu handeln. Diese Werte sind entscheidend für das Vertrauen und den Respekt innerhalb der Trainingsgemeinschaft.
- Fairness: Im Kampfsport wird großer Wert auf Fairness gelegt. Kinder lernen, fair zu kämpfen und ihre Gegner respektvoll zu behandeln. Diese Fairness überträgt sich auch auf andere Lebensbereiche.

4.17 Förderung der sozialen Kompetenz

Kampfsport hilft Kindern, ihre sozialen Kompetenzen zu entwickeln und zu stärken. Diese Kompetenzen sind entscheidend für den Aufbau und die Pflege positiver sozialer Beziehungen.

- Kommunikationsfähigkeit: Kinder lernen, effektiv zu kommunizieren und ihre Gedanken und Gefühle klar auszudrücken. Diese Kommunikationsfähigkeit ist wichtig für positive soziale Interaktionen.

- Konfliktlösungsfähigkeit: Durch das Training entwickeln Kinder die Fähigkeit, Konflikte friedlich und respektvoll zu lösen. Diese Konfliktlösungsfähigkeiten sind entscheidend für das Zusammenleben in der Gemeinschaft.

4.18 Entwicklung von Vertrauen und Respekt

Kampfsport fördert das Vertrauen und den Respekt innerhalb der Trainingsgemeinschaft. Kinder lernen, ihren Trainern und Trainingspartnern zu vertrauen und sie zu respektieren.

- Vertrauen aufbauen: Durch die regelmäßige Interaktion und Zusammenarbeit im Training entwickeln Kinder Vertrauen zu ihren Trainern und Trainingspartnern. Dieses Vertrauen ist entscheidend für eine positive Trainingsumgebung.
- Respekt entwickeln: Kinder lernen, ihre Trainer und Trainingspartner zu respektieren. Dieser Respekt überträgt sich auch auf andere Lebensbereiche und fördert das friedliche Miteinander.

4.19 Förderung der sozialen Verantwortung

Kampfsport vermittelt Kindern ein starkes Gefühl der sozialen Verantwortung. Sie lernen, wie wichtig es ist, Verantwortung für sich selbst und andere zu übernehmen.

- Verantwortung übernehmen: Kinder lernen, Verantwortung für ihr eigenes Handeln zu übernehmen. Sie erkennen, dass ihre Handlungen Konsequenzen haben und dass sie für ihre Entscheidungen verantwortlich sind.
- Für andere sorgen: Kinder lernen, Verantwortung für die Sicherheit und das Wohlbefinden ihrer Trainingspartner zu übernehmen. Diese soziale Verantwortung fördert das Fürsorgeverhalten und die Empathie.

4.20 Förderung der Teamarbeit und Zusammenarbeit

Kampfsport fördert die Teamarbeit und Zusammenarbeit der Kinder. Sie lernen, wie wichtig es ist, gemeinsam zu arbeiten und sich gegenseitig zu unterstützen.

- Teamarbeit: Kinder lernen, wie wichtig es ist, zusammenzuarbeiten, um gemeinsame Ziele zu erreichen. Sie entwickeln die Fähigkeit, sich in ein Team zu integrieren und effektiv zu kommunizieren.
- Zusammenarbeit fördern: Durch das Training und die Teilnahme an gemeinsamen Aktivitäten lernen Kinder, wie wichtig die Zusammenarbeit ist. Diese Fähigkeit zur Zusammenarbeit ist in vielen Lebensbereichen von Vorteil.

4.21 Förderung der Konfliktlösungsfähigkeiten

Kampfsport lehrt Kindern, Konflikte auf friedliche und respektvolle Weise zu lösen. Diese Fähigkeiten sind entscheidend für das soziale Miteinander.

- Deeskalationstechniken: Kinder lernen, Konflikte zu deeskalieren, bevor sie eskalieren können. Sie entwickeln Strategien, um Spannungen abzubauen und friedliche Lösungen zu finden.
- Problemlösungsstrategien: Durch das Training erwerben Kinder Problemlösungsfähigkeiten, die ihnen helfen, Konflikte effektiv zu analysieren und kreative Lösungen zu finden.

4.22 Entwicklung von Empathie und sozialem Bewusstsein

Kampfsport fördert die Entwicklung von Empathie und sozialem Bewusstsein bei Kindern. Sie lernen, die Gefühle und Bedürfnisse anderer zu verstehen und zu respektieren.

- Empathie entwickeln: Kinder lernen, die Emotionen und Perspektiven ihrer Trainingspartner zu erkennen und darauf zu reagieren. Diese Fähigkeit zur Empathie fördert das Mitgefühl und stärkt das Gemeinschaftsgefühl.
- Soziales Bewusstsein: Durch die Interaktion mit anderen entwickeln Kinder ein starkes soziales Bewusstsein. Sie lernen, wie ihr Verhalten andere beeinflusst und entwickeln ein Gefühl der Verantwortung gegenüber der Gemeinschaft.

4.23 Förderung der Toleranz und Akzeptanz

Kampfsport fördert die Toleranz und Akzeptanz von Unterschieden. Kinder lernen, Vielfalt zu schätzen und respektvoll mit anderen umzugehen.

- Vielfalt akzeptieren: Im Kampfsport kommen Kinder mit Menschen aus verschiedenen kulturellen und sozialen Hintergründen in Kontakt. Dies fördert die Akzeptanz und Wertschätzung von Vielfalt.
- Respekt für Unterschiede: Durch den respektvollen Umgang mit anderen lernen Kinder, Unterschiede zu akzeptieren und zu respektieren. Diese Toleranz ist entscheidend für das friedliche Zusammenleben in einer multikulturellen Gesellschaft.

4.24 Förderung der Zusammenarbeit und Kooperation

Kampfsport erfordert oft die Zusammenarbeit und Kooperation der Kinder, um gemeinsame Ziele zu erreichen.

- Teamübungen: Viele Übungen im Kampfsport sind so gestaltet, dass sie die Zusammenarbeit fördern. Kinder lernen, gemeinsam zu arbeiten und sich gegenseitig zu unterstützen.
- Gemeinsame Ziele: Durch das Arbeiten an gemeinsamen Zielen entwickeln Kinder ein starkes Gemeinschaftsgefühl. Sie lernen, dass sie zusammen mehr erreichen können als allein.

4.25 Entwicklung von Verantwortungsbewusstsein

Kampfsporttraining fördert das Verantwortungsbewusstsein der Kinder. Sie lernen, Verantwortung für ihr eigenes Handeln und ihre Entscheidungen zu übernehmen.

- Persönliche Verantwortung: Kinder entwickeln ein Bewusstsein dafür, dass ihre Handlungen Konsequenzen haben. Sie lernen, Verantwortung für ihre Fehler zu übernehmen und daraus zu lernen.
- Verantwortung für andere: Im Kampfsport ist es wichtig, Verantwortung für die Sicherheit und das Wohlbefinden der Trainingspartner zu übernehmen. Dies stärkt das Verantwortungsbewusstsein und die Fürsorge gegenüber anderen.

4.26 Förderung der sozialen Integration

Kampfsport hilft Kindern, sich sozial zu integrieren und ein Gefühl der Zugehörigkeit zu entwickeln.

- Gemeinschaftsbildung: Kinder werden Teil einer Trainingsgemeinschaft, die gemeinsam trainiert und sich gegenseitig unterstützt. Dieses Gemeinschaftsgefühl stärkt ihre sozialen Bindungen und hilft ihnen, sich in einer Gruppe wohlzufühlen.
- Soziale Integration: Kampfsport fördert die Integration von Kindern aus verschiedenen sozialen und kulturellen Hintergründen. Kinder lernen, Unterschiede zu akzeptieren und miteinander zu kooperieren.

4.27 Förderung der sozialen Verantwortung

Kampfsport vermittelt Kindern ein starkes Gefühl der sozialen Verantwortung. Sie lernen, wie wichtig es ist, Verantwortung für sich selbst und andere zu übernehmen.

- Verantwortung übernehmen: Kinder lernen, Verantwortung für ihr eigenes Handeln zu übernehmen. Sie erkennen, dass ihre Handlungen Konsequenzen haben und dass sie für ihre Entscheidungen verantwortlich sind.
- Fürsorge für andere: Kinder lernen, Verantwortung für die Sicherheit und das Wohlbefinden ihrer Trainingspartner zu übernehmen. Diese soziale Verantwortung fördert das Fürsorgeverhalten und die Empathie.

4.28 Entwicklung von Vertrauen und Respekt

Kampfsport fördert das Vertrauen und den Respekt innerhalb der Trainingsgemeinschaft. Kinder lernen, ihren Trainern und Trainingspartnern zu vertrauen und sie zu respektieren.

- Vertrauen aufbauen: Durch die regelmäßige Interaktion und Zusammenarbeit im Training entwickeln Kinder Vertrauen zu ihren Trainern und Trainingspartnern. Dieses Vertrauen ist entscheidend für eine positive Trainingsumgebung.
- Respekt entwickeln: Kinder lernen, ihre Trainer und Trainingspartner zu respektieren. Dieser Respekt überträgt sich auch auf andere Lebensbereiche und fördert das friedliche Miteinander.

Übersicht über verschiedene Kampfsportarten

Die Auswahl der richtigen Kampfsportart für Ihr Kind kann eine herausfordernde Aufgabe sein, da es viele verschiedene Stile gibt, die jeweils ihre eigenen Vorzüge und Besonderheiten haben. In diesem Kapitel werden wir einen umfassenden Überblick über verschiedene Kampfsportarten geben, einschließlich ihrer Unterschiede, Gemeinsamkeiten und speziellen Techniken. Dies soll Ihnen helfen, eine fundierte Entscheidung zu treffen, welche Disziplin am besten zu den Interessen und Fähigkeiten Ihres Kindes passt.

Karate

Karate ist eine japanische Kampfsportart, die Anfang des 20. Jahrhunderts auf der Insel Okinawa entwickelt wurde. Der Name "Karate" bedeutet wörtlich "leere Hand", was darauf hinweist, dass es sich um eine waffenlose Kampfkunst handelt. Karate legt großen Wert auf Schlagtechniken, Kicks und Blocks, die in präzisen und kontrollierten Bewegungen ausgeführt werden.

- Techniken: Karate umfasst eine Vielzahl von Techniken, einschließlich Schlägen (Tsuki), Tritten (Geri), Blöcken (Uke) und Stößen (Atemi). Diese Techniken werden in Kombinationen und Mustern (Kata) geübt, die die Grundlage für das Training bilden.
- Philosophie: Karate betont Disziplin, Respekt und Selbstbeherrschung. Die Schüler lernen, ihre Techniken mit Präzision und Kontrolle auszuführen, und die Philosophie des Karate fördert die Entwicklung von Charakter und geistiger Stärke.
- Stilrichtungen: Es gibt verschiedene Stilrichtungen im Karate, wie Shotokan, Goju-Ryu und Kyokushin. Jede Stilrichtung hat ihre eigenen Schwerpunkte und Techniken, aber alle teilen die grundlegenden Prinzipien des Karate.

Judo

Judo ist eine weitere japanische Kampfsportart, die von Jigoro Kano im späten 19. Jahrhundert entwickelt wurde. Der Name "Judo" bedeutet "sanfter Weg" und betont die Verwendung von Hebelwirkung und Technik, um den Gegner zu überwältigen, anstatt auf rohe Kraft zu setzen.

- Techniken: Judo-Techniken umfassen Würfe (Nage-waza), Haltetechniken (Katame-waza), Hebel (Kansetsu-waza) und Würgetechniken (Shime-waza). Diese Techniken werden in einem kontrollierten und sicheren Umfeld geübt.
- Philosophie: Judo betont den Respekt vor dem Gegner und die Bedeutung von Disziplin und Etikette. Die Philosophie des Judo fördert die Entwicklung von körperlicher und geistiger Stärke sowie die Fähigkeit zur Selbstverteidigung.
- Wettkämpfe: Judo ist eine olympische Sportart, und Wettkämpfe sind ein wichtiger Bestandteil des Trainings. Judokas messen ihre Fähigkeiten in Turnieren, die sowohl auf nationaler als auch auf internationaler Ebene ausgetragen werden.

Taekwondo

Taekwondo ist eine koreanische Kampfsportart, die in den 1940er und 1950er Jahren entwickelt wurde. Der Name "Taekwondo" bedeutet "Weg des Fußes und der Hand" und betont die Verwendung von Tritten und Schlägen.

- Techniken: Taekwondo ist bekannt für seine spektakulären Tritte und Sprünge. Die Techniken umfassen verschiedene Tritte (Chagi), Schläge (Jireugi), Blocks (Makgi) und Kombinationen dieser Bewegungen.
- Philosophie: Taekwondo betont Disziplin, Respekt, Selbstbeherrschung und Höflichkeit. Die Schüler lernen, ihre Techniken mit Präzision und Geschwindigkeit auszuführen, und die Philosophie des Taekwondo fördert die Entwicklung von Charakter und geistiger Stärke.
- Stilrichtungen: Es gibt zwei Hauptstilrichtungen im Taekwondo: ITF (International Taekwondo Federation) und WTF (World Taekwondo Federation). Beide Stilrichtungen teilen die grundlegenden Prinzipien des Taekwondo, unterscheiden sich jedoch in ihren Techniken und Wettkampfregeln.

Muay Thai

Muay Thai, auch bekannt als Thai-Boxen, ist eine traditionelle Kampfsportart aus Thailand. Muay Thai ist bekannt für seine effektiven Schlagtechniken und seine Verwendung des gesamten Körpers als Waffe.

- Techniken: Muay Thai-Techniken umfassen Schläge (Chok), Tritte (Te), Ellbogenstöße (Sok) und Kniestöße (Kao). Diese Techniken werden in

Kombinationen und Mustern geübt, die sowohl für den Wettkampf als auch für die Selbstverteidigung nützlich sind.

- Philosophie: Muay Thai betont Härte, Ausdauer und den Kampfgeist. Die Schüler lernen, ihre Techniken mit Kraft und Präzision auszuführen, und die Philosophie des Muay Thai fördert die Entwicklung von körperlicher und geistiger Stärke.
- Wettkämpfe: Muay Thai ist eine wettkampforientierte Sportart, und Wettkämpfe sind ein wichtiger Bestandteil des Trainings. Kämpfer messen ihre Fähigkeiten in Turnieren und Veranstaltungen, die sowohl auf nationaler als auch auf internationaler Ebene ausgetragen werden.

Brazilian Jiu-Jitsu (BJJ)

Brazilian Jiu-Jitsu ist eine Kampfsportart, die sich aus dem traditionellen japanischen Jiu-Jitsu und Judo entwickelt hat. Sie wurde in Brasilien populär gemacht, insbesondere durch die Gracie-Familie, und ist heute weltweit bekannt.

- Techniken: BJJ konzentriert sich auf Bodenkampf und Hebeltechniken, um Gegner zu kontrollieren und zur Aufgabe zu zwingen. Zu den Haupttechniken gehören Würfe, Hebel (Armbars), Würgetechniken und Übergänge zwischen verschiedenen Positionen (Guard, Mount, Back Control).
- Philosophie: Die Philosophie von BJJ betont Technik über rohe Kraft und fördert Geduld, Strategie und Kontrolle. Praktizierende lernen, ihre Techniken präzise und effizient anzuwenden, um selbst größere und stärkere Gegner zu überwältigen.
- Wettkämpfe: BJJ ist eine wettkampforientierte Disziplin mit vielen Turnieren und Meisterschaften weltweit. Wettkämpfe sind nach Gewichtsklassen und Gürtelfarben organisiert, sodass Teilnehmer in fairen und kontrollierten Bedingungen antreten können.

Krav Maga

Krav Maga ist ein israelisches Selbstverteidigungssystem, das für seine Effektivität und realitätsnahe Anwendung bekannt ist. Es wurde von Imi Lichtenfeld entwickelt und ursprünglich für das israelische Militär konzipiert.

- Techniken: Krav Maga umfasst eine breite Palette von Techniken, einschließlich Schlägen, Tritten, Hebeln, Würfen und Bodenkampf. Der Fokus liegt auf der Verteidigung gegen bewaffnete und unbewaffnete Angriffe sowie auf der schnellen Neutralisierung des Gegners.
- Philosophie: Die Philosophie von Krav Maga betont Einfachheit, Effektivität und Aggressivität. Praktizierende lernen, gefährliche Situationen zu erkennen und schnell zu reagieren, um sich selbst und andere zu schützen.

- Selbstverteidigung: Krav Maga ist besonders für seine Anwendungen in der Selbstverteidigung bekannt. Die Techniken sind darauf ausgelegt, in realen Bedrohungsszenarien schnell und effizient zu wirken, was es zu einer idealen Wahl für Menschen macht, die praktische und sofort anwendbare Fähigkeiten erlernen möchten.

Boxen

Boxen ist eine der ältesten und bekanntesten Kampfsportarten der Welt. Es ist sowohl ein Wettkampfsport als auch eine hervorragende Trainingsmethode zur Verbesserung der Fitness und Selbstverteidigung.

- Techniken: Boxen konzentriert sich auf Schlagtechniken mit den Fäusten, einschließlich Jab, Cross, Haken und Uppercut. Praktizierende lernen auch defensive Techniken wie Ausweichen, Blocken und das Arbeiten mit der Beinarbeit.
- Philosophie: Die Philosophie des Boxens betont Disziplin, Ausdauer und mentale Stärke. Boxer trainieren intensiv, um ihre körperlichen Fähigkeiten zu verbessern und ihre Techniken zu perfektionieren.
- Wettkämpfe: Boxen ist eine olympische Sportart mit einem etablierten System von Amateuren und Profikämpfen. Wettkämpfe finden in verschiedenen Gewichtsklassen statt und erfordern sowohl physische als auch mentale Vorbereitung.

Kickboxen

Kickboxen ist eine moderne Kampfsportart, die Elemente des Boxens und des Karate kombiniert. Es ist bekannt für seine umfassenden Schlag- und Tritttechniken.

- Techniken: Kickboxen umfasst Schläge, Tritte, Knie- und Ellbogenstöße. Praktizierende trainieren auch Kombinationen und defensive Techniken, um sowohl im Standkampf als auch im Clinch effektiv zu sein.
- Philosophie: Die Philosophie des Kickboxens betont Kondition, Kraft und Technik. Kickboxer trainieren intensiv, um ihre körperliche Fitness zu verbessern und ihre Fähigkeiten im Kampf zu perfektionieren.
- Wettkämpfe: Kickboxen ist eine wettkampforientierte Sportart mit vielen nationalen und internationalen Turnieren. Wettkämpfe finden in verschiedenen Gewichtsklassen statt und erfordern eine Kombination aus physischen und technischen Fähigkeiten.

Kung Fu

Kung Fu ist ein Überbegriff für eine Vielzahl (ca. 2.000) von chinesischen Kampfkünsten, die sich über Jahrtausende entwickelt haben. Diese Künste sind bekannt für ihre Vielfalt und die Integration von Philosophie, Gesundheit und Kampfkunst.

- Techniken: Kung Fu umfasst eine breite Palette von Techniken, einschließlich Schlägen, Tritten, Blocks, Würfen und Waffenformen. Jede Stilrichtung hat ihre eigenen charakteristischen Bewegungen und Techniken.
- Philosophie: Die Philosophie des Kung Fu betont Selbstdisziplin, Harmonie und die Balance zwischen Körper und Geist. Viele Stile beinhalten auch meditative Praktiken und Atemübungen, um die innere Energie (Qi) zu kultivieren.
- Stilrichtungen: Es gibt zahlreiche Stilrichtungen im Kung Fu, wie Shaolin, Wing Chun, Tai Chi, Hsing I, Bagua, Hung Gar oder Choy Li Fut. Jede Stilrichtung hat ihre eigenen Schwerpunkte und Techniken, aber alle teilen die grundlegenden Prinzipien des Kung Fu.

Aikido

Aikido ist eine japanische Kampfsportart, die von Morihei Ueshiba entwickelt wurde. Der Name "Aikido" bedeutet "Weg der harmonischen Kraft" und betont die Harmonisierung mit dem Angreifer, um ihn zu kontrollieren oder zu neutralisieren.

- Techniken: Aikido-Techniken umfassen Würfe, Hebel und Gelenksperren, die darauf abzielen, die Kraft des Angreifers umzulenken und zu nutzen. Praktizierende üben auch Falltechniken, um sicher zu landen.
- Philosophie: Die Philosophie des Aikido betont Frieden und Harmonie. Anstatt den Gegner zu besiegen, lernen Praktizierende, sich mit ihm zu harmonisieren und Konflikte ohne Gewalt zu lösen.
- Selbstverteidigung: Aikido ist besonders nützlich für die Selbstverteidigung, da es Techniken lehrt, die den Gegner kontrollieren, ohne ihn zu verletzen. Dies macht Aikido zu einer geeigneten Wahl für Menschen, die eine nicht-aggressive Kampfkunst suchen.

Kendo

Kendo ist eine moderne japanische Schwertkampfkunst, die auf den Techniken und Prinzipien der alten Samurai basiert. Der Name "Kendo" bedeutet "Weg des Schwertes".

- Techniken: Kendo-Techniken umfassen verschiedene Schlagtechniken mit dem Schwert (Shinai) sowie Fußarbeit und Körperhaltung. Praktizierende tragen eine spezielle Schutzausrüstung (Bogu), um sich vor Verletzungen zu schützen.
- Philosophie: Die Philosophie des Kendo betont Disziplin, Ehre und den Geist des Bushido (Kriegerweg). Kendo fördert die Entwicklung von Charakter, geistiger Stärke und körperlicher Fitness.

- Wettkämpfe: Kendo ist eine wettkampforientierte Sportart mit vielen nationalen und internationalen Turnieren. Wettkämpfe erfordern präzise Technik und starke geistige Konzentration.

Capoeira

Capoeira ist eine brasilianische Kampfkunst, die Elemente von Tanz, Musik und Akrobatik integriert. Sie wurde von afrikanischen Sklaven in Brasilien entwickelt und ist bekannt für ihre dynamischen und kreativen Bewegungen.

- Techniken: Capoeira-Techniken umfassen Tritte, Schläge, akrobatische Bewegungen und Bodentechniken. Die Bewegungen sind fließend und oft improvisiert, was Capoeira eine einzigartige Dynamik verleiht.
- Philosophie: Die Philosophie von Capoeira betont Freiheit, Kreativität und Gemeinschaft. Musik und Rhythmus spielen eine zentrale Rolle im Training und in der Capoeira-Roda (Kreis), in der die Praktizierenden ihre Fähigkeiten zeigen.
- Kultureller Aspekt: Capoeira ist nicht nur eine Kampfkunst, sondern auch ein kultureller Ausdruck. Praktizierende lernen die Geschichte und die Lieder der Capoeira, die ihre afrikanischen Wurzeln und den Kampf um Freiheit und Gerechtigkeit widerspiegeln.

Hapkido

Hapkido ist eine koreanische Kampfsportart, die sowohl Schlag- als auch Wurftechniken integriert. Der Name "Hapkido" bedeutet "Weg der harmonischen Energie" und betont die Integration von Geist und Körper.

- Techniken: Hapkido-Techniken umfassen Schläge, Tritte, Würfe, Hebel und Gelenksperren. Praktizierende lernen auch Selbstverteidigungstechniken gegen bewaffnete und unbewaffnete Angriffe.
- Philosophie: Die Philosophie des Hapkido betont Harmonie und die Nutzung der Energie des Gegners. Praktizierende lernen, diese Energie zu nutzen, um den Gegner zu kontrollieren oder zu neutralisieren.
- Selbstverteidigung: Hapkido ist besonders bekannt für seine Effektivität in der Selbstverteidigung. Die Techniken sind darauf ausgelegt, in realen Konfrontationen schnell und wirkungsvoll zu sein.

Jiu-Jitsu

Jiu-Jitsu ist eine japanische Kampfkunst, die auf den Prinzipien von Hebelwirkung und Technik basiert, um einen Gegner zu kontrollieren oder zu überwältigen. Es ist die Basis für viele moderne Kampfsportarten, einschließlich Judo und Brazilian Jiu-Jitsu.

- Techniken: Jiu-Jitsu-Techniken umfassen Würfe, Hebel, Würgetechniken und Bodenkampf. Die Techniken zielen darauf ab, die Kraft des Gegners gegen ihn zu nutzen.
- Philosophie: Die Philosophie des Jiu-Jitsu betont Flexibilität und Anpassungsfähigkeit. Praktizierende lernen, ihre Techniken präzise und effizient anzuwenden, um selbst größere und stärkere Gegner zu besiegen.
- Selbstverteidigung: Jiu-Jitsu ist besonders nützlich für die Selbstverteidigung, da es Techniken lehrt, die in vielen realen Situationen angewendet werden können. Es betont die Kontrolle und das Neutralisieren des Gegners ohne übermäßige Gewalt.

Sambo

Sambo ist eine russische Kampfkunst, die Elemente aus Judo und traditionellen russischen Ringen integriert. Es wurde ursprünglich für das Militär entwickelt und ist bekannt für seine Effektivität und Vielseitigkeit.

- Techniken: Sambo umfasst Würfe, Hebel, Bodenkampf und Selbstverteidigungstechniken. Es gibt zwei Hauptstile: Sport Sambo, das dem Wettkampf dient, und Combat Sambo, das sich auf die Selbstverteidigung konzentriert und Schläge und Tritte einschließt.
- Philosophie: Die Philosophie des Sambo betont Pragmatismus und Effektivität. Praktizierende lernen, Techniken schnell und effizient anzuwenden, um in einer Vielzahl von Situationen erfolgreich zu sein.
- Wettkämpfe: Sambo ist eine wettkampforientierte Disziplin mit vielen nationalen und internationalen Turnieren. Wettkämpfe finden in verschiedenen Gewichtsklassen statt und erfordern eine Kombination aus physischen und technischen Fähigkeiten.

Jeet Kune Do

Jeet Kune Do wurde von Bruce Lee entwickelt und ist bekannt für seine Philosophie der "Formlosigkeit". Es integriert Techniken aus verschiedenen Kampfkünsten und betont Effizienz und Anpassungsfähigkeit.

- Techniken: Jeet Kune Do umfasst Schläge, Tritte, Würfe und Hebel. Es betont die direkte Linie und die schnellste Route zum Ziel. Praktizierende lernen, Techniken aus verschiedenen Disziplinen zu integrieren und anzupassen.
- Philosophie: Die Philosophie des Jeet Kune Do betont die Anpassungsfähigkeit und die Ablehnung starrer Formen. Bruce Lee lehrte, dass die beste Technik die ist, die in einer gegebenen Situation am effektivsten ist. Er propagierte das Prinzip "Absorb what is useful, discard what is not, add what is uniquely your own".

- Individualität: Jeet Kune Do fördert die individuelle Entwicklung und Anpassung. Praktizierende lernen, Techniken zu personalisieren und ihren eigenen Kampfstil zu entwickeln.

Ninjutsu

Ninjutsu ist eine traditionelle japanische Kampfkunst, die die Techniken und Strategien der Ninja umfasst. Es ist bekannt für seine umfassende Ausbildung in verschiedenen Kampfformen und Spionagefähigkeiten.

- Techniken: Ninjutsu umfasst Schläge, Tritte, Würfe, Waffenführung und Überlebenstechniken. Praktizierende lernen auch Tarnung, Spionage und Fluchttechniken.
- Philosophie: Die Philosophie des Ninjutsu betont Flexibilität, Anpassungsfähigkeit und Überlebensfähigkeit. Praktizierende lernen, in einer Vielzahl von Situationen zu überleben und zu bestehen.
- Kampfformen: Ninjutsu ist vielseitig und umfasst sowohl waffenlose als auch bewaffnete Techniken. Praktizierende lernen den Umgang mit verschiedenen traditionellen Waffen wie Schwertern, Wurfsternen und Stöcken.

Escrima

Escrima, auch bekannt als Arnis oder Kali, ist eine philippinische Kampfkunst, die sich auf den Umgang mit Waffen konzentriert, insbesondere Stöcken und Messern. Sie ist bekannt für ihre effektiven und praktischen Techniken.

- Techniken: Escrima-Techniken umfassen den Umgang mit Stöcken, Messern und anderen improvisierten Waffen sowie waffenlose Techniken. Die Bewegungen sind schnell und präzise, und die Techniken sind darauf ausgelegt, den Gegner schnell zu neutralisieren.
- Philosophie: Die Philosophie von Escrima betont Praktikabilität und Effektivität. Praktizierende lernen, die Techniken in realen Situationen anzuwenden und sich schnell an neue Bedrohungen anzupassen.
- Selbstverteidigung: Escrima ist besonders nützlich für die Selbstverteidigung, da es Techniken lehrt, die in vielen realen Situationen angewendet werden können. Die Ausbildung umfasst auch die Verteidigung gegen bewaffnete Angriffe.

Ving Tsun (Wing Chun)

Ving Tsun, auch bekannt als Wing Chun, ist eine südchinesische Kampfsportart, die für ihre Effizienz und auf den direkten Kampf ausgerichteten Techniken bekannt ist. Sie wurde im

18. Jahrhundert von 5 Kung Fu Meistern verschiedener Stilrichtungen entwickelt, um Rebellen gegen die damals grausame Regierung auszubilden. Der Erzählung nach hat die buddhistischen Nonne Ng Mui diese Kampfmethode weiterentwickelt und später an Yim Wing Chun weitergegeben, nach der die Kunst benannt ist.

- Techniken: Ving Tsun-Techniken umfassen eine Vielzahl von Schlägen, Tritten, Blocks und Hebeltechniken. Die bekannteste Technik ist der „Kettenfauststoß" (Chain Punch), bei dem schnelle, aufeinanderfolgende Schläge auf den Gegner ausgeführt werden. Weitere wichtige Elemente sind der „Chi Sao" (Klebende Hände), eine Übung zur Entwicklung von Sensibilität und Reaktionsfähigkeit im Nahkampf, und die „Muk Yan Jong" (Holzpuppe), ein Trainingsgerät zur Verfeinerung der Technik und Präzision.
- Philosophie: Die Philosophie von Ving Tsun betont Einfachheit, Direktheit und Effizienz. Die Techniken sind darauf ausgelegt, in realen Kampfsituationen schnell und wirkungsvoll zu sein. Die Philosophie von Ving Tsun fördert die Entwicklung von innerer Ruhe, schneller Entscheidungsfähigkeit und körperlicher Kontrolle. Ein grundlegendes Prinzip ist das Konzept der „Linie", wobei die kürzeste und direkteste Route zum Ziel bevorzugt wird.
- Selbstverteidigung: Ving Tsun ist besonders für seine Effektivität in der Selbstverteidigung bekannt. Die Techniken sind so konzipiert, dass sie auch gegen stärkere und größere Angreifer effektiv sind. Praktizierende lernen, die Kraft des Gegners gegen ihn zu verwenden und sich schnell zu verteidigen. Die Ausbildung im Ving Tsun fördert auch die geistige Stärke und das Selbstvertrauen.
- Berühmtheit: Eine der bekanntesten Persönlichkeiten, die Ving Tsun praktizierten und verbreiteten, war Ip Man. Er trainierte viele Schüler, darunter auch den weltberühmten Bruce Lee. Die Popularität von Ving Tsun wuchs durch Bruce Lee's Filme und seine Philosophie des Jeet Kune Do, das viele Prinzipien von Ving Tsun integriert.
- Trainingsmethoden: Das Training im Ving Tsun ist intensiv und konzentriert sich auf die Entwicklung von schnellen Reflexen, Timing und Körpermechanik. Die Schüler üben in festen Paarübungen sowie freien Drills, um ihre Techniken zu verfeinern. Das Training an der Holzpuppe (Muk Yan Jong) ist ein wichtiger Bestandteil, der dazu beiträgt, Präzision und Kraft zu verbessern.

Kobudo

Kobudo ist eine traditionelle japanische Kampfkunst, die sich auf den Umgang mit alten Waffen konzentriert. Ursprünglich von den Bauern Okinawas entwickelt, um sich gegen bewaffnete Samurai zu verteidigen, ist Kobudo heute eine hochgeschätzte Kunstform.

- Techniken: Kobudo umfasst den Umgang mit verschiedenen traditionellen Waffen wie Bo (Langstock), Sai (Dreizack), Nunchaku (Doppelstock), Tonfa (Schlagstock) und Kama (Sichel). Jede Waffe hat ihre eigenen Techniken und Bewegungsmuster.
- Philosophie: Die Philosophie des Kobudo betont die Verbindung zwischen dem Krieger und seiner Waffe. Praktizierende lernen, die Waffe als Verlängerung ihres Körpers zu nutzen und ihre Techniken mit Präzision und Kontrolle auszuführen.

- Training: Das Training im Kobudo ist intensiv und konzentriert sich auf die Beherrschung der Waffen durch wiederholtes Üben der Techniken und Formen (Kata). Praktizierende entwickeln Kraft, Geschicklichkeit und eine tiefere Verbindung zu den traditionellen Kampfkünsten.

Tai Chi

Tai Chi, auch Taijiquan genannt, ist eine chinesische Kampfkunst, die für ihre sanften und fließenden Bewegungen bekannt ist. Ursprünglich als Kampfkunst entwickelt, wird Tai Chi heute vor allem als Meditations- und Gesundheitsübung praktiziert.

- Techniken: Tai Chi-Techniken umfassen langsame, kontrollierte Bewegungen, die in Formen (Kata) geübt werden. Diese Bewegungen sind darauf ausgelegt, die innere Energie (Qi) zu kultivieren und zu lenken. Die Techniken beinhalten auch Atemübungen und Meditation.
- Philosophie: Die Philosophie von Tai Chi betont Harmonie, Balance und die Verbindung von Körper und Geist. Die langsamen und bewussten Bewegungen fördern die Achtsamkeit und die innere Ruhe. Tai Chi lehrt, die Kraft des Gegners umzulenken und zu nutzen, anstatt sich direkt dagegen zu stellen.
- Gesundheitliche Vorteile: Tai Chi ist bekannt für seine gesundheitlichen Vorteile, einschließlich der Verbesserung der Balance, Flexibilität und Muskelstärke. Es hilft auch, Stress abzubauen und die geistige Klarheit zu fördern. Viele Menschen praktizieren Tai Chi als tägliche Übung zur Förderung der allgemeinen Gesundheit und des Wohlbefindens.

Alle Kampfsportarten, die wir bisher besprochen haben – Ving Tsun, Kobudo, Tai Chi, Karate, Judo, Taekwondo, Muay Thai, Brazilian Jiu-Jitsu, Krav Maga, Boxen, Kickboxen, Kung Fu, Aikido, Kendo, Capoeira, Hapkido, Jiu-Jitsu, Sambo, Jeet Kune Do und Escrima – haben ihre eigenen typischen Merkmale und Besonderheiten. Jede dieser Disziplinen bietet einzigartige Techniken, Philosophien und Trainingsmethoden, die sie voneinander unterscheiden. Gleichzeitig teilen sie viele gemeinsame Grundprinzipien, wie Disziplin, Respekt, Selbstbeherrschung und die Förderung körperlicher und geistiger Gesundheit.

Die gemeinsamen Aspekte dieser Kampfkünste umfassen:

- Disziplin und Selbstbeherrschung: Alle Kampfsportarten legen großen Wert auf die Entwicklung von Disziplin und Selbstbeherrschung. Die Schüler lernen, ihre Techniken mit Präzision und Kontrolle auszuführen und ihre Emotionen zu beherrschen.
- Körperliche Fitness: Das Training in jeder dieser Kampfkünste fördert die körperliche Fitness, einschließlich Kraft, Ausdauer, Flexibilität und Koordination.
- Geistige Stärke: Kampfsportarten fördern die geistige Stärke und Resilienz. Die Schüler lernen, sich auf ihre Ziele zu konzentrieren, Herausforderungen zu meistern und nicht aufzugeben.

- Respekt und Etikette: Respekt gegenüber Trainern, Trainingspartnern und sich selbst ist ein zentrales Element in allen Kampfsportarten. Etikette und Traditionen spielen eine wichtige Rolle im Training.
- Selbstverteidigung: Die meisten Kampfsportarten bieten effektive Selbstverteidigungstechniken, die darauf abzielen, den Schüler zu schützen und gefährliche Situationen zu entschärfen.

Zusätzlich zu den bereits besprochenen Kampfkünsten und Kampfsportarten gibt es viele weitere Disziplinen, die ebenfalls wertvolle Fähigkeiten und Lektionen bieten. Hier sind einige weitere Kampfsportarten, die es zu erkunden lohnt:

1. Savate
2. Pankration
3. Shorinji Kempo
4. RSD - Real Self Defense
5. Sanda (Sanshou)
6. Kyudo
7. Iaido
8. Shuai Jiao
9. Bartitsu
10. Glima
11. Luta Livre
12. Kajukenbo
13. Kenjutsu
14. Hwa Rang Do
15. Tang Soo Do
16. Silat
17. Bando
18. Kalaripayattu
19. Samurai Jujutsu
20. Systema

Weltweit gibt es weit über 3.000 verschiedene Kampfkünste. Die häufigsten, bzw. Bekanntesten haben wir bereits erwähnt.

Jede dieser Kampfsportarten hat ihre eigenen speziellen Techniken und Philosophien, die es wert sind, erkundet zu werden. Die Wahl der richtigen Kampfsportart für Ihr Kind hängt von seinen Interessen, Zielen und individuellen Bedürfnissen ab. Egal, für welche Disziplin Sie sich entscheiden, Kampfsport kann Ihrem Kind helfen, körperlich und geistig zu wachsen, wertvolle Lebenskompetenzen zu entwickeln und eine positive Einstellung zu fördern.

Auswahlkriterien für die passende Kampfsportart

Die Wahl der richtigen Kampfsportart für Ihr Kind ist eine wichtige Entscheidung, die verschiedene Faktoren berücksichtigen sollte. Hier sind einige Auswahlkriterien, die Ihnen helfen können, die beste Disziplin für Ihr Kind zu finden:

1. Interessen und Vorlieben des Kindes

Es ist entscheidend, die Interessen und Vorlieben Ihres Kindes zu berücksichtigen. Jedes Kind ist einzigartig, und seine individuellen Interessen sollten bei der Wahl der Kampfsportart eine zentrale Rolle spielen.

- Beobachten Sie Ihr Kind: Achten Sie darauf, welche Aktivitäten und Sportarten Ihr Kind von sich aus bevorzugt. Hat es Freude an schnellen, dynamischen Bewegungen oder eher an ruhigen, konzentrierten Übungen?
- Fragen Sie nach: Sprechen Sie mit Ihrem Kind über seine Interessen und Vorlieben. Welche Kampfsportarten finden sie spannend? Möchten sie lernen, wie man sich verteidigt, oder sind sie mehr an den traditionellen Aspekten interessiert?

2. Körperliche Fähigkeiten und Fitnessniveau

Die körperlichen Fähigkeiten und das Fitnessniveau Ihres Kindes sind ebenfalls wichtige Faktoren bei der Auswahl der richtigen Kampfsportart.

- Beweglichkeit und Flexibilität: Einige Kampfsportarten wie Taekwondo und Capoeira erfordern ein hohes Maß an Beweglichkeit und Flexibilität. Andere, wie Judo und Brazilian Jiu-Jitsu, legen mehr Wert auf Kraft und Ausdauer.
- Körperliche Verfassung: Überlegen Sie, wie fit Ihr Kind ist und welche sportlichen Aktivitäten es bisher ausgeübt hat. Ein Kind mit guter körperlicher Verfassung kann vielleicht schneller in eine anstrengende Kampfsportart einsteigen, während ein weniger aktives Kind möglicherweise eine sanftere Einführung benötigt.

3. Persönlichkeitsmerkmale und Charakter

Die Persönlichkeit und der Charakter Ihres Kindes können ebenfalls beeinflussen, welche Kampfsportart am besten zu ihm passt.

- Disziplin und Geduld: Kampfsportarten wie Karate und Aikido erfordern viel Disziplin und Geduld. Kinder, die von Natur aus diszipliniert und geduldig sind, könnten diese Kampfsportarten besonders ansprechend finden.
- Selbstbewusstsein und Durchsetzungsvermögen: Wenn Ihr Kind selbstbewusst ist und ein starkes Durchsetzungsvermögen hat, könnten dynamische und wettkampforientierte Kampfsportarten wie Muay Thai oder Kickboxen gut geeignet sein.

- Ruhiges Wesen: Kinder, die ein ruhiges und besonnenes Wesen haben, könnten Kampfsportarten wie Tai Chi oder Ving Tsun bevorzugen, die auf innerer Ruhe und Kontrolle basieren.

4. Ziele und Erwartungen

Überlegen Sie, welche Ziele und Erwartungen Sie und Ihr Kind an die Kampfsportart haben. Möchten Sie, dass Ihr Kind Selbstverteidigungstechniken lernt, seine körperliche Fitness verbessert oder einfach Spaß an einer neuen Aktivität hat?

- Selbstverteidigung: Wenn das Hauptziel die Selbstverteidigung ist, könnten Kampfsportarten wie Krav Maga oder Brazilian Jiu-Jitsu eine gute Wahl sein, da sie praktische und effektive Techniken zur Selbstverteidigung lehren.
- Körperliche Fitness: Für Kinder, die ihre körperliche Fitness verbessern möchten, sind Kampfsportarten wie Taekwondo, Muay Thai und Kickboxen ideal, da sie intensive Trainingseinheiten bieten.
- Tradition und Kultur: Wenn Sie und Ihr Kind an den kulturellen und traditionellen Aspekten einer Kampfsportart interessiert sind, könnten Kampfsportarten wie Karate, Kung Fu oder Kobudo passend sein.

5. Verfügbarkeit und Zugang

Die Verfügbarkeit von Trainingsmöglichkeiten in Ihrer Nähe kann ein entscheidender Faktor bei der Wahl der Kampfsportart sein.

- **Kampfsportschulen und Vereine**: Recherchieren Sie die Kampfsportschulen und Vereine in Ihrer Nähe. Welche Disziplinen werden angeboten? Gibt es qualifizierte Trainer und gute Trainingsbedingungen?
- **Kosten und Zeitaufwand**: Berücksichtigen Sie auch die Kosten und den Zeitaufwand für das Training. Einige Kampfsportarten können teurer sein als andere, und die Trainingszeiten müssen in den Zeitplan Ihres Kindes und Ihrer Familie passen.
- **Professionelle Kampfkunstschulen**: Professionelle Schulen haben oft hochqualifizierte Trainer mit umfangreicher Erfahrung und offiziellen Zertifizierungen.
  - Strukturierte Lehrpläne: Sie bieten strukturierte und systematische Lehrpläne, die auf die individuellen Bedürfnisse der Schüler abgestimmt sind.
  - Ausstattung und Einrichtungen: Professionelle Schulen verfügen über hochwertige Einrichtungen und Ausrüstung.
  - Fokus auf persönliche Entwicklung: Neben körperlichen Fähigkeiten legen sie Wert auf die geistige und moralische Entwicklung der Schüler.
  - Berufliche und pädagogische Ansätze: Sie nutzen pädagogisch fundierte Methoden und bieten oft zusätzliche Dienstleistungen wie persönliche Beratung und Ernährungsberatung.

6. Altersgerechtes Training

Das Alter Ihres Kindes spielt eine wichtige Rolle bei der Wahl der richtigen Kampfsportart. Es ist wichtig sicherzustellen, dass das Training altersgerecht und sicher ist.

- Kinderfreundliche Programme: Viele Kampfsportschulen bieten spezielle Programme für Kinder an, die auf ihre körperlichen und geistigen Bedürfnisse abgestimmt sind. Diese Programme konzentrieren sich oft auf Grundlagen und spielerische Elemente, um das Interesse der Kinder zu wecken.
- Trainingsmethoden: Achten Sie darauf, dass die Trainingsmethoden altersgerecht sind. Jüngere Kinder benötigen mehr spielerische und interaktive Übungen, während ältere Kinder komplexere Techniken und intensiveres Training bewältigen können.

7. Trainerqualifikationen und Trainingsumfeld

Die Qualifikation der Trainer und das Trainingsumfeld sind entscheidend für eine positive Erfahrung Ihres Kindes im Kampfsport.

- Qualifizierte Trainer: Stellen Sie sicher, dass die Trainer qualifiziert und erfahren im Umgang mit Kindern sind. Ein guter Trainer kann das Interesse und die Begeisterung Ihres Kindes für den Kampfsport wecken und es sicher und effektiv anleiten.
- Sicheres Trainingsumfeld: Achten Sie darauf, dass das Trainingsumfeld sicher und gut ausgestattet ist. Die Trainingsfläche sollte sauber und gut gepflegt sein, und es sollten angemessene Sicherheitsvorkehrungen getroffen werden, um Verletzungen zu vermeiden.

8. Trainingsstil und Atmosphäre

Der Trainingsstil und die Atmosphäre in der Kampfsportschule können einen großen Einfluss auf das Erlebnis Ihres Kindes haben.

- Unterstützende Atmosphäre: Eine unterstützende und positive Atmosphäre kann das Selbstvertrauen und die Motivation Ihres Kindes fördern. Achten Sie darauf, dass die Schule eine Kultur des Respekts und der Zusammenarbeit pflegt.
- Individuelle Betreuung: Eine gute Kampfsportschule sollte in der Lage sein, auf die individuellen Bedürfnisse und Fähigkeiten Ihres Kindes einzugehen. Fragen Sie nach, ob die Trainer in der Lage sind, personalisierte Anweisungen zu geben und auf die Fortschritte Ihres Kindes einzugehen.

9. Langfristige Entwicklungsmöglichkeiten

Denken Sie auch an die langfristigen Entwicklungsmöglichkeiten, die die Kampfsportart Ihrem Kind bieten kann.

- Aufstiegsmöglichkeiten: Erkundigen Sie sich nach den Aufstiegsmöglichkeiten und Prüfungen in der gewählten Kampfsportart. Regelmäßige Prüfungen und die Möglichkeit, Gürtelgrade zu erreichen, können die Motivation und das Engagement Ihres Kindes aufrechterhalten.
- Wettkampfchancen: Wenn Ihr Kind an Wettkämpfen interessiert ist, prüfen Sie, ob die Kampfsportschule regelmäßig an Turnieren teilnimmt und Wettkampftraining anbietet. Wettkämpfe können eine wertvolle Erfahrung sein, um die eigenen Fähigkeiten zu testen und zu verbessern.

10. Gemeinschaft und soziale Integration

Eine gute Kampfsportschule bietet mehr als nur Training – sie bietet auch eine Gemeinschaft und Möglichkeiten zur sozialen Integration.

- Gemeinschaftsgefühl: Eine starke Gemeinschaft kann dazu beitragen, dass sich Ihr Kind in der Kampfsportschule wohl und akzeptiert fühlt. Achten Sie darauf, dass die Schule Veranstaltungen und Aktivitäten organisiert, die das Gemeinschaftsgefühl fördern.
- Freundschaften und Netzwerke: Der Kampfsport kann eine großartige Gelegenheit sein, neue Freundschaften zu schließen und Netzwerke aufzubauen. Kinder lernen, in einer Gruppe zu arbeiten und soziale Fähigkeiten zu entwickeln, die auch außerhalb der Schule wertvoll sind.

11. Elternbeteiligung und Kommunikation

Die Beteiligung der Eltern und die Kommunikation mit den Trainern sind wichtige Aspekte, um sicherzustellen, dass Ihr Kind das Beste aus dem Training herausholt.

- Elternbeteiligung: Einige Kampfsportschulen ermutigen die Eltern, sich am Trainingsprozess zu beteiligen, sei es durch Zuschauen, Unterstützung bei Veranstaltungen oder sogar durch gemeinsames Training. Dies kann die Bindung zwischen Eltern und Kind stärken und das Interesse am Kampfsport fördern.
- Offene Kommunikation: Eine gute Kommunikation zwischen Eltern und Trainern ist unerlässlich. Fragen Sie nach regelmäßigen Updates über den Fortschritt Ihres Kindes und scheuen Sie sich nicht, Fragen zu stellen oder Bedenken zu äußern.

12. Flexibilität und Anpassungsfähigkeit des Trainings

Die Flexibilität und Anpassungsfähigkeit des Trainingsprogramms sind entscheidende Faktoren, um sicherzustellen, dass die Kampfsportart den Bedürfnissen und dem Zeitplan Ihres Kindes entspricht.

- Trainingszeiten: Überprüfen Sie die Trainingszeiten der Kampfsportschule und stellen Sie sicher, dass sie mit dem Zeitplan Ihres Kindes und Ihrer Familie kompatibel sind. Flexibilität bei den Trainingszeiten kann besonders hilfreich sein, wenn Ihr Kind andere Verpflichtungen wie Schule oder zusätzliche Freizeitaktivitäten hat.
- Anpassungsfähigkeit des Trainings: Einige Kampfsportschulen bieten flexible Programme an, die an die individuellen Bedürfnisse und Fortschritte der Schüler angepasst werden können. Dies ist besonders wichtig, um sicherzustellen, dass das Training immer eine positive und fördernde Erfahrung bleibt.

13. Gesundheits- und Sicherheitsstandards

Die Einhaltung von Gesundheits- und Sicherheitsstandards ist von größter Bedeutung, um Verletzungen zu vermeiden und ein sicheres Training zu gewährleisten.

- Hygiene und Sauberkeit: Achten Sie darauf, dass die Kampfsportschule hohe Standards in Bezug auf Hygiene und Sauberkeit einhält. Dies umfasst die regelmäßige Reinigung der Trainingsflächen, Umkleideräume und Ausrüstungen.
- Sicherheitsausrüstung: Überprüfen Sie, ob die Schule angemessene Sicherheitsausrüstung bereitstellt und deren Nutzung während des Trainings überwacht. Dies umfasst Schutzpolster, Helme und Matten, um Verletzungen zu verhindern.
- Erste-Hilfe-Maßnahmen: Stellen Sie sicher, dass die Trainer in Erster Hilfe ausgebildet sind und dass Erste-Hilfe-Ausrüstung leicht zugänglich ist, falls es zu Verletzungen kommt.

14. Empfehlungen und Erfahrungsberichte

Empfehlungen und Erfahrungsberichte von anderen Eltern und Schülern können wertvolle Einblicke in die Qualität der Kampfsportschule und ihres Trainingsprogramms bieten.

- Elternnetzwerke: Sprechen Sie mit anderen Eltern, deren Kinder die gleiche Kampfsportschule besuchen, und fragen Sie nach deren Erfahrungen. Persönliche Empfehlungen können Ihnen helfen, eine fundierte Entscheidung zu treffen.
- Online-Bewertungen: Überprüfen Sie die Online-Bewertungen und Testimonials der Kampfsportschule. Achten Sie auf wiederkehrende positive oder negative

Kommentare, die Aufschluss über die Stärken und Schwächen der Schule geben können.

15. Probetraining und Einführungskurse

Viele Kampfsportschulen bieten Probetrainings oder Einführungskurse an, die es Ihrem Kind ermöglichen, die Disziplin auszuprobieren, bevor es sich dauerhaft verpflichtet.

- Probetraining: Nutzen Sie die Möglichkeit eines Probetrainings, um zu sehen, wie Ihr Kind auf die neue Umgebung und die Trainingsmethoden reagiert. Dies kann eine gute Gelegenheit sein, um zu beurteilen, ob die Kampfsportart und die Schule den Erwartungen entsprechen.
- Einführungskurse: Einführungskurse bieten eine gründlichere Einführung in die Kampfsportart und ermöglichen es Ihrem Kind, grundlegende Techniken und Prinzipien zu erlernen. Diese Kurse sind oft weniger intensiv und helfen, das Interesse und die Begeisterung Ihres Kindes zu wecken.

16. Langfristige Perspektiven und Weiterbildungsmöglichkeiten

Überlegen Sie, welche langfristigen Perspektiven und Weiterbildungsmöglichkeiten die Kampfsportart Ihrem Kind bieten kann.

- Fortgeschrittene Techniken und Gürtelprüfungen: Erkundigen Sie sich nach den Möglichkeiten für fortgeschrittenes Training und Gürtelprüfungen. Regelmäßige Prüfungen und die Aussicht auf den Erwerb höherer Gürtelgrade können die Motivation und das Engagement Ihres Kindes fördern.
- Weiterbildung und Spezialisierung: Einige Kampfsportschulen bieten spezialisierte Kurse und Weiterbildungsmöglichkeiten an, die es den Schülern ermöglichen, ihre Fähigkeiten weiter zu vertiefen und sich auf bestimmte Aspekte der Kampfkunst zu konzentrieren.

17. Balance zwischen Wettkampf und Freizeit

Überlegen Sie, wie stark der Fokus der Kampfsportschule auf Wettkämpfen liegt und ob dies mit den Interessen und Bedürfnissen Ihres Kindes übereinstimmt.

- Wettkampforientierung: Einige Kampfsportschulen legen großen Wert auf die Teilnahme an Wettkämpfen. Wenn Ihr Kind ehrgeizig ist und den Wettbewerb liebt, könnte eine solche Schule ideal sein. Wettkämpfe bieten die Möglichkeit, die eigenen Fähigkeiten zu testen und sich mit anderen zu messen.

- Freizeit- und Fitnessorientierung: Wenn Ihr Kind hauptsächlich an der Verbesserung seiner Fitness und am Spaß am Training interessiert ist, könnte eine Schule, die weniger auf Wettkämpfe fokussiert ist und mehr auf allgemeine Fitness und persönliche Entwicklung, besser geeignet sein.

18. Soziale und emotionale Unterstützung

Die soziale und emotionale Unterstützung, die eine Kampfsportschule bietet, kann einen großen Einfluss auf die Erfahrung Ihres Kindes haben.

- Mentorship: Achten Sie darauf, ob die Trainer als Mentoren fungieren und ob sie eine unterstützende Rolle in der persönlichen Entwicklung der Schüler übernehmen. Ein guter Mentor kann eine positive und motivierende Kraft im Leben eines Kindes sein.
- Peer Support: Die Interaktion mit Gleichaltrigen und das Gefühl der Kameradschaft können erheblich zur Freude und Motivation Ihres Kindes beitragen. Eine Schule, die eine positive und unterstützende Gemeinschaft fördert, kann das Selbstvertrauen und die sozialen Fähigkeiten Ihres Kindes stärken.

19. Integration von mentalem Training

Viele Kampfsportarten legen Wert auf die geistige Entwicklung und die Integration von mentalem Training in ihre Programme.

- Meditation und Achtsamkeit: Einige Kampfsportarten wie Tai Chi und Aikido integrieren Meditation und Achtsamkeitstraining in ihre Praxis. Diese Elemente können helfen, Stress abzubauen und die geistige Klarheit zu verbessern.
- Visualisierung und mentale Stärke: Techniken wie Visualisierung und das Training der mentalen Stärke können Teil des Programms sein. Diese Techniken fördern die Konzentration und helfen, Herausforderungen besser zu bewältigen.

20. Community Engagement und Veranstaltungen

Einige Kampfsportschulen engagieren sich stark in der Gemeinschaft und bieten Veranstaltungen, die über das Training hinausgehen.

- Gemeinschaftsveranstaltungen: Erkundigen Sie sich, ob die Schule regelmäßig Gemeinschaftsveranstaltungen, Camps oder Workshops organisiert. Diese Aktivitäten können die Gemeinschaft stärken und Ihrem Kind zusätzliche Lernmöglichkeiten bieten.
- Engagement in der Gemeinschaft: Schulen, die sich in ihrer lokalen Gemeinschaft engagieren, können Ihrem Kind ein Gefühl der Zugehörigkeit und die Möglichkeit bieten, an sozialen Projekten teilzunehmen.

21. Anpassung an besondere Bedürfnisse

Ein wichtiges Kriterium bei der Auswahl der richtigen Kampfsportart ist die Anpassungsfähigkeit des Trainings an besondere Bedürfnisse Ihres Kindes.

- Inklusion und Zugänglichkeit: Überprüfen Sie, ob die Kampfsportschule Programme hat, die auf Kinder mit besonderen Bedürfnissen zugeschnitten sind, sei es körperlich, geistig oder emotional. Einige Schulen bieten spezialisierte Klassen an, die die Inklusion und Zugänglichkeit für alle Schüler sicherstellen.
- Individuelle Betreuung: Fragen Sie nach, ob die Trainer Erfahrung im Umgang mit Kindern haben, die besondere Unterstützung benötigen, und ob sie in der Lage sind, individuelle Trainingspläne zu erstellen, die auf die spezifischen Bedürfnisse Ihres Kindes eingehen.

22. Integration von Lebenskompetenzen

Kampfsport kann Kindern helfen, wichtige Lebenskompetenzen zu entwickeln, die über das Training hinausgehen.

- Zeitmanagement: Durch die Verpflichtung zum regelmäßigen Training lernen Kinder, ihre Zeit besser zu organisieren und Prioritäten zu setzen.
- Zielsetzung und Erreichung: Kampfsport fördert die Fähigkeit, realistische Ziele zu setzen und darauf hinzuarbeiten. Diese Fertigkeit ist im schulischen und später im beruflichen Leben von großem Vorteil.
- Stressbewältigung: Techniken zur Stressbewältigung, die im Kampfsport gelehrt werden, können Kindern helfen, besser mit schulischem Druck und anderen Herausforderungen umzugehen.

23. Eltern-Kind-Programme

Einige Kampfsportschulen bieten Programme an, bei denen Eltern und Kinder gemeinsam trainieren können. Diese Programme haben mehrere Vorteile.

- Stärkung der Familienbindung: Gemeinsames Training kann die Bindung zwischen Eltern und Kindern stärken und eine gemeinsame Grundlage für Kommunikation und gegenseitige Unterstützung schaffen.
- Vorbildfunktion der Eltern: Kinder, die sehen, dass ihre Eltern aktiv und engagiert im Training sind, sind oft motivierter und sehen ihre Eltern als Vorbilder.

24. Kulturelle und historische Aspekte

Viele Kampfsportarten haben reiche kulturelle und historische Hintergründe, die für Kinder und Eltern gleichermaßen interessant sein können.

- Geschichtsunterricht: Erkundigen Sie sich, ob die Kampfsportschule auch Wissen über die Geschichte und Kultur der Kampfsportart vermittelt. Dies kann das Interesse Ihres Kindes wecken und ein tieferes Verständnis für die Disziplin schaffen.
- Kulturelle Veranstaltungen: Einige Schulen organisieren kulturelle Veranstaltungen und Feste, die Einblicke in die Traditionen und Bräuche der jeweiligen Kampfkunst bieten. Diese können eine bereichernde Ergänzung zum regulären Training sein.

25. Flexibilität und Vielfalt

Einige Kinder könnten von der Möglichkeit profitieren, verschiedene Kampfsportarten auszuprobieren, bevor sie sich auf eine spezialisieren.

- Multi-Disziplinäre Programme: Einige Kampfsportschulen bieten Programme an, die mehrere Disziplinen abdecken. Dies ermöglicht es Kindern, verschiedene Techniken und Stile kennenzulernen und eine fundierte Entscheidung zu treffen, welche Kampfsportart ihnen am besten gefällt.
- Wechselmöglichkeiten: Überprüfen Sie, ob die Schule flexible Wechselmöglichkeiten zwischen verschiedenen Disziplinen bietet, falls Ihr Kind nach einiger Zeit eine andere Kampfsportart ausprobieren möchte.

26. Lokale und internationale Anerkennung

Die Anerkennung der Kampfsportschule durch nationale und internationale Organisationen „kann" ein Indikator für die Qualität des Trainings sein.

- Zertifizierungen: Fragen Sie nach den Zertifizierungen und Anerkennungen der Schule. Schulen, die von renommierten nationalen oder internationalen Verbänden anerkannt sind, haben manchmal höhere Standards in Bezug auf Training und Sicherheit.
- Erfolgsgeschichten: Erkundigen Sie sich nach den Erfolgen früherer Schüler. Eine Schule, die erfolgreiche Kampfsportler hervorgebracht hat, kann ein Zeichen für hohe Ausbildungsqualität sein.

27. Langfristige Bindung und Engagement

Überlegen Sie, wie die Schule die langfristige Bindung und das Engagement der Schüler fördert.

- Alumni-Netzwerk: Einige Kampfsportschulen haben aktive Alumni-Netzwerke, die ehemaligen Schülern die Möglichkeit bieten, in Kontakt zu bleiben und ihre Erfahrungen zu teilen.
- Fortgeschrittene Programme: Schulen, die fortgeschrittene Programme und Lehrgänge anbieten, können dazu beitragen, dass Ihr Kind langfristig motiviert und engagiert bleibt.

Was passt zu meinem Kind?

Die Wahl der passenden Kampfsportart für Ihr Kind hängt von verschiedenen Faktoren ab. In diesem Abschnitt werden wir einige spezifische Merkmale und Interessen analysieren, die Ihnen helfen können, die beste Entscheidung zu treffen.

1. Interessen des Kindes

Kinder haben unterschiedliche Interessen und Vorlieben. Diese sollten bei der Wahl der Kampfsportart berücksichtigt werden, um sicherzustellen, dass das Training für sie ansprechend und motivierend ist.

- Abenteuerlust: Wenn Ihr Kind abenteuerlustig ist und sich gerne herausfordert, könnten dynamische und wettkampforientierte Kampfsportarten wie Taekwondo, Muay Thai oder Kickboxen eine gute Wahl sein.
- Kulturelles Interesse: Falls Ihr Kind ein Interesse an Kultur und Geschichte zeigt, könnten Kampfsportarten wie Karate, Kung Fu oder Kobudo, die reiche Traditionen und kulturelle Elemente beinhalten, passend sein.
- Ruhige Natur: Kinder, die eine ruhige und besonnene Natur haben, könnten Kampfsportarten wie Tai Chi oder Aikido bevorzugen, die auf innere Ruhe und meditative Bewegungen fokussiert sind.

2. Physische Fähigkeiten und Fitness

Die körperlichen Fähigkeiten und das Fitnessniveau Ihres Kindes spielen eine entscheidende Rolle bei der Auswahl der geeigneten Kampfsportart.

- Kraft und Ausdauer: Wenn Ihr Kind über eine gute körperliche Kondition und Kraft verfügt, könnten Kampfsportarten wie Judo, Brazilian Jiu-Jitsu oder Muay Thai ideal sein, die intensives körperliches Training und Bodenkampf beinhalten.
- Flexibilität und Beweglichkeit: Kinder, die von Natur aus flexibel und beweglich sind, könnten Freude an Kampfsportarten wie Taekwondo, Capoeira oder Kung Fu haben, die spektakuläre Tritte und akrobatische Bewegungen beinhalten.

- Koordination und Gleichgewicht: Für Kinder, die ihre Koordination und ihr Gleichgewicht verbessern möchten, sind Kampfsportarten wie Karate, Ving Tsun oder Tai Chi, die präzise Techniken und kontrollierte Bewegungen betonen, gut geeignet.

3. Persönliche Ziele und Erwartungen

Überlegen Sie, welche Ziele und Erwartungen Sie und Ihr Kind an die Kampfsportart haben.

- Selbstverteidigung: Wenn das Hauptziel die Selbstverteidigung ist, könnten Kampfsportarten wie Krav Maga, Brazilian Jiu-Jitsu oder Ving Tsun, die effektive und praktische Techniken zur Selbstverteidigung lehren, eine gute Wahl sein.
- Sportliche Entwicklung: Für Kinder, die sich sportlich entwickeln und an Wettkämpfen teilnehmen möchten, sind Kampfsportarten wie Taekwondo, Judo oder Kickboxen, die eine starke Wettkampfkomponente haben, ideal.
- Stressabbau und Entspannung: Kinder, die nach einer Möglichkeit suchen, Stress abzubauen und Entspannung zu finden, könnten von Kampfsportarten wie Tai Chi oder Aikido profitieren, die meditative und entspannende Elemente beinhalten.

4. Soziale Aspekte

Die sozialen Aspekte des Trainings und die Möglichkeit, neue Freundschaften zu schließen, sollten ebenfalls berücksichtigt werden.

- Gemeinschaftsgefühl: Wenn Ihr Kind gerne in einer Gruppe trainiert und soziale Kontakte knüpfen möchte, suchen Sie nach einer Schule, die ein starkes Gemeinschaftsgefühl und regelmäßige soziale Aktivitäten bietet.
- Individuelles Training: Manche Kinder bevorzugen individuelles Training und konzentrieren sich lieber auf ihre persönliche Entwicklung. In diesem Fall könnte eine Kampfsportart wie Ving Tsun oder Tai Chi, die oft in kleinen Gruppen oder Einzelunterricht angeboten wird, passend sein.

5. Verfügbarkeit und Logistik

Praktische Überlegungen wie die Verfügbarkeit von Kampfsportschulen und die Logistik des Trainings sollten ebenfalls eine Rolle spielen.

- Nähe und Erreichbarkeit: Suchen Sie nach einer Kampfsportschule, die leicht erreichbar ist und deren Trainingszeiten gut in den Zeitplan Ihres Kindes und Ihrer Familie passen.

- Kosten: Berücksichtigen Sie die Kosten für das Training, einschließlich Gebühren für Prüfungen, Uniformen und zusätzliche Ausrüstung. Stellen Sie sicher, dass die gewählte Kampfsportart und die Schule in Ihr Budget passen.

6. Altersgerechtes Training

Das Alter Ihres Kindes ist ein weiterer wichtiger Faktor, der berücksichtigt werden sollte, um sicherzustellen, dass das Training altersgerecht und sicher ist.

- Kleine Kinder (4-7 Jahre): Für jüngere Kinder sind spielerische und interaktive Kampfsportarten oft am besten geeignet. Schulen, die spezielle Programme für kleine Kinder anbieten, wie „Kleiner Drache"-Klassen im Karate oder „Tiger Cubs" im Taekwondo, können das Interesse und die Begeisterung der Kinder wecken, während sie grundlegende motorische Fähigkeiten entwickeln.
- Grundschulkinder (8-12 Jahre): In diesem Alter können Kinder intensivere Trainingsprogramme bewältigen. Kampfsportarten wie Karate, Judo oder Brazilian Jiu-Jitsu bieten strukturierte Programme, die Disziplin und Selbstverteidigungstechniken lehren.
- Teenager (13+ Jahre): Ältere Kinder und Teenager können komplexere Techniken und intensiveres Training bewältigen. Kampfsportarten wie Muay Thai, Kickboxen oder Ving Tsun bieten Herausforderungen, die körperliche Fitness, Technik und mentale Stärke fördern.

7. Persönliche Entwicklung und Charakterbildung

Ein wesentlicher Aspekt bei der Wahl der Kampfsportart ist die persönliche Entwicklung und Charakterbildung Ihres Kindes.

- Disziplin und Geduld: Kampfsportarten wie Karate und Aikido legen großen Wert auf Disziplin und Geduld. Diese Disziplinen können Kindern helfen, sich zu konzentrieren und geduldig an ihren Zielen zu arbeiten.
- Selbstbewusstsein und Selbstachtung: Kampfsportarten wie Taekwondo und Brazilian Jiu-Jitsu können das Selbstbewusstsein und die Selbstachtung Ihres Kindes stärken. Durch das Erlernen und Meistern neuer Techniken wächst das Vertrauen in die eigenen Fähigkeiten.
- Respekt und Etikette: Traditionelle Kampfsportarten wie Kung Fu und Kobudo betonen Respekt und Etikette. Diese Werte sind entscheidend für die persönliche und soziale Entwicklung und helfen Kindern, respektvolle und verantwortungsbewusste Erwachsene zu werden.

8. Gesundheits- und Sicherheitsaspekte

Die Gesundheit und Sicherheit Ihres Kindes haben oberste Priorität. Stellen Sie sicher, dass die gewählte Kampfsportart und Schule hohe Standards in diesen Bereichen einhalten.

- Verletzungsprävention: Kampfsportarten wie Aikido und Tai Chi, die sanftere Bewegungen und Techniken betonen, sind weniger verletzungsanfällig und können eine gute Wahl für Kinder sein, die Verletzungen vermeiden möchten.
- Sicherheitsausrüstung: Überprüfen Sie, ob die Schule angemessene Sicherheitsausrüstung bereitstellt und deren Nutzung überwacht. Dies umfasst Schutzpolster, Helme und Matten, um Verletzungen zu verhindern.
- Gesundheitliche Vorteile: Kampfsportarten wie Karate und Taekwondo fördern die körperliche Fitness, einschließlich Kraft, Ausdauer, Flexibilität und Koordination, was insgesamt zur Gesundheit und zum Wohlbefinden Ihres Kindes beiträgt.

9. Integration von Bildungsaspekten

Einige Kampfsportschulen integrieren Bildungsaspekte in ihr Training, die über die rein körperlichen Übungen hinausgehen.

- Geschichte und Kultur: Schulen, die den kulturellen und historischen Kontext ihrer Kampfsportart vermitteln, können das Interesse Ihres Kindes an Geschichte und Kultur wecken. Dies gilt insbesondere für Kampfsportarten wie Karate, Kung Fu und Kobudo.
- Philosophie und Werte: Kampfsportarten wie Ving Tsun und Tai Chi lehren nicht nur Techniken, sondern auch philosophische Konzepte und Werte wie Balance, Harmonie und Achtsamkeit, die zur ganzheitlichen Entwicklung Ihres Kindes beitragen können.

10. Nachhaltige Motivation

Die langfristige Motivation Ihres Kindes, eine Kampfsportart zu betreiben, ist entscheidend für den nachhaltigen Erfolg.

- Spaß und Freude: Wählen Sie eine Kampfsportart, die Ihrem Kind Spaß macht und Freude bereitet. Dies ist der wichtigste Faktor, um die langfristige Motivation aufrechtzuerhalten.
- Ziele und Erfolge: Regelmäßige Prüfungen, Turniere und die Aussicht auf den Erwerb höherer Gürtelgrade können die Motivation Ihres Kindes steigern und es ermutigen, kontinuierlich zu trainieren.
- Anerkennung und Belohnung: Schulen, die die Fortschritte und Erfolge ihrer Schüler anerkennen und belohnen, können die Motivation und das Engagement der Kinder fördern.

11. Unterstützung durch die Familie

Die Unterstützung durch die Familie kann einen erheblichen Einfluss auf die Wahl und den Erfolg der Kampfsportart Ihres Kindes haben.

- Elterliche Unterstützung: Zeigen Sie Interesse an den Aktivitäten Ihres Kindes und unterstützen Sie es bei seinem Training. Dies kann durch Anwesenheit bei Trainings und Wettkämpfen oder durch Gespräche über die Fortschritte und Herausforderungen des Trainings erfolgen.
- Gemeinsames Training: In einigen Kampfsportschulen gibt es Programme, bei denen Eltern und Kinder gemeinsam trainieren können. Dies stärkt die Familienbindung und fördert ein gemeinsames Interesse an körperlicher Aktivität und Selbstdisziplin.

12. Rolle der Kampfsportgemeinschaft

Die Kampfsportgemeinschaft spielt eine wichtige Rolle bei der Entwicklung und Motivation Ihres Kindes.

- Soziale Integration: Eine positive und unterstützende Gemeinschaft kann Ihrem Kind helfen, sich wohl und akzeptiert zu fühlen. Achten Sie darauf, dass die Kampfsportschule eine starke Gemeinschaftsförderung betreibt und regelmäßige soziale Aktivitäten organisiert.
- Netzwerke und Freundschaften: Der Aufbau von Freundschaften und Netzwerken innerhalb der Kampfsportgemeinschaft kann die Motivation und das Engagement Ihres Kindes stärken. Freunde und Trainingspartner können als zusätzliche Unterstützung und Motivation dienen.

13. Persönliche Stärken und Schwächen

Berücksichtigen Sie die persönlichen Stärken und Schwächen Ihres Kindes bei der Wahl der Kampfsportart.

- Stärken fördern: Wählen Sie eine Kampfsportart, die die natürlichen Stärken Ihres Kindes fördert und weiterentwickelt. Dies kann zu einer positiven und bereichernden Erfahrung führen.
- Schwächen ausgleichen: Eine Kampfsportart kann auch dazu beitragen, bestimmte Schwächen Ihres Kindes auszugleichen. Wenn Ihr Kind beispielsweise an seiner Konzentration arbeiten muss, könnte Tai Chi oder Aikido hilfreich sein.

14. Zielsetzung und Belohnungssysteme

Klare Ziele und Belohnungssysteme können Ihrem Kind helfen, motiviert und engagiert zu bleiben.

- Gürtelprüfungen und Zertifikate: Viele Kampfsportarten bieten regelmäßige Gürtelprüfungen und Zertifikate an, die den Fortschritt und die Erfolge der Schüler dokumentieren. Diese Meilensteine können als Anreiz dienen, weiter zu trainieren und sich zu verbessern.
- Turniere und Wettkämpfe: Die Teilnahme an Turnieren und Wettkämpfen kann eine zusätzliche Motivation bieten. Der Wettbewerbsaspekt kann dazu beitragen, dass Ihr Kind sich weiter anstrengt und seine Fähigkeiten unter Beweis stellt.

15. Flexibilität bei der Wahl der Disziplin

Es kann vorteilhaft sein, offen für verschiedene Disziplinen zu sein und Ihrem Kind die Möglichkeit zu geben, mehrere Kampfsportarten auszuprobieren.

- Probetrainings und Schnupperkurse: Nutzen Sie Probetrainings und Schnupperkurse, um verschiedene Kampfsportarten kennenzulernen. Dies kann Ihrem Kind helfen, herauszufinden, welche Disziplin ihm am besten gefällt.
- Wechselmöglichkeiten: Seien Sie flexibel und offen für Wechsel, falls Ihr Kind nach einiger Zeit Interesse an einer anderen Kampfsportart zeigt. Ein Wechsel kann neuen Schwung und Motivation bringen.

16. Langfristige Perspektiven und Engagement

Überlegen Sie, wie die gewählte Kampfsportart langfristige Perspektiven und Engagement fördert.

- Aufstiegsmöglichkeiten: Informieren Sie sich über die Aufstiegsmöglichkeiten innerhalb der Kampfsportart. Regelmäßige Prüfungen und die Aussicht auf höhere Gürtelgrade können die Motivation Ihres Kindes langfristig aufrechterhalten.
- Fortgeschrittene Trainingsprogramme: Schulen, die fortgeschrittene Trainingsprogramme und Spezialisierungsmöglichkeiten anbieten, können dazu beitragen, dass Ihr Kind kontinuierlich gefördert wird und sich weiterentwickeln kann.

17. Wertevermittlung und Ethik

Kampfsportarten vermitteln oft wichtige Werte und ethische Grundsätze, die für die persönliche Entwicklung Ihres Kindes von Bedeutung sind.

- Respekt und Höflichkeit: Viele Kampfsportarten legen großen Wert auf Respekt und Höflichkeit gegenüber Trainern, Trainingspartnern und sich selbst. Diese Werte können Ihrem Kind helfen, respektvolle und verantwortungsbewusste Verhaltensweisen zu entwickeln.
- Selbstdisziplin und Verantwortung: Kampfsportarten fördern die Selbstdisziplin und die Übernahme von Verantwortung. Ihr Kind lernt, für sein eigenes Handeln verantwortlich zu sein und sich kontinuierlich zu verbessern.

18. Gesundheitsfördernde Aspekte

Die gesundheitsfördernden Aspekte der Kampfsportarten sollten ebenfalls bei der Wahl berücksichtigt werden, um sicherzustellen, dass die Disziplin zur körperlichen und geistigen Gesundheit Ihres Kindes beiträgt.

- Körperliche Fitness: Kampfsportarten wie Karate, Taekwondo und Kickboxen bieten intensives körperliches Training, das die allgemeine Fitness, Ausdauer und Kraft Ihres Kindes verbessert.
- Flexibilität und Beweglichkeit: Disziplinen wie Tai Chi und Capoeira fördern die Flexibilität und Beweglichkeit durch dynamische und oft akrobatische Bewegungen.
- Koordination und Balance: Kampfsportarten wie Judo und Brazilian Jiu-Jitsu helfen, die Koordination und das Gleichgewicht Ihres Kindes zu verbessern, indem sie Techniken des Werfens und des Bodenkampfes einbeziehen.
- Geistige Gesundheit: Kampfsportarten, die meditative Elemente enthalten, wie Tai Chi und Aikido, können helfen, Stress abzubauen und die geistige Klarheit und Ruhe zu fördern.

19. Erreichung persönlicher Meilensteine

Die Erreichung persönlicher Meilensteine und Ziele kann ein starker Motivator für Ihr Kind sein.

- Kurzfristige Ziele: Setzen Sie gemeinsam mit Ihrem Kind kurzfristige Ziele, wie das Erlernen einer neuen Technik oder das Bestehen einer Gürtelprüfung. Diese kleinen Erfolge können motivierend wirken und das Selbstbewusstsein stärken.
- Langfristige Ziele: Langfristige Ziele könnten das Erreichen eines bestimmten Gürtels oder die Teilnahme an einem Turnier sein. Diese Ziele geben Ihrem Kind etwas, auf das es hinarbeiten kann, und fördern die Ausdauer und das Engagement.

20. Unterstützung der emotionalen Entwicklung

Kampfsportarten können die emotionale Entwicklung Ihres Kindes unterstützen, indem sie ihm helfen, besser mit seinen Emotionen umzugehen und emotionale Intelligenz zu entwickeln.

- Selbstkontrolle und Impulskontrolle: Disziplinen wie Karate und Aikido legen großen Wert auf Selbstkontrolle und die Fähigkeit, impulsive Reaktionen zu kontrollieren. Dies kann Ihrem Kind helfen, auch in stressigen Situationen ruhig und besonnen zu bleiben.
- Emotionales Gleichgewicht: Kampfsportarten wie Tai Chi und Ving Tsun fördern das emotionale Gleichgewicht und helfen Kindern, ihre Emotionen zu verstehen und zu regulieren.
- Stärkung des Selbstbewusstseins: Das Erlernen und Meistern neuer Techniken stärkt das Selbstbewusstsein und die Selbstachtung Ihres Kindes, was sich positiv auf sein allgemeines Wohlbefinden auswirken kann.

21. Anpassung an den Entwicklungsstand

Die Anpassung des Trainings an den Entwicklungsstand Ihres Kindes ist wichtig, um sicherzustellen, dass es weder unter- noch überfordert wird.

- Individuelle Entwicklungsphasen: Jedes Kind entwickelt sich in seinem eigenen Tempo. Achten Sie darauf, dass die Kampfsportschule die individuellen Entwicklungsphasen Ihres Kindes berücksichtigt und das Training entsprechend anpasst.
- Schrittweise Steigerung: Eine schrittweise Steigerung der Trainingsintensität und Komplexität der Techniken kann helfen, Überlastung zu vermeiden und den Fortschritt Ihres Kindes zu fördern.

22. Pädagogische Ansätze und Lehrmethoden

Die pädagogischen Ansätze und Lehrmethoden der Kampfsportschule können einen großen Einfluss auf das Lernen und die Motivation Ihres Kindes haben.

- Positives Feedback: Schulen, die auf positives Feedback und konstruktive Kritik setzen, können die Lernmotivation und das Selbstvertrauen Ihres Kindes stärken.
- Individuelle Betreuung: Eine persönliche und individuelle Betreuung durch die Trainer kann dazu beitragen, dass sich Ihr Kind wohl und unterstützt fühlt. Fragen Sie nach, ob die Trainer in der Lage sind, auf die spezifischen Bedürfnisse und Stärken Ihres Kindes einzugehen.

23. Integration von akademischen und lebenspraktischen Fähigkeiten

Einige Kampfsportarten bieten Möglichkeiten, akademische und lebenspraktische Fähigkeiten zu integrieren und zu fördern.

- Konzentration und Fokus: Kampfsportarten wie Ving Tsun und Tai Chi, die meditative Übungen und Achtsamkeitstraining integrieren, können die Konzentrationsfähigkeit und den Fokus Ihres Kindes verbessern, was sich positiv auf seine schulischen Leistungen auswirken kann.
- Problemlösungsfähigkeiten: Techniken, die komplexe Bewegungsabläufe und strategisches Denken erfordern, wie Brazilian Jiu-Jitsu und Judo, fördern die Problemlösungsfähigkeiten und das kritische Denken Ihres Kindes.

24. Berücksichtigung der individuellen Interessen und Hobbys

Die Wahl der Kampfsportart sollte auch die individuellen Interessen und Hobbys Ihres Kindes berücksichtigen, um eine ganzheitliche Entwicklung zu fördern.

- Kombination mit anderen Hobbys: Wenn Ihr Kind bereits Hobbys oder Interessen hat, suchen Sie nach einer Kampfsportart, die diese ergänzen kann. Ein Kind, das gerne tanzt, könnte an Capoeira interessiert sein, während ein technikaffines Kind Freude an Brazilian Jiu-Jitsu haben könnte.
- Vielfältige Erfahrungen: Die Möglichkeit, verschiedene Interessen und Hobbys zu kombinieren, kann zu einer bereichernden und vielfältigen Erfahrung führen. Dies fördert die Kreativität und das ganzheitliche Lernen Ihres Kindes.

25. Einfluss der Trainerpersönlichkeit

Die Persönlichkeit und der Lehrstil des Trainers können einen erheblichen Einfluss auf die Erfahrung Ihres Kindes im Kampfsport haben.

- Vorbildfunktion: Ein Trainer, der als positives Vorbild dient und inspirierend wirkt, kann die Motivation und das Engagement Ihres Kindes erheblich steigern.
- Einfühlungsvermögen: Trainer, die einfühlsam sind und ein gutes Verständnis für die Bedürfnisse und Herausforderungen der Kinder haben, können eine unterstützende und positive Lernumgebung schaffen.

26. Langfristige Engagement und Verpflichtung

Überlegen Sie, wie Sie die langfristige Verpflichtung und das Engagement Ihres Kindes für die gewählte Kampfsportart sicherstellen können.

- Verbindlichkeit und Regelmäßigkeit: Regelmäßige Trainingszeiten und klare Verbindlichkeiten können Ihrem Kind helfen, eine Routine zu entwickeln und langfristig engagiert zu bleiben.
- Familienengagement: Ein hohes Maß an Familienengagement und Unterstützung kann dazu beitragen, dass Ihr Kind langfristig motiviert bleibt und Freude an der Kampfsportart hat.

27. Mentale und emotionale Vorbereitung auf Herausforderungen

Kampfsport kann Ihrem Kind helfen, sich mental und emotional auf Herausforderungen im Leben vorzubereiten.

- Resilienztraining: Kampfsportarten wie Krav Maga und Brazilian Jiu-Jitsu, die auf Selbstverteidigung und Überwindung von Herausforderungen fokussieren, können die Resilienz und die Fähigkeit Ihres Kindes, sich von Rückschlägen zu erholen, stärken.
- Mentale Stärke: Das Erlernen von Techniken und das Meistern von Herausforderungen im Training fördert die mentale Stärke und die Fähigkeit, unter Druck ruhig und fokussiert zu bleiben.

Kapitel 3: Sicherheitsaspekte im Kampfsporttraining für Kinder

Sicherheitsaspekte

Die Sicherheit beim Kampfsporttraining ist von größter Bedeutung, insbesondere wenn es um Kinder geht. Um sicherzustellen, dass Ihr Kind in einer sicheren und geschützten Umgebung trainiert, gibt es mehrere wichtige Aspekte zu beachten.

1. Auswahl einer qualifizierten Kampfsportschule

Der erste Schritt zur Gewährleistung der Sicherheit Ihres Kindes ist die Wahl einer qualifizierten und renommierten Kampfsportschule.

- Erkundigen Sie sich nach Zertifizierungen: Achten Sie darauf, dass die Schule von nationalen oder internationalen Kampfsportverbänden anerkannt ist. Zertifizierungen und Lizenzen können ein Indikator für hohe Trainings- und Sicherheitsstandards sein.

- Informieren Sie sich über die Trainer: Überprüfen Sie die Qualifikationen der Trainer. Stellen Sie sicher, dass sie über ausreichende Erfahrung im Umgang mit Kindern verfügen und in Erster Hilfe ausgebildet sind.
- Besuchen Sie die Schule: Machen Sie sich selbst ein Bild von der Schule. Achten Sie auf die Sauberkeit, den Zustand der Ausrüstung und die allgemeine Atmosphäre. Sprechen Sie mit anderen Eltern und Schülern, um deren Erfahrungen zu hören.

2. Sicheres Trainingsumfeld

Ein sicheres Trainingsumfeld ist entscheidend, um Verletzungen zu vermeiden.

- Achten Sie auf die Ausstattung: Die Trainingsfläche sollte mit geeigneten Matten ausgelegt sein, um Stürze abzufedern. Die Ausrüstung sollte regelmäßig überprüft und in gutem Zustand sein.
- Hygiene und Sauberkeit: Stellen Sie sicher, dass die Schule hohen Hygiene- und Sauberkeitsstandards folgt. Saubere Trainingsräume und Umkleidebereiche sind wichtig, um Infektionen zu vermeiden.
- Beobachten Sie eine Trainingsstunde: Sehen Sie sich eine Trainingsstunde an. Achten Sie darauf, wie die Trainer mit den Kindern umgehen und ob sie Sicherheitsprotokolle einhalten.

3. Schutz- und Sicherheitsausrüstung

Die richtige Schutz- und Sicherheitsausrüstung ist unerlässlich, um Verletzungen zu verhindern.

- Investieren Sie in gute Ausrüstung: Kaufen Sie qualitativ hochwertige Schutzausrüstung für Ihr Kind, wie Kopfschutz, Mundschutz, Handschuhe, Schienbeinschoner und Brustschutz. Gute Ausrüstung kann das Verletzungsrisiko erheblich reduzieren.
- Überprüfen Sie die Passform: Stellen Sie sicher, dass die Schutzausrüstung gut sitzt und bequem ist. Eine schlecht sitzende Ausrüstung kann mehr Schaden als Nutzen bringen.
- Regelmäßige Überprüfung: Kontrollieren Sie regelmäßig den Zustand der Schutzausrüstung und ersetzen Sie beschädigte Teile sofort.

4. Altersgerechtes Training

Das Training sollte an das Alter und die Fähigkeiten Ihres Kindes angepasst sein.

- Erkundigen Sie sich nach dem Trainingsprogramm: Fragen Sie nach, ob die Schule altersgerechte Programme anbietet. Jüngere Kinder sollten spielerisch und interaktiv lernen, während ältere Kinder intensivere Techniken üben können.
- Achten Sie auf die Trainingsintensität: Stellen Sie sicher, dass die Trainingsintensität für das Alter und die Fähigkeiten Ihres Kindes geeignet ist. Überanstrengung kann zu Verletzungen führen.
- Pausen und Erholung: Achten Sie darauf, dass Ihr Kind regelmäßige Pausen bekommt und ausreichend Zeit zur Erholung hat. Dies ist wichtig, um Überlastungen zu vermeiden.

5. Aufwärm- und Abkühlphasen

Aufwärm- und Abkühlphasen sind wichtige Bestandteile eines sicheren Trainingsprogramms.

- Bedeutung des Aufwärmens: Ein gutes Aufwärmprogramm bereitet die Muskeln und Gelenke auf die Belastung vor und reduziert das Verletzungsrisiko. Fragen Sie die Trainer nach ihren Aufwärmroutinen.
- Abkühlen nach dem Training: Nach dem Training sollte eine Abkühlphase eingeplant werden, um die Herzfrequenz zu senken und die Muskulatur zu entspannen. Dies hilft, Muskelkater und Verspannungen vorzubeugen.
- Selbst zu Hause üben: Ermutigen Sie Ihr Kind, auch zu Hause Aufwärm- und Abkühlübungen zu machen. Dies kann helfen, die Gewohnheit zu festigen und die Bedeutung dieser Phasen zu unterstreichen.

6. Regelmäßige Kommunikation mit den Trainern

Eine offene und regelmäßige Kommunikation mit den Trainern ist entscheidend, um sicherzustellen, dass Sie über den Fortschritt und die Sicherheit Ihres Kindes im Training informiert sind.

- Regelmäßige Updates einholen: Fragen Sie regelmäßig nach dem Fortschritt Ihres Kindes und nach eventuellen Herausforderungen oder Bedenken, die während des Trainings aufgetreten sind.
- Besprechen Sie Sicherheitsprotokolle: Lassen Sie sich die Sicherheitsprotokolle und Notfallpläne der Schule erklären. Verstehen Sie, wie die Trainer auf Verletzungen reagieren und welche Maßnahmen sie ergreifen, um diese zu verhindern.
- Elterngespräche vereinbaren: Nutzen Sie Elterngespräche oder Elternabende, um direkt mit den Trainern zu sprechen und sich ein umfassendes Bild von der Trainingsumgebung und den Sicherheitsmaßnahmen zu machen.

7. Notfallvorbereitung und Erste-Hilfe-Maßnahmen

Stellen Sie sicher, dass die Kampfsportschule gut auf Notfälle vorbereitet ist und angemessene Erste-Hilfe-Maßnahmen getroffen werden können.

- Notfallplan kennen: Informieren Sie sich über den Notfallplan der Schule. Stellen Sie sicher, dass alle Trainer wissen, was im Falle einer Verletzung zu tun ist.
- Erste-Hilfe-Ausrüstung: Vergewissern Sie sich, dass die Schule gut ausgestattete Erste-Hilfe-Kits hat und dass diese regelmäßig überprüft werden.
- Kontaktinformationen bereitstellen: Stellen Sie sicher, dass die Schule Ihre aktuellen Kontaktinformationen hat, damit Sie im Notfall schnell erreicht werden können.

8. Einhaltung von Gesundheits- und Hygienestandards

Hohe Gesundheits- und Hygienestandards tragen dazu bei, das Risiko von Krankheiten und Infektionen zu minimieren.

- Sauberkeit der Einrichtung: Achten Sie darauf, dass die Trainingsräume und Umkleidebereiche sauber und hygienisch sind. Fragen Sie, wie oft die Räume gereinigt und desinfiziert werden.
- Hygienepraktiken fördern: Ermutigen Sie Ihr Kind, grundlegende Hygienepraktiken einzuhalten, wie regelmäßiges Händewaschen und das Vermeiden des Teilens von Trinkflaschen oder Handtüchern.
- Krankmeldungen: Informieren Sie die Trainer, wenn Ihr Kind krank ist, und halten Sie es zu Hause, um die Ausbreitung von Krankheiten zu verhindern.

9. Schutz vor Übertraining und Erschöpfung

Übertraining kann zu Verletzungen und Erschöpfung führen. Achten Sie darauf, dass Ihr Kind ein gesundes Gleichgewicht zwischen Training und Erholung findet.

- Erholungstage einplanen: Stellen Sie sicher, dass Ihr Kind genügend Erholungstage hat, um sich von intensiven Trainingseinheiten zu erholen.
- Anzeichen von Überlastung erkennen: Achten Sie auf Anzeichen von Überlastung, wie Müdigkeit, Schmerzen oder sinkende Leistungsfähigkeit. Reduzieren Sie das Training, wenn diese Symptome auftreten.
- Vielfältiges Training: Fördern Sie eine abwechslungsreiche Trainingsroutine, um verschiedene Muskelgruppen zu stärken und das Risiko von Überlastungsverletzungen zu verringern.

10. Förderung einer positiven Trainingskultur

Eine positive Trainingskultur ist entscheidend für das Wohlbefinden und die Sicherheit der Kinder.

- Respekt und Fairness: Stellen Sie sicher, dass die Schule eine Kultur des Respekts und der Fairness fördert. Kinder sollten lernen, ihre Trainingspartner zu respektieren und fair miteinander umzugehen.
- Emotionale Unterstützung: Kinder sollten emotionale Unterstützung erhalten und ermutigt werden, ihre Gefühle und Erfahrungen zu teilen. Trainer sollten in der Lage sein, auf die emotionalen Bedürfnisse der Kinder einzugehen.
- Positives Feedback: Fördern Sie eine Umgebung, in der positives Feedback und Anerkennung für Fortschritte und Erfolge gegeben werden. Dies stärkt das Selbstvertrauen und die Motivation der Kinder.

11. Einbindung der Eltern

Eltern spielen eine entscheidende Rolle bei der Unterstützung ihrer Kinder im Kampfsporttraining.

- Aktive Teilnahme: Nehmen Sie aktiv am Trainingsprozess teil, indem Sie sich regelmäßig über den Fortschritt Ihres Kindes informieren und es bei Wettkämpfen und Veranstaltungen unterstützen.
- Sicherheitsbewusstsein schulen: Informieren Sie sich über die Sicherheitsprotokolle und -maßnahmen und stellen Sie sicher, dass Ihr Kind diese versteht und einhält.
- Vorbild sein: Seien Sie ein Vorbild für Ihr Kind, indem Sie selbst ein gesundes und sicheres Verhalten vorleben. Ihre Einstellung und Ihr Verhalten beeinflussen Ihr Kind maßgeblich.

12. Regelmäßige Gesundheitschecks

Die Gesundheit Ihres Kindes sollte regelmäßig überprüft werden, um sicherzustellen, dass es für das Training geeignet ist und keine gesundheitlichen Bedenken bestehen.

- Arztbesuche vor dem Trainingsbeginn: Lassen Sie Ihr Kind vor Beginn des Kampfsporttrainings von einem Arzt untersuchen. Dies hilft sicherzustellen, dass es körperlich in der Lage ist, die Anforderungen des Trainings zu bewältigen.
- Regelmäßige Gesundheitschecks: Planen Sie regelmäßige Arztbesuche, um die Gesundheit Ihres Kindes zu überwachen und sicherzustellen, dass es keine gesundheitlichen Probleme gibt, die das Training beeinträchtigen könnten.
- Berücksichtigung von Gesundheitsproblemen: Informieren Sie die Trainer über bestehende gesundheitliche Probleme oder Einschränkungen Ihres Kindes, damit sie das Training entsprechend anpassen können.

13. Mentale und emotionale Resilienz

Die mentale und emotionale Gesundheit Ihres Kindes ist ebenso wichtig wie die physische Gesundheit.

- Stressbewältigungstechniken: Lehren Sie Ihrem Kind einfache Techniken zur Stressbewältigung, wie Atemübungen oder kurze Meditationen, um ihm zu helfen, mit den Herausforderungen des Trainings umzugehen.
- Emotionale Unterstützung: Seien Sie ein offenes Ohr für die Sorgen und Ängste Ihres Kindes. Ermutigen Sie es, über seine Gefühle zu sprechen, und bieten Sie emotionale Unterstützung und Ermutigung.
- Selbstwertgefühl stärken: Fördern Sie das Selbstwertgefühl Ihres Kindes durch positive Verstärkung und Anerkennung seiner Fortschritte und Erfolge im Training. Ein starkes Selbstwertgefühl trägt zur mentalen Resilienz bei.

14. Ernährung und Hydration

Eine ausgewogene Ernährung und ausreichende Hydration sind entscheidend für die Leistungsfähigkeit und Gesundheit Ihres Kindes.

- Gesunde Ernährung fördern: Stellen Sie sicher, dass Ihr Kind eine ausgewogene Ernährung erhält, die reich an Vitaminen, Mineralstoffen und Proteinen ist. Eine gesunde Ernährung unterstützt das Wachstum und die Regeneration der Muskeln.
- Regelmäßige Mahlzeiten: Achten Sie darauf, dass Ihr Kind regelmäßig und ausgewogen isst, um die benötigte Energie für das Training zu haben.
- Hydration: Ermutigen Sie Ihr Kind, während des Trainings regelmäßig Wasser zu trinken, um Dehydrierung zu vermeiden. Bringen Sie ihm bei, die Bedeutung von Hydration für die Leistungsfähigkeit und Gesundheit zu verstehen.

15. Einhaltung von Sicherheitsrichtlinien

Stellen Sie sicher, dass die Kampfsportschule klare Sicherheitsrichtlinien hat und dass diese konsequent eingehalten werden.

- Regelwerk verstehen: Machen Sie sich mit den Sicherheitsrichtlinien und dem Regelwerk der Schule vertraut. Verstehen Sie, welche Maßnahmen getroffen werden, um die Sicherheit der Kinder zu gewährleisten.
- Beteiligung und Überwachung: Ermutigen Sie Ihr Kind, die Sicherheitsrichtlinien zu befolgen, und überwachen Sie, dass es diese einhält. Dies kann durch Gespräche mit Ihrem Kind und den Trainern erfolgen.
- Feedback geben: Geben Sie Feedback an die Schule, wenn Sie Sicherheitsbedenken haben. Eine gute Kommunikation kann helfen, Probleme frühzeitig zu identifizieren und zu beheben.

16. Nutzung von Schutzausrüstung

Die richtige Nutzung und Pflege der Schutzausrüstung ist entscheidend, um Verletzungen zu vermeiden.

- Richtige Passform: Stellen Sie sicher, dass die Schutzausrüstung gut passt und bequem ist. Eine schlecht sitzende Ausrüstung kann mehr Schaden als Nutzen bringen.
- Regelmäßige Überprüfung: Kontrollieren Sie regelmäßig den Zustand der Schutzausrüstung und ersetzen Sie beschädigte Teile sofort.
- Anleitung zur Nutzung: Bringen Sie Ihrem Kind bei, wie es die Schutzausrüstung richtig anlegt und pflegt. Dies kann durch Anleitung und regelmäßige Überprüfung erfolgen.

17. Regelmäßige Aufklärung und Schulung

Regelmäßige Aufklärung und Schulung über Sicherheitsmaßnahmen sind wichtig, um das Bewusstsein und die Verantwortung Ihres Kindes zu stärken.

- Sicherheitsworkshops: Nehmen Sie an Sicherheitsworkshops und Schulungen teil, die von der Schule angeboten werden. Diese können wertvolle Informationen und Tipps zur Sicherheit im Training bieten.
- Regelmäßige Gespräche: Führen Sie regelmäßige Gespräche mit Ihrem Kind über die Bedeutung von Sicherheit im Training und wie es selbst dazu beitragen kann.
- Vorbildfunktion: Seien Sie ein Vorbild in Bezug auf Sicherheitsbewusstsein und verantwortungsvolles Verhalten. Ihre Einstellung und Ihr Verhalten beeinflussen Ihr Kind maßgeblich.

18. Förderung einer positiven Trainingskultur

Eine positive Trainingskultur trägt zur Sicherheit und zum Wohlbefinden Ihres Kindes bei und schafft ein unterstützendes Umfeld.

- Respekt und Fairness: Stellen Sie sicher, dass die Schule eine Kultur des Respekts und der Fairness fördert. Kinder sollten lernen, ihre Trainingspartner zu respektieren und fair miteinander umzugehen.
- Emotionale Unterstützung: Kinder sollten emotionale Unterstützung erhalten und ermutigt werden, ihre Gefühle und Erfahrungen zu teilen. Trainer sollten in der Lage sein, auf die emotionalen Bedürfnisse der Kinder einzugehen.
- Positives Feedback: Fördern Sie eine Umgebung, in der positives Feedback und Anerkennung für Fortschritte und Erfolge gegeben werden. Dies stärkt das Selbstvertrauen und die Motivation der Kinder.

19. Prävention von Übertraining

Übertraining kann zu Verletzungen und Erschöpfung führen. Achten Sie darauf, dass Ihr Kind ein gesundes Gleichgewicht zwischen Training und Erholung findet.

- Erholungstage einplanen: Stellen Sie sicher, dass Ihr Kind genügend Erholungstage hat, um sich von intensiven Trainingseinheiten zu erholen.
- Anzeichen von Überlastung erkennen: Achten Sie auf Anzeichen von Überlastung, wie Müdigkeit, Schmerzen oder sinkende Leistungsfähigkeit. Reduzieren Sie das Training, wenn diese Symptome auftreten.
- Vielfältiges Training: Fördern Sie eine abwechslungsreiche Trainingsroutine, um verschiedene Muskelgruppen zu stärken und das Risiko von Überlastungsverletzungen zu verringern.

20. Einhaltung von Hygiene- und Gesundheitsstandards

Hohe Hygiene- und Gesundheitsstandards tragen dazu bei, das Risiko von Krankheiten und Infektionen zu minimieren.

- Sauberkeit der Einrichtung: Achten Sie darauf, dass die Trainingsräume und Umkleidebereiche sauber und hygienisch sind. Fragen Sie, wie oft die Räume gereinigt und desinfiziert werden.
- Hygienepraktiken fördern: Ermutigen Sie Ihr Kind, grundlegende Hygienepraktiken einzuhalten, wie regelmäßiges Händewaschen und das Vermeiden des Teilens von Trinkflaschen oder Handtüchern.
- Krankmeldungen: Informieren Sie die Trainer, wenn Ihr Kind krank ist, und halten Sie es zu Hause, um die Ausbreitung von Krankheiten zu verhindern.

21. Mentale und emotionale Resilienz stärken

Die mentale und emotionale Gesundheit Ihres Kindes ist ebenso wichtig wie die physische Gesundheit.

- Stressbewältigungstechniken: Lehren Sie Ihrem Kind einfache Techniken zur Stressbewältigung, wie Atemübungen oder kurze Meditationen, um ihm zu helfen, mit den Herausforderungen des Trainings umzugehen.
- Emotionale Unterstützung: Seien Sie ein offenes Ohr für die Sorgen und Ängste Ihres Kindes. Ermutigen Sie es, über seine Gefühle zu sprechen, und bieten Sie emotionale Unterstützung und Ermutigung.
- Selbstwertgefühl stärken: Fördern Sie das Selbstwertgefühl Ihres Kindes durch positive Verstärkung und Anerkennung seiner Fortschritte und Erfolge im Training. Ein starkes Selbstwertgefühl trägt zur mentalen Resilienz bei.

22. Kommunikation mit den Trainern

Eine offene und regelmäßige Kommunikation mit den Trainern ist entscheidend, um sicherzustellen, dass Sie über den Fortschritt und die Sicherheit Ihres Kindes im Training informiert sind.

- Regelmäßige Updates einholen: Fragen Sie regelmäßig nach dem Fortschritt Ihres Kindes und nach eventuellen Herausforderungen oder Bedenken, die während des Trainings aufgetreten sind.
- Besprechen Sie Sicherheitsprotokolle: Lassen Sie sich die Sicherheitsprotokolle und Notfallpläne der Schule erklären. Verstehen Sie, wie die Trainer auf Verletzungen reagieren und welche Maßnahmen sie ergreifen, um diese zu verhindern.
- Elterngespräche vereinbaren: Nutzen Sie Elterngespräche oder Elternabende, um direkt mit den Trainern zu sprechen und sich ein umfassendes Bild von der Trainingsumgebung und den Sicherheitsmaßnahmen zu machen.

23. Notfallvorbereitung und Erste-Hilfe-Maßnahmen

Stellen Sie sicher, dass die Kampfsportschule gut auf Notfälle vorbereitet ist und angemessene Erste-Hilfe-Maßnahmen getroffen werden können.

- Notfallplan kennen: Informieren Sie sich über den Notfallplan der Schule. Stellen Sie sicher, dass alle Trainer wissen, was im Falle einer Verletzung zu tun ist.
- Erste-Hilfe-Ausrüstung: Vergewissern Sie sich, dass die Schule gut ausgestattete Erste-Hilfe-Kits hat und dass diese regelmäßig überprüft werden.
- Kontaktinformationen bereitstellen: Stellen Sie sicher, dass die Schule Ihre aktuellen Kontaktinformationen hat, damit Sie im Notfall schnell erreicht werden können.

24. Schutz vor Übertraining und Erschöpfung

Übertraining kann zu Verletzungen und Erschöpfung führen. Achten Sie darauf, dass Ihr Kind ein gesundes Gleichgewicht zwischen Training und Erholung findet.

- Erholungstage einplanen: Stellen Sie sicher, dass Ihr Kind genügend Erholungstage hat, um sich von intensiven Trainingseinheiten zu erholen.
- Anzeichen von Überlastung erkennen: Achten Sie auf Anzeichen von Überlastung, wie Müdigkeit, Schmerzen oder sinkende Leistungsfähigkeit. Reduzieren Sie das Training, wenn diese Symptome auftreten.
- Vielfältiges Training: Fördern Sie eine abwechslungsreiche Trainingsroutine, um verschiedene Muskelgruppen zu stärken und das Risiko von Überlastungsverletzungen zu verringern.

3. Qualität der Trainer

Die Qualität der Trainer ist einer der entscheidendsten Faktoren für die Sicherheit und den Erfolg Ihres Kindes im Kampfsporttraining. Kompetente, erfahrene und engagierte Trainer können einen großen Unterschied machen. Hier sind einige wichtige Aspekte, die Sie als Eltern berücksichtigen sollten, um sicherzustellen, dass Ihr Kind in guten Händen ist.

1. Ausbildung und Zertifizierung

Ein qualifizierter Trainer sollte über eine fundierte Ausbildung und die entsprechenden Zertifizierungen verfügen.

- **Formale Ausbildung:** Achten Sie darauf, dass die Trainer eine formale Ausbildung in ihrer jeweiligen Kampfsportart haben. Dies kann durch nationale oder internationale Kampfsportverbände zertifiziert sein.
- **Zertifizierungen:** Überprüfen Sie, ob die Trainer über aktuelle Zertifizierungen verfügen. Diese können regelmäßige Auffrischungskurse und Prüfungen umfassen, die sicherstellen, dass sie auf dem neuesten Stand der Techniken und Sicherheitspraktiken sind.
- **Erste-Hilfe-Ausbildung:** Ein guter Trainer sollte auch in Erster Hilfe ausgebildet sein. Dies ist besonders wichtig, um im Notfall schnell und effektiv reagieren zu können.

2. Erfahrung und Hintergrund

Erfahrung ist ein entscheidender Faktor für die Qualität eines Trainers. Je mehr Erfahrung ein Trainer hat, desto besser kann er auf die Bedürfnisse der Schüler eingehen.

- **Jahre der Erfahrung:** Fragen Sie nach der Anzahl der Jahre, die der Trainer in der jeweiligen Kampfsportart aktiv ist. Langjährige Erfahrung spricht oft für tiefere Kenntnisse und bessere Lehrfähigkeiten.
- **Wettkampferfahrung:** Trainer mit Wettkampferfahrung haben oft ein besseres Verständnis für die Anforderungen und Herausforderungen des Trainings. Dies kann besonders hilfreich sein, wenn Ihr Kind an Wettkämpfen teilnehmen möchte.
- **Erfahrung mit Kindern:** Achten Sie darauf, dass der Trainer Erfahrung im Umgang mit Kindern hat. Kinder erfordern eine andere Herangehensweise als Erwachsene, und ein erfahrener Kindertrainer kann besser auf ihre speziellen Bedürfnisse eingehen.

3. Pädagogische Fähigkeiten

Ein guter Trainer ist nicht nur ein Experte in seiner Disziplin, sondern auch ein effektiver Pädagoge.

- Kommunikationsfähigkeit: Der Trainer sollte in der Lage sein, Techniken und Konzepte klar und verständlich zu erklären. Gute Kommunikationsfähigkeiten sind entscheidend, um sicherzustellen, dass die Kinder die Anweisungen verstehen und korrekt umsetzen können.
- Geduld und Einfühlungsvermögen: Kinder lernen in unterschiedlichem Tempo, und ein guter Trainer sollte geduldig und einfühlsam sein. Dies hilft, eine positive und unterstützende Lernumgebung zu schaffen.
- Motivationsfähigkeit: Ein Trainer sollte in der Lage sein, die Kinder zu motivieren und zu inspirieren. Dies kann durch positive Verstärkung, Anerkennung von Fortschritten und das Setzen erreichbarer Ziele geschehen.

4. Sicherheitsbewusstsein

Ein qualifizierter Trainer legt großen Wert auf die Sicherheit der Schüler und trifft entsprechende Vorkehrungen, um Verletzungen zu vermeiden.

- Sicherheitsprotokolle: Fragen Sie den Trainer nach den Sicherheitsprotokollen und -maßnahmen, die in der Schule umgesetzt werden. Ein sicherheitsbewusster Trainer wird klare Regeln und Protokolle haben, um die Sicherheit der Kinder zu gewährleisten.
- Risikomanagement: Ein guter Trainer ist in der Lage, potenzielle Risiken zu erkennen und Maßnahmen zu ergreifen, um diese zu minimieren. Dies kann durch die Anpassung von Techniken, das Einhalten von Pausen und das Überwachen des Zustands der Ausrüstung geschehen.
- Notfallpläne: Stellen Sie sicher, dass der Trainer einen klaren Notfallplan hat und weiß, wie er im Falle einer Verletzung oder eines Unfalls vorgehen muss.

5. Persönliche Integrität und Vorbildfunktion

Trainer sollten eine Vorbildfunktion für die Kinder einnehmen und durch ihr Verhalten und ihre Einstellung positive Werte vermitteln.

- Ethisches Verhalten: Der Trainer sollte ethisches Verhalten und Integrität zeigen. Dies umfasst Ehrlichkeit, Respekt und Fairness im Umgang mit Schülern und Eltern.
- Vorbildfunktion: Kinder orientieren sich oft an ihren Trainern. Ein guter Trainer sollte ein positives Vorbild sein und Werte wie Disziplin, Durchhaltevermögen und Respekt vorleben.
- Professionelles Auftreten: Achten Sie auf das professionelle Auftreten des Trainers. Dies umfasst Pünktlichkeit, angemessene Kleidung und eine respektvolle Kommunikation.

6. Kontinuierliche Weiterbildung

Ein ausgezeichneter Trainer bleibt nicht bei seinem aktuellen Wissen stehen, sondern bildet sich kontinuierlich weiter, um die neuesten Entwicklungen und Techniken in seiner Kampfsportart zu integrieren.

- Fortbildungen und Workshops: Erkundigen Sie sich, ob der Trainer regelmäßig an Fortbildungen und Workshops teilnimmt. Diese können neue Trainingsmethoden, Techniken und Sicherheitsprotokolle umfassen.
- Aktualisierung der Kenntnisse: Ein guter Trainer aktualisiert ständig seine Kenntnisse und integriert neue Erkenntnisse und Praktiken in das Training. Dies zeigt Engagement und Professionalität.
- Teilnahme an Konferenzen: Die Teilnahme an nationalen und internationalen Kampfsportkonferenzen kann ein Indikator dafür sein, dass der Trainer aktiv in der Gemeinschaft involviert ist und sich ständig weiterbildet.

7. Fähigkeit zur individuellen Förderung

Jedes Kind ist einzigartig und hat unterschiedliche Stärken, Schwächen und Bedürfnisse. Ein guter Trainer erkennt diese Unterschiede und passt das Training entsprechend an.

- Individuelle Trainingspläne: Der Trainer sollte in der Lage sein, individuelle Trainingspläne zu erstellen, die auf die spezifischen Bedürfnisse und Ziele jedes Kindes zugeschnitten sind.
- Gezieltes Feedback: Geben Sie darauf acht, ob der Trainer gezieltes Feedback gibt, das auf die individuellen Leistungen und Fortschritte der Kinder eingeht. Dies hilft den Kindern, ihre Fähigkeiten weiterzuentwickeln.
- Förderung von Talenten: Ein guter Trainer erkennt Talente und fördert sie gezielt. Er gibt Kindern, die besondere Fähigkeiten oder Interessen zeigen, die Möglichkeit, diese weiterzuentwickeln und zu spezialisieren.

8. Engagement und Leidenschaft für den Sport

Die Leidenschaft des Trainers für den Sport ist ansteckend und kann die Motivation und das Engagement der Kinder erheblich steigern.

- Leidenschaft und Begeisterung: Achten Sie darauf, ob der Trainer eine echte Leidenschaft und Begeisterung für den Sport zeigt. Diese Einstellung kann die Kinder inspirieren und motivieren.
- Engagement für die Schüler: Ein engagierter Trainer nimmt sich die Zeit, auf die Bedürfnisse und Anliegen der Schüler einzugehen. Er zeigt echtes Interesse an ihrem Fortschritt und ihrer Entwicklung.

- Zusätzliche Unterstützung: Ein guter Trainer bietet auch außerhalb der regulären Trainingszeiten Unterstützung an, sei es durch zusätzliche Trainingseinheiten, individuelle Beratung oder Hilfe bei Wettkämpfen.

9. Kommunikation mit Eltern und Schülern

Eine offene und effektive Kommunikation zwischen Trainer, Eltern und Schülern ist entscheidend für den Erfolg und die Sicherheit des Trainings.

- Regelmäßige Updates: Der Trainer sollte regelmäßige Updates über den Fortschritt der Kinder geben und Eltern über wichtige Entwicklungen informieren.
- Erreichbarkeit: Stellen Sie sicher, dass der Trainer für Fragen und Anliegen der Eltern und Schüler erreichbar ist. Eine offene Kommunikationskultur trägt dazu bei, Missverständnisse zu vermeiden und Probleme frühzeitig zu lösen.
- Feedback einholen: Ein guter Trainer holt regelmäßig Feedback von Eltern und Schülern ein, um das Training kontinuierlich zu verbessern und auf die Bedürfnisse der Kinder einzugehen.

10. Umgang mit Konflikten und Disziplin

Der Umgang mit Konflikten und die Aufrechterhaltung von Disziplin sind wesentliche Fähigkeiten eines guten Trainers.

- Konfliktmanagement: Der Trainer sollte in der Lage sein, Konflikte zwischen Schülern schnell und fair zu lösen. Dies erfordert Einfühlungsvermögen und klare Kommunikationsfähigkeiten.
- Disziplin und Regeln: Ein guter Trainer setzt klare Regeln und Disziplinarmaßnahmen, um ein respektvolles und sicheres Trainingsumfeld zu gewährleisten. Dies hilft den Kindern, die Bedeutung von Disziplin und Respekt zu verstehen.
- Positive Verstärkung: Anstatt nur auf negatives Verhalten zu reagieren, sollte der Trainer positive Verstärkung einsetzen, um gutes Verhalten und Fortschritte zu belohnen. Dies schafft eine motivierende und unterstützende Atmosphäre.

11. Sicherheitsbewusstsein und Vorsichtsmaßnahmen

Die Sicherheit der Schüler sollte für den Trainer oberste Priorität haben. Dies umfasst sowohl die physische als auch die psychische Sicherheit.

- Sicherheitsprotokolle: Ein qualifizierter Trainer implementiert und überwacht strenge Sicherheitsprotokolle. Dies beinhaltet die richtige Nutzung von Schutzausrüstung und die Einhaltung von Sicherheitsrichtlinien.

- Erste-Hilfe-Kenntnisse: Stellen Sie sicher, dass der Trainer über grundlegende Erste-Hilfe-Kenntnisse verfügt und weiß, wie er im Notfall reagieren muss.
- Vermeidung von Übertraining: Der Trainer sollte auf Anzeichen von Übertraining und Erschöpfung achten und sicherstellen, dass die Kinder genügend Pausen und Erholungsphasen haben.

12. Entwicklung von Teamgeist und Gemeinschaft

Ein guter Trainer fördert nicht nur individuelle Leistungen, sondern auch den Teamgeist und das Gemeinschaftsgefühl unter den Schülern.

- Teamübungen: Integrieren Sie Teamübungen und -aktivitäten in das Training, um den Zusammenhalt und die Zusammenarbeit zu stärken. Dies kann auch außerhalb des regulären Trainings geschehen, z.B. bei gemeinsamen Ausflügen oder Events.
- Unterstützende Atmosphäre: Der Trainer sollte eine Atmosphäre schaffen, in der sich alle Kinder unterstützt und wertgeschätzt fühlen. Dies fördert das Selbstbewusstsein und die Motivation.
- Vorbildliche Führung: Ein guter Trainer ist ein Vorbild für Zusammenarbeit und gegenseitige Unterstützung. Er fördert ein Umfeld, in dem die Kinder lernen, sich gegenseitig zu unterstützen und als Team zu agieren.

13. Anpassungsfähigkeit und Flexibilität

Ein kompetenter Trainer ist anpassungsfähig und flexibel, um auf verschiedene Situationen und Bedürfnisse der Kinder reagieren zu können.

- Individuelle Anpassungen: Der Trainer sollte in der Lage sein, das Training an die individuellen Bedürfnisse und Fähigkeiten der Kinder anzupassen. Dies kann besondere Rücksichtnahme bei gesundheitlichen Einschränkungen oder spezielle Unterstützung bei Lernschwierigkeiten umfassen.
- Flexibles Training: Manchmal erfordert es Flexibilität, das Training zu ändern oder anzupassen, z.B. bei unvorhergesehenen Ereignissen oder besonderen Anforderungen. Ein guter Trainer reagiert schnell und angemessen auf solche Situationen.
- Offenheit für Feedback: Ein flexibler Trainer nimmt Feedback von Eltern und Schülern ernst und ist bereit, sein Training entsprechend anzupassen. Dies zeigt, dass er sich kontinuierlich verbessern möchte und die Bedürfnisse seiner Schüler respektiert.

14. Integrität und Ethik

Integrität und ethisches Verhalten sind unerlässlich für einen guten Trainer, der als Vorbild für die Schüler fungiert.

- Ehrlichkeit und Transparenz: Der Trainer sollte ehrlich und transparent in seinen Handlungen und Entscheidungen sein. Dies schafft Vertrauen und Respekt bei den Schülern und ihren Eltern.
- Ethikkodex: Ein guter Trainer hält sich an einen klar definierten Ethikkodex, der respektvolles und verantwortungsbewusstes Verhalten fördert. Dies sollte auch den fairen Umgang mit allen Schülern umfassen.
- Konsequentes Handeln: Integrität zeigt sich auch darin, dass der Trainer konsequent in seinen Handlungen ist und seine Prinzipien in jeder Situation aufrechterhält.

15. Innovationsbereitschaft

Ein hervorragender Trainer bleibt nicht bei traditionellen Methoden stehen, sondern ist offen für Innovationen und neue Ansätze im Training.

- Neue Techniken und Methoden: Ein innovativer Trainer integriert neue Techniken und Methoden in sein Training, um die Lern- und Trainingsprozesse zu optimieren. Dies kann den Einsatz moderner Trainingsgeräte oder digitaler Tools umfassen.
- Fortbildung und Weiterbildung: Der Trainer sollte regelmäßig an Fortbildungen teilnehmen und neue Erkenntnisse in sein Training einfließen lassen. Dies zeigt, dass er bestrebt ist, seine Fähigkeiten und Kenntnisse kontinuierlich zu erweitern.
- Kreativität im Training: Kreative Ansätze im Training können das Lernen interessanter und effektiver machen. Ein Trainer, der neue Übungen und Methoden einführt, kann die Motivation und das Engagement der Schüler erhöhen.

16. Förderung der persönlichen Entwicklung

Neben den technischen Fähigkeiten sollte der Trainer auch die persönliche Entwicklung der Schüler fördern.

- Selbstbewusstsein stärken: Der Trainer sollte Maßnahmen ergreifen, um das Selbstbewusstsein der Schüler zu stärken. Dies kann durch die Anerkennung von Fortschritten und das Setzen erreichbarer Ziele geschehen.
- Lebenskompetenzen vermitteln: Kampfsporttraining bietet die Möglichkeit, wichtige Lebenskompetenzen wie Disziplin, Durchhaltevermögen und Verantwortungsbewusstsein zu vermitteln. Ein guter Trainer nutzt diese Gelegenheit, um die persönliche Entwicklung der Schüler zu fördern.
- Mentorship: Ein Trainer kann auch als Mentor fungieren und den Schülern bei der Bewältigung von Herausforderungen innerhalb und außerhalb des Trainings helfen. Dies kann eine langfristige positive Wirkung auf das Leben der Schüler haben.

17. Einbindung der Eltern

Die Einbindung der Eltern ist ein wichtiger Aspekt, um sicherzustellen, dass das Training und die Entwicklung der Kinder optimal unterstützt werden.

- Regelmäßige Elterngespräche: Der Trainer sollte regelmäßig Elterngespräche anbieten, um den Fortschritt und eventuelle Probleme der Schüler zu besprechen. Dies fördert die Zusammenarbeit zwischen Trainer und Eltern.
- Transparenz und Kommunikation: Offene Kommunikation mit den Eltern ist entscheidend. Der Trainer sollte über die Trainingsmethoden, Ziele und Sicherheitsmaßnahmen informieren.
- Einbeziehung der Eltern in Aktivitäten: Eltern können auch in Aktivitäten und Veranstaltungen der Kampfsportschule einbezogen werden, was das Gemeinschaftsgefühl stärkt und die Unterstützung der Kinder fördert.

18. Fähigkeiten zur Konfliktbewältigung

Ein guter Trainer sollte über ausgezeichnete Fähigkeiten zur Konfliktbewältigung verfügen, um ein harmonisches und sicheres Trainingsumfeld zu gewährleisten.

- Konfliktlösungstechniken: Der Trainer sollte geschult sein in Techniken der Konfliktlösung, um Streitigkeiten zwischen den Schülern schnell und effektiv zu lösen. Dies trägt dazu bei, ein positives Lernumfeld zu erhalten.
- Präventive Maßnahmen: Ein kompetenter Trainer erkennt potenzielle Konflikte frühzeitig und ergreift präventive Maßnahmen, um Eskalationen zu vermeiden. Dies kann durch klare Regeln und eine offene Kommunikation erreicht werden.
- Vertrauensperson: Der Trainer sollte als Vertrauensperson für die Schüler fungieren, bei der sie sich sicher fühlen, Probleme und Konflikte anzusprechen. Dies fördert ein Klima des Vertrauens und der Offenheit.

19. Förderung von Disziplin und Struktur

Disziplin und eine klare Struktur sind essentielle Bestandteile eines effektiven und sicheren Trainings.

- Klare Regeln und Erwartungen: Der Trainer sollte klare Regeln und Erwartungen an das Verhalten und die Leistungen der Schüler haben. Dies schafft eine geordnete und respektvolle Trainingsumgebung.
- Konsistenz und Konsequenz: Ein guter Trainer setzt Regeln konsistent und konsequent durch. Dies hilft den Kindern, die Bedeutung von Disziplin zu verstehen und fördert ein strukturiertes Lernen.

- Belohnung und Konsequenzen: Der Trainer sollte ein System von Belohnungen und Konsequenzen implementieren, das positive Verhaltensweisen anerkennt und negatives Verhalten korrigiert. Dies unterstützt die Entwicklung eines verantwortungsbewussten Verhaltens.

20. Anpassung an kulturelle Unterschiede

Ein herausragender Trainer erkennt und respektiert die kulturellen Unterschiede der Schüler und integriert diese in das Training.

- Kulturelle Sensibilität: Der Trainer sollte eine kulturelle Sensibilität entwickeln und die unterschiedlichen Hintergründe der Schüler respektieren. Dies schafft ein inklusives und respektvolles Trainingsumfeld.
- Integration von kulturellen Elementen: Wenn möglich, kann der Trainer kulturelle Elemente in das Training integrieren, um das Verständnis und die Wertschätzung für verschiedene Kulturen zu fördern.
- Offene Kommunikation: Der Trainer sollte offen für Fragen und Diskussionen über kulturelle Unterschiede sein und ein Umfeld schaffen, in dem sich alle Schüler respektiert und wertgeschätzt fühlen.

21. Umgang mit besonderen Bedürfnissen

Ein guter Trainer berücksichtigt die besonderen Bedürfnisse der Schüler und passt das Training entsprechend an.

- Inklusion von Kindern mit Behinderungen: Der Trainer sollte in der Lage sein, das Training an die Bedürfnisse von Kindern mit körperlichen oder geistigen Behinderungen anzupassen. Dies kann spezielle Übungen oder zusätzliche Unterstützung umfassen.
- Sensibilität für individuelle Herausforderungen: Der Trainer sollte sensibel für individuelle Herausforderungen der Schüler sein, wie Lernschwierigkeiten oder emotionale Probleme, und entsprechende Maßnahmen ergreifen, um sie zu unterstützen.
- Förderung der Stärken: Ein guter Trainer konzentriert sich darauf, die Stärken der Schüler zu fördern und ihnen zu helfen, ihre individuellen Herausforderungen zu überwinden.

22. Kreativität und Innovation im Training

Ein kreativer und innovativer Ansatz im Training kann die Motivation und das Engagement der Schüler erhöhen.

- Vielfältige Trainingsmethoden: Der Trainer sollte eine Vielzahl von Trainingsmethoden einsetzen, um das Lernen interessant und abwechslungsreich zu gestalten. Dies kann traditionelle Techniken, moderne Ansätze und spielerische Elemente umfassen.
- Integration von Technologie: Die Nutzung von Technologie, wie Videoanalysen oder Trainings-Apps, kann das Training bereichern und die Lernmöglichkeiten erweitern.
- Flexibilität und Anpassungsfähigkeit: Ein kreativer Trainer ist flexibel und passt das Training an die Bedürfnisse und Interessen der Schüler an. Dies fördert die Motivation und das Engagement der Kinder.

23. Förderung der Gesundheit und des Wohlbefindens

Die Förderung der allgemeinen Gesundheit und des Wohlbefindens der Schüler ist ein wichtiger Aspekt der Arbeit eines Trainers.

- Ernährungsberatung: Der Trainer sollte grundlegende Ratschläge zur Ernährung geben, die die Leistungsfähigkeit und Gesundheit der Schüler unterstützen.
- Stressbewältigung: Der Trainer sollte Techniken zur Stressbewältigung lehren, um den Schülern zu helfen, mit den Anforderungen des Trainings und des Alltags umzugehen.
- Balance zwischen Training und Erholung: Der Trainer sollte darauf achten, dass die Schüler eine gesunde Balance zwischen Training und Erholung finden, um Übertraining und Erschöpfung zu vermeiden.

24. Langfristige Entwicklungspläne

Ein guter Trainer hat nicht nur die kurzfristigen Ziele der Schüler im Blick, sondern auch deren langfristige Entwicklung.

- Individuelle Entwicklungspläne: Der Trainer sollte individuelle Entwicklungspläne erstellen, die die kurz- und langfristigen Ziele der Schüler berücksichtigen.
- Regelmäßige Fortschrittsbewertungen: Regelmäßige Bewertungen des Fortschritts helfen, den Entwicklungsstand der Schüler zu überwachen und den Trainingsplan entsprechend anzupassen.
- Karriereberatung: Für Schüler, die eine Karriere im Kampfsport anstreben, sollte der Trainer als Berater fungieren und Unterstützung bei der Planung und Umsetzung ihrer Karriereziele bieten.

25. Aufrechterhaltung einer positiven Lernumgebung

Ein positiver und unterstützender Lernumgebung ist entscheidend für die Motivation und das Wohlbefinden der Kinder.

- Förderung eines positiven Umfelds: Der Trainer sollte eine positive Lernumgebung fördern, in der sich die Schüler sicher und ermutigt fühlen, neue Fähigkeiten zu erlernen. Dies beinhaltet die Anerkennung von Erfolgen und die Unterstützung bei Herausforderungen.
- Fehler als Lernchancen nutzen: Ein guter Trainer ermutigt die Schüler, Fehler als Lernchancen zu sehen und daraus zu wachsen. Dies fördert eine Kultur des kontinuierlichen Lernens und der Verbesserung.
- Positive Verstärkung: Der Einsatz von positiver Verstärkung durch Lob und Anerkennung kann die Motivation und das Selbstvertrauen der Schüler erheblich steigern.

26. Einsatz von individualisierten Trainingsmethoden

Ein kompetenter Trainer erkennt die individuellen Bedürfnisse und Lernstile der Schüler und passt das Training entsprechend an.

- Lernstile berücksichtigen: Der Trainer sollte die unterschiedlichen Lernstile der Schüler berücksichtigen und Methoden einsetzen, die den individuellen Bedürfnissen entsprechen. Dies kann visuelle, auditive oder kinästhetische Lernansätze umfassen.
- Personalisierte Ziele setzen: Das Setzen von personalisierten Zielen hilft den Schülern, sich auf ihre individuellen Fortschritte zu konzentrieren und motiviert zu bleiben.
- Flexible Trainingspläne: Der Trainer sollte flexible Trainingspläne entwickeln, die auf die spezifischen Bedürfnisse und Ziele der Schüler abgestimmt sind. Dies kann auch spezielle Übungen oder zusätzliche Unterstützung für Schüler mit besonderen Bedürfnissen umfassen.

27. Aufbau von Vertrauen und Respekt

Vertrauen und Respekt zwischen Trainer und Schüler sind grundlegend für eine erfolgreiche Trainer-Schüler-Beziehung.

- Vertrauensvolle Beziehung: Der Trainer sollte eine vertrauensvolle Beziehung zu den Schülern aufbauen, indem er respektvoll und empathisch mit ihnen umgeht. Dies fördert ein Gefühl der Sicherheit und des Wohlbefindens.
- Offene Kommunikation: Eine offene und ehrliche Kommunikation ist entscheidend, um Vertrauen aufzubauen. Der Trainer sollte bereit sein, zuzuhören und auf die Anliegen der Schüler einzugehen.
- Respektvolle Interaktion: Respektvolle Interaktionen zwischen Trainer und Schüler sind wichtig, um eine positive und unterstützende Lernumgebung zu schaffen. Der Trainer sollte stets ein Vorbild für respektvolles Verhalten sein.

28. Förderung der Selbstständigkeit

Ein guter Trainer fördert die Selbstständigkeit und Eigenverantwortung der Schüler, um ihre persönliche Entwicklung zu unterstützen.

- Selbstständiges Lernen: Der Trainer sollte den Schülern helfen, selbstständig zu lernen und Verantwortung für ihre eigenen Fortschritte zu übernehmen. Dies kann durch die Vermittlung von Selbstlernstrategien und das Setzen eigener Ziele geschehen.
- Eigenverantwortung: Schüler sollten ermutigt werden, Verantwortung für ihr Verhalten und ihre Leistungen zu übernehmen. Dies fördert das Selbstbewusstsein und die Unabhängigkeit.
- Entscheidungsfindung: Der Trainer sollte die Schüler in Entscheidungsprozesse einbeziehen und ihnen die Möglichkeit geben, selbst Entscheidungen zu treffen. Dies stärkt die Fähigkeit zur Selbstreflexion und zur eigenständigen Problemlösung.

29. Kontinuierliche Reflexion und Verbesserung

Ein ausgezeichneter Trainer reflektiert kontinuierlich seine eigene Praxis und sucht nach Möglichkeiten zur Verbesserung.

- Selbstreflexion: Der Trainer sollte regelmäßig seine eigenen Methoden und Ansätze reflektieren, um herauszufinden, was gut funktioniert und wo Verbesserungen notwendig sind.
- Feedback einholen: Der Trainer sollte offen für Feedback von Schülern und Eltern sein und dieses nutzen, um seine Praxis weiterzuentwickeln.
- Fortlaufende Weiterbildung: Ein guter Trainer nimmt regelmäßig an Fortbildungen und Schulungen teil, um seine Kenntnisse und Fähigkeiten auf dem neuesten Stand zu halten und neue Ansätze in das Training zu integrieren.

30. Entwicklung von Führungskompetenzen

Ein guter Trainer fördert die Entwicklung von Führungskompetenzen bei den Schülern.

- Führungsrollen übernehmen: Der Trainer sollte Schülern die Möglichkeit geben, Führungsrollen zu übernehmen, sei es durch die Leitung von Trainingsgruppen oder durch Mentoring jüngerer Schüler.
- Teamarbeit fördern: Die Förderung von Teamarbeit und Kooperation hilft den Schülern, ihre Führungsfähigkeiten in einem unterstützenden Umfeld zu entwickeln.

- Entwicklung von Verantwortungsbewusstsein: Der Trainer sollte Schülern beibringen, Verantwortung für ihre Handlungen und Entscheidungen zu übernehmen, was ein wichtiger Aspekt von Führung ist.

Kapitel 3: Sicherheitsaspekte im Kampfsporttraining für Kinder

4. Schulregeln und Etikette

Die Schulregeln und Etikette in einer Kampfsportschule spielen eine entscheidende Rolle, um eine sichere, respektvolle und produktive Trainingsumgebung zu gewährleisten. Als Eltern sollten Sie darauf achten, dass Ihr Kind die Regeln und Verhaltensweisen versteht und einhält, die in der Kampfsportschule gelten.

1. Bedeutung von Schulregeln und Etikette

Schulregeln und Etikette schaffen eine strukturierte und respektvolle Umgebung, die für das Lernen und die Sicherheit unerlässlich ist.

- Respekt und Disziplin: Schulregeln fördern Respekt und Disziplin, die grundlegende Werte in jeder Kampfsportart sind. Diese Werte tragen dazu bei, eine positive und konzentrierte Lernatmosphäre zu schaffen.
- Sicherheit: Regeln und Etikette minimieren das Risiko von Verletzungen und Unfällen. Sie sorgen dafür, dass alle Schüler die gleichen Sicherheitsprotokolle befolgen und sich gegenseitig respektieren.
- Kulturelles Verständnis: Viele Kampfsportarten haben tiefe kulturelle Wurzeln, und das Verständnis der Etikette hilft den Schülern, die kulturellen und historischen Aspekte der Kampfkunst zu schätzen und zu respektieren.

2. Grundlegende Schulregeln

Grundlegende Schulregeln sind essenziell, um eine geordnete und sichere Trainingsumgebung zu gewährleisten.

- Pünktlichkeit: Schüler sollten pünktlich zum Training erscheinen, um Störungen zu vermeiden und das volle Programm mitzuerleben. Pünktlichkeit zeigt auch Respekt vor den Trainern und Mitschülern.

- Kleidung und Ausrüstung: Es sollte klare Regeln zur angemessenen Trainingskleidung und Ausrüstung geben. Diese tragen nicht nur zur Sicherheit bei, sondern fördern auch ein Gefühl der Zugehörigkeit und Einheit.
- Verhalten im Dojo: Respektvolles Verhalten im Dojo (Trainingsraum) ist unerlässlich. Dazu gehört, die Anweisungen der Trainer zu befolgen, nicht laut zu sprechen und keine störenden Handlungen auszuführen.

3. Etikette und Traditionen

Etikette und Traditionen sind in vielen Kampfsportarten tief verwurzelt und tragen zur Charakterbildung der Schüler bei.

- Begrüßung und Verabschiedung: Es ist üblich, das Dojo mit einer Verbeugung zu betreten und zu verlassen, um Respekt gegenüber dem Trainingsraum und den Lehrern zu zeigen. Diese Geste ist ein Zeichen der Demut und des Respekts.
- Anrede der Trainer: Trainer sollten mit dem entsprechenden Titel angesprochen werden, z.B. „Sensei" (japanisch für Lehrer) oder „Sifu" (chinesisch für Lehrer). Dies zeigt Respekt und Anerkennung für ihre Erfahrung und Autorität.
- Rituale und Zeremonien: Einige Kampfsportschulen haben bestimmte Rituale und Zeremonien, die zu Beginn und Ende des Trainings stattfinden. Diese Traditionen fördern den Teamgeist und die Verbindung zur Geschichte und Kultur der Kampfkunst.

4. Sicherheit und Hygiene

Sicherheits- und Hygieneregeln sind entscheidend, um die Gesundheit und das Wohlbefinden aller Schüler zu gewährleisten.

- Körperhygiene: Schüler sollten vor dem Training duschen und saubere Kleidung tragen, um die Hygiene im Dojo zu gewährleisten. Saubere Kleidung und Körperhygiene verhindern die Ausbreitung von Infektionen und Krankheiten.
- Pflege der Ausrüstung: Alle Schüler sollten ihre Ausrüstung in gutem Zustand halten. Dies schließt das regelmäßige Reinigen und Überprüfen auf Schäden ein, um Verletzungen zu vermeiden.
- Keine Schuhe im Dojo: In vielen Kampfsportschulen ist es Tradition, das Dojo ohne Schuhe zu betreten, um die Trainingsmatten sauber und hygienisch zu halten.

5. Umgang mit Trainingspartnern

Der Umgang mit Trainingspartnern sollte von Respekt, Rücksichtnahme und Kooperation geprägt sein.

- Partnerübungen: Bei Partnerübungen ist es wichtig, stets vorsichtig und rücksichtsvoll zu sein. Schüler sollten ihre Kräfte kontrollieren und sicherstellen, dass sie ihren Partner nicht verletzen.
- Hilfsbereitschaft: Schüler sollten bereit sein, einander zu helfen und Unterstützung anzubieten, insbesondere bei komplexen Techniken oder Übungen. Dies fördert den Teamgeist und die Zusammenarbeit.
- Kommunikation: Offene und respektvolle Kommunikation mit Trainingspartnern ist entscheidend, um Missverständnisse zu vermeiden und ein harmonisches Training zu gewährleisten.

6. Verhalten bei Wettkämpfen und Prüfungen

Auch bei Wettkämpfen und Prüfungen sind bestimmte Verhaltensregeln und Etikette zu beachten.

- Fairness und Sportsgeist: Schüler sollten bei Wettkämpfen stets fair und respektvoll agieren. Dies bedeutet, sich an die Regeln zu halten und den Gegner mit Respekt zu behandeln.
- Prüfungsetikette: Bei Prüfungen sollten Schüler pünktlich erscheinen, die erforderliche Ausrüstung mitbringen und sich auf die Prüfungsinhalte vorbereitet haben. Respekt gegenüber den Prüfern und Mitprüflingen ist unerlässlich.
- Anerkennung von Leistungen: Es ist wichtig, die Leistungen anderer anzuerkennen und zu respektieren, unabhängig vom eigenen Ergebnis. Dies fördert einen positiven Sportsgeist und den Respekt vor den Anstrengungen anderer.

7. Umgang mit Trainern und Autoritätspersonen

Der Respekt vor den Trainern und anderen Autoritätspersonen ist ein zentraler Bestandteil der Etikette in der Kampfsportschule.

- Respektvolle Anrede: Schüler sollten Trainer und andere Autoritätspersonen immer respektvoll ansprechen. Titel wie „Sensei" oder „Sifu" sollten korrekt verwendet werden, um die Hierarchie und den Respekt vor der Erfahrung und dem Wissen der Trainer zu zeigen.
- Aufmerksamkeit und Höflichkeit: Während der Anweisungen und Demonstrationen sollten die Schüler aufmerksam sein und respektvoll zuhören. Unterbrechungen oder Ablenkungen sind zu vermeiden, um ein störungsfreies Training zu gewährleisten.
- Befolgen von Anweisungen: Es ist wichtig, dass die Schüler die Anweisungen der Trainer genau befolgen und bei Unklarheiten nachfragen. Dies fördert das Lernen und stellt sicher, dass Techniken korrekt und sicher ausgeführt werden.

8. Teilnahme und Engagement

Eine regelmäßige Teilnahme und aktives Engagement im Training sind entscheidend für den Fortschritt und den Erfolg der Schüler.

- Regelmäßige Teilnahme: Schüler sollten regelmäßig am Training teilnehmen, um kontinuierliche Fortschritte zu erzielen. Unregelmäßiges Erscheinen kann den Lernprozess stören und den Fortschritt verlangsamen.
- Vorbereitung auf das Training: Schüler sollten pünktlich und vorbereitet zum Training erscheinen, mit der richtigen Ausrüstung und einer positiven Einstellung. Dies zeigt Engagement und Respekt vor dem Training und den Trainern.
- Aktive Beteiligung: Während des Trainings sollten die Schüler aktiv teilnehmen, Fragen stellen und sich bemühen, die Techniken zu meistern. Eine passive Haltung kann den Lernfortschritt behindern und die Trainingsdynamik negativ beeinflussen.

9. Umgang mit Konflikten und Problemen

Der Umgang mit Konflikten und Problemen im Dojo erfordert ein hohes Maß an Selbstdisziplin und Kommunikationsfähigkeiten.

- Konfliktvermeidung: Schüler sollten bemüht sein, Konflikte zu vermeiden, indem sie respektvoll und rücksichtsvoll miteinander umgehen. Ein offenes und freundliches Verhalten trägt zu einer harmonischen Atmosphäre bei.
- Konfliktlösung: Wenn Konflikte auftreten, sollten diese ruhig und respektvoll angesprochen und gelöst werden. Trainer können als Mediatoren fungieren und helfen, Missverständnisse und Spannungen zu klären.
- Feedbackkultur: Eine offene Feedbackkultur, in der Schüler ihre Sorgen und Probleme äußern können, ohne Angst vor negativen Konsequenzen zu haben, ist wichtig. Dies fördert ein unterstützendes und vertrauensvolles Umfeld.

10. Nachhaltigkeit und Verantwortung

Schüler sollten Verantwortung für ihre eigene Entwicklung und für die Gemeinschaft im Dojo übernehmen.

- Eigenverantwortung: Schüler sollten Verantwortung für ihr eigenes Lernen und ihre Fortschritte übernehmen. Dies beinhaltet die regelmäßige Teilnahme am Training, die Einhaltung der Schulregeln und das aktive Bemühen, Techniken zu verbessern.
- Verantwortung gegenüber der Gemeinschaft: Schüler sollten sich auch für die Gemeinschaft im Dojo verantwortlich fühlen, indem sie sich an gemeinsamen Aufgaben beteiligen, wie dem Aufräumen des Trainingsraums oder der Unterstützung neuer Schüler.

- Nachhaltiges Verhalten: Nachhaltigkeit kann auch bedeuten, achtsam mit Ressourcen umzugehen, wie Wasser und Energie im Dojo, und darauf zu achten, dass die Trainingsumgebung sauber und ordentlich bleibt.

11. Geistige Vorbereitung und Achtsamkeit

Die geistige Vorbereitung und Achtsamkeit sind genauso wichtig wie die körperliche Vorbereitung im Kampfsport.

- Achtsamkeitstraining: Techniken zur Steigerung der Achtsamkeit, wie Meditation oder Atemübungen, können helfen, den Geist zu beruhigen und die Konzentration zu verbessern. Dies ist besonders nützlich vor und nach dem Training.
- Mentale Disziplin: Schüler sollten lernen, mentale Disziplin zu entwickeln, indem sie sich auf ihre Ziele konzentrieren und Ablenkungen vermeiden. Dies stärkt die Fähigkeit, Herausforderungen im Training und im Alltag zu bewältigen.
- Positive Einstellung: Eine positive Einstellung und der Glaube an die eigenen Fähigkeiten sind entscheidend, um Fortschritte zu erzielen und Rückschläge zu überwinden. Trainer sollten die Schüler ermutigen, an sich selbst zu glauben und positiv zu denken.

12. Förderung des Gemeinschaftsgefühls

Ein starkes Gemeinschaftsgefühl fördert die Zusammenarbeit und den Teamgeist unter den Schülern.

- Gemeinsame Aktivitäten: Die Teilnahme an gemeinsamen Aktivitäten, wie Ausflügen, Trainingscamps oder sozialen Veranstaltungen, stärkt das Gemeinschaftsgefühl und die Bindung unter den Schülern.
- Teamarbeit und Kooperation: Schüler sollten ermutigt werden, zusammenzuarbeiten und einander zu unterstützen, sowohl im Training als auch außerhalb des Dojo. Dies fördert den Teamgeist und die Zusammenarbeit.
- Anerkennung und Wertschätzung: Die Anerkennung und Wertschätzung der Leistungen und Bemühungen der Mitschüler tragen zu einer positiven und unterstützenden Atmosphäre bei. Dies kann durch Lob, Auszeichnungen oder einfache Gesten der Anerkennung geschehen.

13. Regeln für den Umgang mit Ausrüstung

Der richtige Umgang mit der Ausrüstung ist entscheidend für die Sicherheit und die Langlebigkeit der Trainingsgeräte.

- Sorgfältige Handhabung: Schüler sollten lernen, die Ausrüstung sorgfältig zu handhaben, um Beschädigungen zu vermeiden. Dies gilt für persönliche Schutzausrüstung ebenso wie für gemeinsam genutzte Trainingsgeräte.
- Ordnung und Sauberkeit: Nach dem Training sollten alle Geräte und Ausrüstungsgegenstände an ihren Platz zurückgelegt und gegebenenfalls gereinigt werden. Dies fördert die Ordnung und hilft, die Ausrüstung in gutem Zustand zu halten.
- Regelmäßige Inspektion: Trainer und Schüler sollten regelmäßig die Ausrüstung auf Abnutzung und Schäden überprüfen. Defekte Geräte sollten sofort repariert oder ersetzt werden, um Verletzungen zu vermeiden.

14. Verhalten in den Umkleideräumen und Gemeinschaftsbereichen

Das Verhalten in den Umkleideräumen und Gemeinschaftsbereichen trägt zur allgemeinen Disziplin und zum Respekt unter den Schülern bei.

- Respektvoller Umgang: Schüler sollten sich in den Umkleideräumen respektvoll verhalten und auf die Privatsphäre ihrer Mitschüler achten. Unnötiger Lärm und Unordnung sind zu vermeiden.
- Sauberkeit und Hygiene: Die Umkleideräume sollten sauber und ordentlich gehalten werden. Schüler sollten darauf achten, ihre persönlichen Gegenstände nicht herumliegen zu lassen und Abfälle ordnungsgemäß zu entsorgen.
- Sicherheitsmaßnahmen: Wertsachen sollten sicher aufbewahrt werden, um Verlust oder Diebstahl zu vermeiden. Schüler sollten nur das Nötigste in die Umkleideräume mitbringen und wertvolle Gegenstände zu Hause lassen.

15. Bedeutung der Aufwärm- und Abkühlphasen

Die Einhaltung der Aufwärm- und Abkühlphasen ist wichtig, um Verletzungen zu vermeiden und die körperliche Leistungsfähigkeit zu maximieren.

- Aufwärmen: Ein gründliches Aufwärmen vor dem Training bereitet die Muskeln und Gelenke auf die bevorstehenden Belastungen vor und reduziert das Verletzungsrisiko. Schüler sollten die Aufwärmübungen ernst nehmen und sich aktiv daran beteiligen.
- Abkühlen: Das Abkühlen nach dem Training hilft, die Herzfrequenz zu senken und die Muskeln zu entspannen. Dehnübungen und leichtes Auslaufen sind wichtige Bestandteile der Abkühlphase.
- Eigenverantwortung: Schüler sollten lernen, die Bedeutung der Aufwärm- und Abkühlphasen zu verstehen und diese auch bei eigenständigem Training oder in anderen sportlichen Aktivitäten anzuwenden.

16. Umgang mit Stress und Leistungsdruck

Der Umgang mit Stress und Leistungsdruck ist ein wichtiger Aspekt der mentalen Gesundheit und des Wohlbefindens der Schüler.

- Stressbewältigungsstrategien: Schüler sollten Techniken zur Stressbewältigung erlernen, wie tiefes Atmen, Meditation oder Visualisierung. Diese Techniken können helfen, die Konzentration zu verbessern und Ängste zu reduzieren.
- Realistische Ziele setzen: Der Trainer sollte den Schülern helfen, realistische und erreichbare Ziele zu setzen. Dies fördert die Motivation und hilft, übermäßigen Leistungsdruck zu vermeiden.
- Unterstützung und Ermutigung: Eine unterstützende und ermutigende Umgebung hilft den Schülern, mit Stress und Herausforderungen umzugehen. Trainer und Mitschüler sollten einander unterstützen und positive Verstärkung bieten.

17. Respekt für die Tradition und Kultur der Kampfkunst

Der Respekt für die Tradition und Kultur der jeweiligen Kampfsportart ist ein zentraler Bestandteil der Etikette.

- Kulturelles Verständnis: Schüler sollten die kulturellen und historischen Hintergründe ihrer Kampfsportart kennenlernen und respektieren. Dies umfasst das Erlernen von Ritualen, Traditionen und der Philosophie der Kampfkunst.
- Teilnahme an kulturellen Veranstaltungen: Die Teilnahme an kulturellen Veranstaltungen und Zeremonien kann das Verständnis und die Wertschätzung für die Kampfkunst vertiefen. Dies kann auch die Teilnahme an traditionellen Festen oder speziellen Trainingscamps umfassen.
- Respekt vor den Lehrern und Vorgängern: Schüler sollten Respekt vor den Lehrern und den Vorgängern der Kampfkunst zeigen. Dies umfasst das Anerkennen ihrer Beiträge und das Lernen aus ihren Erfahrungen und Lehren.

18. Selbstdisziplin und Selbstkontrolle

Selbstdisziplin und Selbstkontrolle sind zentrale Werte, die im Kampfsporttraining vermittelt werden.

- Eigenverantwortung: Schüler sollten lernen, Verantwortung für ihr Verhalten und ihre Leistungen zu übernehmen. Dies fördert die Entwicklung von Selbstdisziplin und Selbstkontrolle.
- Kontrolle der Emotionen: Der Umgang mit Emotionen ist ein wichtiger Aspekt der Selbstkontrolle. Schüler sollten Techniken erlernen, um ihre Emotionen zu kontrollieren und in stressigen Situationen ruhig zu bleiben.

- Regelmäßiges Training: Die regelmäßige Teilnahme am Training und die kontinuierliche Arbeit an den eigenen Fähigkeiten fördern die Selbstdisziplin. Schüler sollten ermutigt werden, auch außerhalb des regulären Trainings an ihrer Technik und Fitness zu arbeiten.

19. Verhaltensregeln bei Turnieren und Wettkämpfen

Turniere und Wettkämpfe sind wichtige Ereignisse im Leben eines Kampfsportlers. Sie bieten eine Plattform, um Fähigkeiten zu testen und sich mit anderen zu messen. Dabei sind bestimmte Verhaltensregeln und Etikette unerlässlich.

- Fairness und Sportsgeist: Schüler sollten lernen, fair zu kämpfen und den Sportsgeist zu wahren. Das bedeutet, die Regeln einzuhalten, den Gegner respektvoll zu behandeln und Niederlagen mit Anstand zu akzeptieren.
- Respekt gegenüber Offiziellen: Die Offiziellen, einschließlich Schiedsrichter und Organisatoren, verdienen Respekt. Schüler sollten ihre Entscheidungen akzeptieren und keine unsportlichen Kommentare oder Handlungen zeigen.
- Teamunterstützung: Während Wettkämpfen sollten die Schüler ihre Teamkollegen anfeuern und unterstützen. Dies stärkt das Gemeinschaftsgefühl und fördert eine positive Teamdynamik.

20. Aufrechterhaltung der Konzentration und Fokussierung

Konzentration und Fokussierung sind essenziell für den Erfolg im Kampfsporttraining und bei Wettkämpfen.

- Mentaltraining: Schüler sollten Techniken des Mentaltrainings erlernen, um ihre Konzentration und Fokussierung zu verbessern. Dies kann Meditation, Visualisierung und Atemübungen umfassen.
- Ablenkungen minimieren: Im Training sollten Ablenkungen minimiert werden, um eine optimale Lernumgebung zu schaffen. Dazu gehört das Abschalten von Mobiltelefonen und anderen störenden Geräten.
- Zielgerichtetes Training: Schüler sollten lernen, sich auf ihre individuellen Ziele zu konzentrieren und ihr Training entsprechend zu planen. Dies fördert eine zielgerichtete und effektive Trainingsweise.

21. Teilnahme an Schulveranstaltungen und Gemeinschaftsaktivitäten

Die Teilnahme an Schulveranstaltungen und Gemeinschaftsaktivitäten fördert den Teamgeist und das Gemeinschaftsgefühl.

- Gemeinsame Trainingscamps: Trainingscamps bieten eine hervorragende Gelegenheit, intensiv zu trainieren und gleichzeitig das Gemeinschaftsgefühl zu stärken. Schüler sollten ermutigt werden, an solchen Camps teilzunehmen.
- Feierlichkeiten und Feste: Die Teilnahme an Feierlichkeiten und Festen der Kampfsportschule trägt zur kulturellen und sozialen Entwicklung der Schüler bei. Diese Veranstaltungen fördern den Zusammenhalt und die Wertschätzung für die Kultur der Kampfkunst.
- Freiwilligenarbeit und soziale Projekte: Schüler sollten ermutigt werden, sich in freiwilligen Projekten und sozialen Aktivitäten der Schule zu engagieren. Dies fördert ein Gefühl der Verantwortung und des Dienstes an der Gemeinschaft.

22. Umgang mit Kritik und Feedback

Der Umgang mit Kritik und Feedback ist ein wichtiger Teil der persönlichen und sportlichen Entwicklung.

- Konstruktive Kritik: Schüler sollten lernen, konstruktive Kritik anzunehmen und als Gelegenheit zur Verbesserung zu nutzen. Dies fördert die Bereitschaft, kontinuierlich an sich zu arbeiten.
- Feedback geben und empfangen: Ein respektvoller Umgang mit Feedback, sowohl beim Geben als auch beim Empfangen, ist wichtig. Schüler sollten lernen, wie sie anderen hilfreiches Feedback geben können, ohne sie zu verletzen.
- Selbstreflexion: Die Fähigkeit zur Selbstreflexion hilft den Schülern, ihre eigenen Stärken und Schwächen zu erkennen und gezielt daran zu arbeiten. Dies ist ein zentraler Bestandteil der persönlichen Entwicklung im Kampfsport.

23. Förderung der Balance zwischen Training und Freizeit

Eine gesunde Balance zwischen Training und Freizeit ist entscheidend für das Wohlbefinden und die langfristige Motivation der Schüler.

- Zeitmanagement: Schüler sollten lernen, ihr Training effektiv in ihren Alltag zu integrieren, ohne dass andere wichtige Bereiche ihres Lebens, wie Schule oder soziale Aktivitäten, darunter leiden.
- Freizeitaktivitäten: Freizeitaktivitäten sind wichtig, um sich zu erholen und neue Energie zu tanken. Schüler sollten ermutigt werden, verschiedene Hobbys und Interessen zu pflegen.
- Erholungsphasen: Regelmäßige Erholungsphasen sind wichtig, um Übertraining und Erschöpfung zu vermeiden. Schüler sollten darauf achten, ausreichend Schlaf zu bekommen und sich auch mental zu erholen.

24. Langfristige Perspektive und Ziele

Das Setzen langfristiger Perspektiven und Ziele hilft den Schülern, motiviert zu bleiben und kontinuierlich an ihrer Entwicklung zu arbeiten.

- Karriereplanung: Für Schüler, die eine Karriere im Kampfsport anstreben, sollte eine klare Karriereplanung erfolgen. Dies umfasst das Setzen von Etappenzielen und das Entwickeln eines langfristigen Trainingsplans.
- Lebenslanges Lernen: Die Bereitschaft zum lebenslangen Lernen ist entscheidend für den Erfolg im Kampfsport. Schüler sollten motiviert werden, ständig neue Techniken und Strategien zu erlernen.
- Persönliche Meilensteine: Das Setzen und Erreichen persönlicher Meilensteine kann die Motivation und das Selbstvertrauen der Schüler stärken. Diese Meilensteine sollten regelmäßig überprüft und angepasst werden.

Kapitel 4: Die Rolle der Eltern im Kampfsport

1. Unterstützung und Motivation

Eltern spielen eine zentrale Rolle im Leben ihrer Kinder, insbesondere wenn es um deren sportliche Aktivitäten geht. Im Kampfsport ist die Unterstützung und Motivation durch die Eltern von unschätzbarem Wert. Hier sind einige wichtige Aspekte, wie Eltern ihre Kinder im Kampfsport unterstützen und motivieren können.

1.1 Interesse zeigen und involvieren

Eltern sollten echtes Interesse an den Kampfsportaktivitäten ihrer Kinder zeigen und sich aktiv einbringen.

- Teilnahme an Veranstaltungen: Besuchen Sie regelmäßig Trainingseinheiten, Turniere und andere Veranstaltungen. Ihre Anwesenheit zeigt Ihrem Kind, dass Sie seine Bemühungen schätzen und unterstützen.
- Gemeinsame Gespräche: Sprechen Sie mit Ihrem Kind über seine Fortschritte, Herausforderungen und Ziele im Kampfsport. Zeigen Sie Interesse an seinen Erfahrungen und bieten Sie Unterstützung bei Problemen an.
- Selbst aktiv werden: Wenn möglich, nehmen Sie selbst an Kampfsportkursen teil oder lernen Sie mehr über die Kampfsportart, die Ihr Kind betreibt. Dies kann eine tiefere Verbindung und ein besseres Verständnis schaffen.

1.2 Ermutigung und positive Verstärkung

Positives Feedback und Ermutigung sind entscheidend, um das Selbstvertrauen und die Motivation Ihres Kindes zu stärken.

- Lob und Anerkennung: Loben Sie Ihr Kind regelmäßig für seine Fortschritte und Anstrengungen, unabhängig von den Ergebnissen. Anerkennung für kleine Erfolge kann die Motivation erheblich steigern.
- Förderung des Selbstvertrauens: Helfen Sie Ihrem Kind, Selbstvertrauen zu entwickeln, indem Sie seine Stärken betonen und ihm zeigen, dass es in der Lage ist, Herausforderungen zu meistern.
- Positive Einstellung: Bewahren Sie eine positive Einstellung und ermutigen Sie Ihr Kind, auch in schwierigen Zeiten weiterzumachen. Ihr Optimismus kann ansteckend sein und Ihrem Kind helfen, Hindernisse zu überwinden.

1.3 Unterstützung bei der Zielsetzung

Eltern können ihren Kindern helfen, realistische und erreichbare Ziele im Kampfsport zu setzen.

- Klare Ziele definieren: Arbeiten Sie gemeinsam mit Ihrem Kind daran, klare und messbare Ziele zu setzen. Dies können kurzfristige Ziele (wie das Erlernen einer neuen Technik) oder langfristige Ziele (wie das Erreichen eines höheren Gürtels) sein.
- Erreichbare Ziele: Stellen Sie sicher, dass die Ziele realistisch und erreichbar sind. Überfordernde Ziele können zu Frustration führen, während erreichbare Ziele die Motivation steigern.
- Regelmäßige Überprüfung: Überprüfen Sie regelmäßig die Fortschritte Ihres Kindes und passen Sie die Ziele bei Bedarf an. Dies hilft Ihrem Kind, fokussiert zu bleiben und seine Anstrengungen kontinuierlich zu verbessern.

1.4 Förderung von Disziplin und Routine

Disziplin und eine feste Routine sind im Kampfsport unerlässlich. Eltern können dabei helfen, diese Werte zu vermitteln.

- Regelmäßiges Training: Ermutigen Sie Ihr Kind, regelmäßig am Training teilzunehmen und eine feste Trainingsroutine zu entwickeln. Dies fördert Disziplin und Kontinuität.
- Zeitmanagement: Helfen Sie Ihrem Kind, seine Zeit effektiv zu managen, sodass es sowohl das Training als auch schulische und andere Verpflichtungen bewältigen kann.

- Vorbildfunktion: Seien Sie ein Vorbild in Bezug auf Disziplin und Routine. Ihr Verhalten und Ihre Einstellung können einen großen Einfluss auf Ihr Kind haben.

1.5 Emotionale Unterstützung und Verständnis

Die emotionale Unterstützung der Eltern ist entscheidend für das Wohlbefinden und die Motivation der Kinder.

- Zuhören und Verständnis zeigen: Hören Sie Ihrem Kind zu und zeigen Sie Verständnis für seine Gefühle und Ängste. Dies schafft Vertrauen und eine starke emotionale Bindung.
- Hilfe bei Rückschlägen: Unterstützen Sie Ihr Kind, wenn es Rückschläge erlebt. Helfen Sie ihm, diese als Teil des Lernprozesses zu akzeptieren und ermutigen Sie es, weiterzumachen.
- Emotionale Ausgeglichenheit: Fördern Sie eine gesunde emotionale Ausgeglichenheit, indem Sie Ihrem Kind helfen, mit Stress und Druck umzugehen. Techniken wie Atemübungen oder Meditation können dabei hilfreich sein.

1.6 Förderung eines gesunden Lebensstils

Ein gesunder Lebensstil ist für den Erfolg im Kampfsport ebenso wichtig wie das Training selbst. Eltern können einen großen Beitrag dazu leisten, dass ihre Kinder gesund und fit bleiben.

- Gesunde Ernährung: Sorgen Sie dafür, dass Ihr Kind eine ausgewogene und nährstoffreiche Ernährung erhält. Erklären Sie ihm die Bedeutung von gesunder Ernährung für seine sportliche Leistung und allgemeine Gesundheit.
- Regelmäßige Bewegung: Fördern Sie regelmäßige Bewegung, auch außerhalb des Kampfsporttrainings. Gemeinsame sportliche Aktivitäten wie Radfahren, Schwimmen oder Wandern können Spaß machen und die körperliche Fitness Ihres Kindes verbessern.
- Ausreichend Schlaf: Achten Sie darauf, dass Ihr Kind ausreichend Schlaf bekommt. Eine gute Nachtruhe ist entscheidend für die Erholung und Leistungsfähigkeit.

1.7 Umgang mit Wettkämpfen und Prüfungen

Wettkämpfe und Prüfungen sind wichtige Ereignisse im Leben eines Kampfsportlers. Eltern spielen eine wichtige Rolle dabei, wie ihr Kind mit diesen Herausforderungen umgeht.

- Vorbereitung unterstützen: Helfen Sie Ihrem Kind, sich auf Wettkämpfe und Prüfungen vorzubereiten. Dies kann durch zusätzliche Trainingseinheiten, mentale Vorbereitung und organisatorische Unterstützung geschehen.
- Ermutigung vor dem Wettkampf: Ermutigen Sie Ihr Kind, sein Bestes zu geben, unabhängig vom Ausgang des Wettkampfs. Machen Sie ihm klar, dass Sie stolz auf seine Bemühungen und Fortschritte sind.
- Umgang mit Ergebnissen: Unterstützen Sie Ihr Kind im Umgang mit den Ergebnissen von Wettkämpfen und Prüfungen. Loben Sie es für seine Anstrengungen und helfen Sie ihm, aus Niederlagen zu lernen und sich weiter zu verbessern.

1.8 Aufbau von Resilienz und Durchhaltevermögen

Resilienz und Durchhaltevermögen sind wichtige Fähigkeiten, die im Kampfsport und im Leben von Vorteil sind. Eltern können diese Fähigkeiten bei ihren Kindern fördern.

- Positives Mindset: Helfen Sie Ihrem Kind, eine positive Einstellung zu Herausforderungen und Rückschlägen zu entwickeln. Erklären Sie ihm, dass Rückschläge zum Lernprozess gehören und dass es wichtig ist, weiterzumachen.
- Vorbildfunktion: Seien Sie ein Vorbild in Sachen Resilienz und Durchhaltevermögen. Zeigen Sie Ihrem Kind, wie Sie selbst mit Herausforderungen umgehen und nicht aufgeben.
- Ermutigung und Unterstützung: Ermutigen Sie Ihr Kind, dranzubleiben und hart zu arbeiten, auch wenn es schwierig wird. Ihre Unterstützung kann einen großen Unterschied machen und Ihrem Kind helfen, Hindernisse zu überwinden.

1.9 Förderung der sozialen Fähigkeiten

Kampfsport bietet eine hervorragende Gelegenheit, soziale Fähigkeiten zu entwickeln. Eltern können diese Entwicklung unterstützen.

- Teamarbeit und Kooperation: Fördern Sie Teamarbeit und Kooperation, indem Sie Ihr Kind ermutigen, mit anderen zu trainieren und zusammenzuarbeiten. Dies hilft ihm, wichtige soziale Fähigkeiten zu entwickeln.
- Kommunikation: Helfen Sie Ihrem Kind, effektive Kommunikationsfähigkeiten zu entwickeln. Erklären Sie ihm die Bedeutung von klarer und respektvoller Kommunikation im Training und im täglichen Leben.
- Konfliktlösung: Unterstützen Sie Ihr Kind dabei, Konflikte friedlich und konstruktiv zu lösen. Dies kann durch Rollenspiele und Gespräche über mögliche Konfliktsituationen geschehen.

1.10 Schaffung einer unterstützenden Umgebung zu Hause

Eine unterstützende und positive Umgebung zu Hause kann die Motivation und das Wohlbefinden Ihres Kindes erheblich beeinflussen.

- Förderung eines positiven Umfelds: Schaffen Sie ein Umfeld, in dem Ihr Kind sich sicher und unterstützt fühlt. Dies beinhaltet offene Kommunikation, Anerkennung und Unterstützung.
- Familienbeteiligung: Involvieren Sie die ganze Familie in die sportlichen Aktivitäten Ihres Kindes. Gemeinsame Aktivitäten und die Teilnahme an Veranstaltungen können das Gemeinschaftsgefühl stärken.
- Rückhalt bei Herausforderungen: Bieten Sie Ihrem Kind Rückhalt und Unterstützung bei Herausforderungen und Schwierigkeiten. Zeigen Sie ihm, dass es sich auf Ihre Unterstützung verlassen kann.

1.11 Finanzielle Unterstützung und Ressourcen

Eltern spielen auch eine wichtige Rolle bei der Bereitstellung der notwendigen Ressourcen für das Kampfsporttraining ihres Kindes.

- Investition in Ausrüstung: Investieren Sie in qualitativ hochwertige Ausrüstung und Kleidung für Ihr Kind. Gute Ausrüstung kann die Sicherheit und Leistung verbessern.
- Unterstützung bei Trainingskosten: Kampfsporttraining kann kostenintensiv sein. Unterstützen Sie Ihr Kind, indem Sie die Trainingskosten und eventuelle Gebühren für Wettkämpfe und Prüfungen übernehmen.
- Zugang zu zusätzlichen Ressourcen: Bieten Sie Ihrem Kind Zugang zu zusätzlichen Ressourcen wie Büchern, Videos oder speziellen Trainingseinheiten, um seine Fähigkeiten weiter zu verbessern.

1.12 Förderung der mentalen Stärke

Die mentale Stärke ist ein entscheidender Faktor im Kampfsport. Eltern können ihren Kindern helfen, diese Fähigkeit zu entwickeln.

- Mentale Übungen: Ermutigen Sie Ihr Kind, mentale Übungen wie Meditation, Visualisierung und Atemtechniken zu praktizieren. Diese Übungen können helfen, den Geist zu beruhigen und die Konzentration zu verbessern.
- Selbstvertrauen stärken: Helfen Sie Ihrem Kind, Selbstvertrauen aufzubauen, indem Sie seine Stärken hervorheben und ihm positive Bestätigung geben. Ein starkes Selbstvertrauen kann dazu beitragen, dass Ihr Kind Herausforderungen selbstbewusst meistert.
- Umgang mit Stress: Lehren Sie Ihr Kind, wie es mit Stress und Druck umgehen kann. Dies kann durch regelmäßige Gespräche, Entspannungstechniken und die Schaffung eines unterstützenden Umfelds zu Hause geschehen.

1.13 Rolle der Eltern als Vorbild

Eltern sind die ersten und wichtigsten Vorbilder für ihre Kinder. Ihr Verhalten und ihre Einstellung können einen großen Einfluss auf die Entwicklung Ihres Kindes haben.

- Vorbildfunktion im Sport: Seien Sie ein aktives Vorbild im Sport. Wenn Sie selbst sportlich aktiv sind und eine positive Einstellung zum Training und zu einem gesunden Lebensstil zeigen, wird Ihr Kind diese Werte eher übernehmen.
- Positive Einstellung: Bewahren Sie eine positive Einstellung, auch in schwierigen Zeiten. Zeigen Sie Ihrem Kind, wie wichtig es ist, nicht aufzugeben und immer das Beste zu geben.
- Verantwortungsbewusstsein: Zeigen Sie Verantwortungsbewusstsein in Ihrem eigenen Leben. Dies kann Ihrem Kind helfen, ein Gefühl von Verantwortung und Engagement zu entwickeln.

1.14 Unterstützung der sozialen Integration

Der soziale Aspekt des Kampfsports ist ebenso wichtig wie der physische. Eltern können ihren Kindern helfen, sich sozial zu integrieren und Freundschaften zu schließen.

- Ermutigung zur Teilnahme: Ermutigen Sie Ihr Kind, an sozialen Aktivitäten der Kampfsportschule teilzunehmen. Dies kann Trainingscamps, gemeinsame Ausflüge oder andere Veranstaltungen umfassen.
- Unterstützung beim Aufbau von Freundschaften: Helfen Sie Ihrem Kind, Freundschaften zu schließen und zu pflegen. Dies kann durch das Einladen von Trainingspartnern nach Hause oder das Organisieren gemeinsamer Aktivitäten geschehen.
- Förderung von Teamgeist: Fördern Sie den Teamgeist, indem Sie Ihr Kind ermutigen, mit anderen zusammenzuarbeiten und sich gegenseitig zu unterstützen. Ein starkes Gemeinschaftsgefühl kann die Motivation und das Engagement Ihres Kindes steigern.

1.15 Umgang mit Rückschlägen und Misserfolgen

Rückschläge und Misserfolge sind unvermeidlich, sowohl im Sport als auch im Leben. Eltern können ihren Kindern helfen, diese Erfahrungen positiv zu verarbeiten.

- Akzeptanz von Misserfolgen: Helfen Sie Ihrem Kind, Misserfolge als Teil des Lernprozesses zu akzeptieren. Erklären Sie ihm, dass jeder Fehler macht und dass es wichtig ist, aus diesen Erfahrungen zu lernen.
- Ermutigung zur Weiterentwicklung: Ermutigen Sie Ihr Kind, sich nach einem Rückschlag wieder aufzurichten und weiterzumachen. Geben Sie ihm das Vertrauen, dass es in der Lage ist, sich zu verbessern und seine Ziele zu erreichen.

- Reflexion und Lernen: Unterstützen Sie Ihr Kind dabei, aus seinen Fehlern zu lernen. Helfen Sie ihm, zu reflektieren, was schiefgelaufen ist, und Strategien zu entwickeln, um es beim nächsten Mal besser zu machen.

1.16 Integration von Kampfsport in den Alltag

Die Integration von Kampfsport in den Alltag kann die Motivation und das Engagement Ihres Kindes fördern.

- Tägliche Routinen: Helfen Sie Ihrem Kind, Kampfsport in seine täglichen Routinen zu integrieren. Dies kann durch kurze Trainingssessions zu Hause, das Üben von Techniken oder durch das Lesen von Büchern über Kampfsport geschehen.
- Gemeinsame Aktivitäten: Beteiligen Sie sich an gemeinsamen Aktivitäten, die mit Kampfsport zu tun haben. Dies kann das gemeinsame Anschauen von Kampfsportfilmen, der Besuch von Veranstaltungen oder das gemeinsame Training sein.
- Kulturelle Aspekte: Fördern Sie das Interesse Ihres Kindes an den kulturellen Aspekten des Kampfsports. Dies kann durch das Lernen der Geschichte und Traditionen der Kampfsportart geschehen oder durch den Besuch von kulturellen Veranstaltungen und Festen.

1.17 Langfristige Perspektiven entwickeln

Eltern können ihren Kindern helfen, eine langfristige Perspektive im Kampfsport zu entwickeln, die über den unmittelbaren Erfolg hinausgeht.

- Setzen langfristiger Ziele: Arbeiten Sie mit Ihrem Kind daran, langfristige Ziele im Kampfsport zu setzen. Diese Ziele können das Erreichen höherer Gürtelgrade, die Teilnahme an Wettkämpfen oder das Unterrichten anderer umfassen.
- Persönliche Entwicklung: Betonen Sie die Bedeutung der persönlichen Entwicklung im Kampfsport. Erklären Sie Ihrem Kind, dass Kampfsport nicht nur körperliche Fähigkeiten verbessert, sondern auch Charakterstärke, Disziplin und Selbstbewusstsein fördert.
- Lebenslange Leidenschaft: Helfen Sie Ihrem Kind, eine lebenslange Leidenschaft für den Kampfsport zu entwickeln. Zeigen Sie ihm, wie Kampfsport in verschiedenen Lebensphasen nützlich sein kann, und ermutigen Sie es, seine Fähigkeiten und Kenntnisse kontinuierlich zu erweitern.

1.18 Kommunikation mit Trainern

Eine offene und regelmäßige Kommunikation mit den Trainern ist entscheidend, um die Entwicklung Ihres Kindes im Kampfsport optimal zu unterstützen.

- **Regelmäßige Gespräche:** Vereinbaren Sie regelmäßige Gespräche mit den Trainern, um sich über den Fortschritt Ihres Kindes zu informieren und eventuelle Probleme oder Fragen zu besprechen.
- **Offenes Feedback:** Seien Sie offen für Feedback von den Trainern und nehmen Sie Anregungen ernst. Die Trainer haben wertvolle Einblicke und Erfahrungen, die Ihnen helfen können, Ihr Kind besser zu unterstützen.
- **Gemeinsame Zielsetzung:** Arbeiten Sie mit den Trainern zusammen, um gemeinsame Ziele für Ihr Kind zu setzen. Dies schafft eine einheitliche Richtung und hilft, die Bemühungen zu fokussieren.

1.19 Förderung der Balance zwischen Schule und Sport

Die Balance zwischen schulischen Verpflichtungen und sportlichen Aktivitäten ist wichtig, um Überlastung zu vermeiden und sicherzustellen, dass Ihr Kind in beiden Bereichen erfolgreich ist.

- **Zeitmanagement:** Helfen Sie Ihrem Kind, ein effektives Zeitmanagement zu entwickeln, um sowohl schulische als auch sportliche Verpflichtungen zu bewältigen. Dies kann durch die Erstellung eines Zeitplans und die Priorisierung von Aufgaben geschehen.
- **Akademische Unterstützung:** Stellen Sie sicher, dass Ihr Kind die notwendige Unterstützung für seine schulischen Aufgaben erhält. Dies kann durch Nachhilfe, Lernzeiten zu Hause oder Gespräche mit Lehrern geschehen.
- **Pausen und Erholung:** Achten Sie darauf, dass Ihr Kind ausreichend Pausen und Erholungszeiten hat. Überlastung kann zu Stress und Erschöpfung führen, was sich negativ auf die schulischen Leistungen und das sportliche Training auswirken kann.

1.20 Stärkung der Eltern-Kind-Beziehung durch Kampfsport

Der Kampfsport kann eine wunderbare Gelegenheit sein, die Beziehung zu Ihrem Kind zu stärken und gemeinsam wertvolle Zeit zu verbringen.

- **Gemeinsames Training:** Wenn möglich, trainieren Sie gemeinsam mit Ihrem Kind. Dies kann eine großartige Möglichkeit sein, Zeit miteinander zu verbringen und gemeinsame Interessen zu teilen.
- **Unterstützung bei Veranstaltungen:** Begleiten Sie Ihr Kind zu Wettkämpfen, Prüfungen und anderen Veranstaltungen. Ihre Anwesenheit zeigt Ihrem Kind, dass Sie an seinem Leben und seinen Interessen teilhaben.
- **Gemeinsame Reflexion:** Nutzen Sie die Zeit nach dem Training oder Wettkampf, um gemeinsam über die Erlebnisse zu sprechen. Dies fördert die Kommunikation und das Verständnis füreinander.

1.21 Vermittlung von Werten und Prinzipien

Der Kampfsport vermittelt wichtige Werte und Prinzipien, die auch im Alltag von großer Bedeutung sind. Eltern können diese Werte unterstützen und weitergeben.

- Respekt und Höflichkeit: Fördern Sie Respekt und Höflichkeit im täglichen Leben. Diese Werte sind im Kampfsport zentral und sollten auch zu Hause praktiziert werden.
- Durchhaltevermögen und Geduld: Erklären Sie Ihrem Kind die Bedeutung von Durchhaltevermögen und Geduld. Im Kampfsport sind diese Eigenschaften essenziell, und sie sind auch im Alltag von großem Nutzen.
- Selbstdisziplin und Verantwortung: Helfen Sie Ihrem Kind, Selbstdisziplin und Verantwortungsbewusstsein zu entwickeln. Diese Fähigkeiten werden im Kampfsport trainiert und sind auch in anderen Lebensbereichen wertvoll.

1.22 Unterstützung der emotionalen Entwicklung

Eltern spielen eine wichtige Rolle bei der emotionalen Entwicklung ihrer Kinder. Der Kampfsport bietet viele Gelegenheiten, um emotionale Intelligenz zu fördern.

- Empathie und Mitgefühl: Fördern Sie Empathie und Mitgefühl, indem Sie Ihrem Kind beibringen, die Perspektiven und Gefühle anderer zu verstehen. Dies kann durch Gespräche über Erlebnisse im Training und im Alltag geschehen.
- Umgang mit Emotionen: Helfen Sie Ihrem Kind, seine Emotionen zu erkennen und konstruktiv damit umzugehen. Techniken wie tiefes Atmen, Reflektion und Gespräche können dabei hilfreich sein.
- Selbstbewusstsein und Selbstwert: Unterstützen Sie die Entwicklung eines gesunden Selbstbewusstseins und Selbstwertgefühls. Lob und Anerkennung für Fortschritte und Anstrengungen sind hierbei entscheidend.

1.23 Förderung des langfristigen Engagements

Langfristiges Engagement im Kampfsport kann zu vielen positiven Ergebnissen führen. Eltern können dazu beitragen, dass ihr Kind langfristig motiviert und engagiert bleibt.

- Langfristige Perspektive: Helfen Sie Ihrem Kind, eine langfristige Perspektive im Kampfsport zu entwickeln. Dies kann durch das Setzen von Etappenzielen und das Feiern von Meilensteinen geschehen.
- Kontinuierliche Unterstützung: Seien Sie kontinuierlich unterstützend, auch wenn Ihr Kind auf Herausforderungen stößt. Ihre anhaltende Ermutigung kann den Unterschied zwischen Aufgeben und Durchhalten ausmachen.
- Erfolgsfeiern: Feiern Sie die Erfolge Ihres Kindes, egal wie klein sie erscheinen mögen. Dies stärkt die Motivation und das Gefühl der Erfüllung.

1.24 Entwicklung eines positiven Selbstbildes

Ein positives Selbstbild ist entscheidend für das Selbstvertrauen und das allgemeine Wohlbefinden Ihres Kindes. Eltern können eine wichtige Rolle dabei spielen, dieses Selbstbild zu stärken.

- Anerkennung von Fortschritten: Erkennen Sie die Fortschritte Ihres Kindes an, auch die kleinen. Lob und Anerkennung für die kontinuierliche Verbesserung und die Anstrengung können das Selbstbild erheblich stärken.
- Ermutigung zur Selbstreflexion: Ermutigen Sie Ihr Kind, über seine eigenen Fähigkeiten und Erfolge nachzudenken. Dies kann helfen, ein realistisches und positives Selbstbild zu entwickeln.
- Vermeidung von Vergleich: Helfen Sie Ihrem Kind, sich nicht ständig mit anderen zu vergleichen. Stattdessen sollten Sie den Fokus auf die individuellen Fortschritte und Erfolge Ihres Kindes legen.

1.25 Förderung der Eigenverantwortung

Die Förderung der Eigenverantwortung hilft Ihrem Kind, selbstständig und verantwortungsbewusst zu werden.

- Übertragung von Verantwortung: Geben Sie Ihrem Kind Verantwortung für seine eigenen Trainingsmaterialien und die Einhaltung seiner Trainingszeit. Dies fördert ein Gefühl der Selbstständigkeit und Verantwortlichkeit.
- Entscheidungsfindung: Binden Sie Ihr Kind in Entscheidungen bezüglich seines Trainings ein, wie z.B. die Wahl von zusätzlichen Trainingseinheiten oder die Teilnahme an Wettkämpfen. Dies stärkt die Fähigkeit zur Entscheidungsfindung.
- Selbstorganisation: Helfen Sie Ihrem Kind, seine Zeit und seine Aktivitäten selbst zu organisieren. Dies kann durch die Erstellung von Zeitplänen und To-Do-Listen geschehen.

1.26 Umgang mit Erfolg und Misserfolg

Der Umgang mit Erfolg und Misserfolg ist eine wichtige Lektion, die Eltern ihren Kindern vermitteln können.

- Bescheidene Erfolge: Ermutigen Sie Ihr Kind, bescheiden zu bleiben, auch wenn es erfolgreich ist. Dies fördert eine ausgeglichene und respektvolle Haltung.
- Konstruktiver Umgang mit Misserfolg: Helfen Sie Ihrem Kind, Misserfolge als Lernchancen zu sehen. Besprechen Sie, was schiefgelaufen ist und wie es sich verbessern kann, anstatt nur auf das negative Ergebnis zu fokussieren.

- Emotionale Unterstützung: Bieten Sie emotionale Unterstützung, unabhängig vom Ergebnis. Zeigen Sie Ihrem Kind, dass seine Anstrengungen und seine Einstellung wichtiger sind als das bloße Ergebnis.

1.27 Förderung der kreativen und kritischen Denkfähigkeiten

Kampfsport kann auch dazu beitragen, die kreativen und kritischen Denkfähigkeiten Ihres Kindes zu fördern.

- Problemlösungsstrategien: Fördern Sie das kreative Denken, indem Sie Ihr Kind ermutigen, verschiedene Problemlösungsstrategien im Training auszuprobieren. Dies kann dazu beitragen, flexibles Denken zu entwickeln.
- Kritisches Feedback: Bieten Sie konstruktives, aber kritisches Feedback, das Ihr Kind dazu anregt, über seine Leistung nachzudenken und sich kontinuierlich zu verbessern.
- Kreative Übungen: Ermutigen Sie Ihr Kind, kreative Übungen und Techniken auszuprobieren, die über das Standardtraining hinausgehen. Dies fördert die Innovation und das Selbstvertrauen.

1.28 Unterstützung bei der Planung und Vorbereitung

Eltern können ihren Kindern helfen, sich besser auf das Training und auf Wettkämpfe vorzubereiten.

- Gemeinsame Planung: Planen Sie gemeinsam mit Ihrem Kind den Trainings- und Wettkampfkalender. Dies hilft, sich besser zu organisieren und vorbereitet zu sein.
- Vorbereitung auf Wettkämpfe: Helfen Sie Ihrem Kind, sich mental und physisch auf Wettkämpfe vorzubereiten. Dies kann durch zusätzliche Trainingseinheiten, mentale Übungen und organisatorische Unterstützung geschehen.
- Erholung und Regeneration: Achten Sie darauf, dass Ihr Kind ausreichend Zeit für Erholung und Regeneration hat. Eine gute Balance zwischen Training und Erholung ist entscheidend für die langfristige Gesundheit und Leistungsfähigkeit.

1.29 Förderung der emotionalen Intelligenz

Die emotionale Intelligenz ist eine Schlüsselkompetenz, die im Kampfsport und im täglichen Leben nützlich ist.

- Erkennen und Benennen von Gefühlen: Helfen Sie Ihrem Kind, seine eigenen Gefühle zu erkennen und zu benennen. Dies kann durch regelmäßige Gespräche und Reflexion über die Erlebnisse im Training geschehen.

- Empathie entwickeln: Fördern Sie die Empathie, indem Sie Ihr Kind ermutigen, die Perspektiven und Gefühle anderer zu verstehen. Dies kann durch Rollenspiele und Gespräche über soziale Situationen geschehen.
- Umgang mit Emotionen: Lehren Sie Ihr Kind, wie es seine Emotionen konstruktiv ausdrücken und kontrollieren kann. Techniken wie tiefes Atmen, Reflexion und Gespräche können dabei hilfreich sein.

1.30 Unterstützung der persönlichen und sozialen Entwicklung

Die persönliche und soziale Entwicklung ist ein zentraler Bestandteil des Wachstums und der Reifung eines Kindes. Eltern können diese Entwicklung aktiv unterstützen.

- Soziale Fähigkeiten fördern: Unterstützen Sie Ihr Kind dabei, soziale Fähigkeiten zu entwickeln, wie z.B. Kommunikation, Zusammenarbeit und Konfliktlösung.
- Persönliches Wachstum: Ermutigen Sie Ihr Kind, kontinuierlich an sich selbst zu arbeiten und sich weiterzuentwickeln. Dies kann durch die Teilnahme an Fortbildungen, Workshops oder zusätzlichen Trainings geschehen.
- Lebenslange Lernbereitschaft: Fördern Sie eine Haltung des lebenslangen Lernens. Erklären Sie Ihrem Kind, dass das Lernen und die persönliche Entwicklung nie aufhören und dass es immer Raum für Verbesserung und Wachstum gibt.

2. Verständnis und Geduld

Eltern müssen ein tiefes Verständnis und eine große Geduld aufbringen, um ihre Kinder im Kampfsporttraining effektiv zu unterstützen. Verständnis und Geduld sind entscheidend, um das Wohlbefinden und die langfristige Motivation der Kinder zu fördern.

2.1 Verständnis für die Herausforderungen des Trainings

Das Kampfsporttraining kann körperlich und geistig herausfordernd sein. Eltern sollten die Herausforderungen erkennen und darauf reagieren.

- Erkennen der Anstrengungen: Verstehen Sie, dass das Training oft anstrengend und ermüdend sein kann. Zeigen Sie Ihrem Kind, dass Sie seine Anstrengungen und sein Engagement schätzen.
- Respekt für die Lernkurve: Jeder Schüler hat eine individuelle Lernkurve. Verstehen Sie, dass Fortschritte Zeit brauchen und dass Rückschläge ein natürlicher Teil des Lernprozesses sind.
- Akzeptanz von Fehlern: Fehler sind unvermeidlich und ein wichtiger Teil des Lernprozesses. Ermutigen Sie Ihr Kind, aus seinen Fehlern zu lernen, anstatt sich von ihnen entmutigen zu lassen.

2.2 Geduld im Umgang mit Fortschritten und Rückschlägen

Fortschritte im Kampfsport sind oft langsam und schrittweise. Geduld ist unerlässlich, um das Vertrauen Ihres Kindes zu stärken und es zu motivieren.

- Kleine Erfolge feiern: Feiern Sie kleine Erfolge und Fortschritte. Diese Anerkennung kann die Motivation Ihres Kindes steigern und ihm helfen, geduldig zu bleiben.
- Rückschläge bewältigen: Helfen Sie Ihrem Kind, Rückschläge als Teil des Wachstumsprozesses zu akzeptieren. Besprechen Sie gemeinsam Strategien, um mit Rückschlägen umzugehen und daraus zu lernen.
- Langfristige Perspektive: Fördern Sie eine langfristige Perspektive. Erklären Sie Ihrem Kind, dass wahre Meisterschaft Zeit und kontinuierliche Anstrengung erfordert.

2.3 Verständnis für individuelle Unterschiede

Jedes Kind ist einzigartig und hat seine eigenen Stärken und Schwächen. Eltern sollten diese Individualität respektieren und unterstützen.

- Individuelle Stärken erkennen: Erkennen Sie die einzigartigen Stärken und Talente Ihres Kindes. Unterstützen Sie diese Stärken und ermutigen Sie Ihr Kind, sie weiterzuentwickeln.
- Anpassung an Bedürfnisse: Passen Sie Ihre Unterstützung an die spezifischen Bedürfnisse Ihres Kindes an. Jedes Kind benötigt unterschiedliche Formen der Unterstützung und Motivation.
- Realistische Erwartungen: Setzen Sie realistische Erwartungen und vermeiden Sie es, Ihr Kind mit anderen zu vergleichen. Ermutigen Sie Ihr Kind, seine eigenen Ziele zu verfolgen und sich auf seine eigenen Fortschritte zu konzentrieren.

2.4 Geduld im Lernprozess

Lernen ist ein fortlaufender Prozess, der Geduld und Ausdauer erfordert. Eltern sollten geduldig sein und das kontinuierliche Lernen ihres Kindes unterstützen.

- Schrittweises Lernen: Ermutigen Sie Ihr Kind, Schritt für Schritt zu lernen und nicht zu versuchen, alles auf einmal zu meistern. Kleine, kontinuierliche Fortschritte führen langfristig zu großen Erfolgen.
- Ermutigung zur Wiederholung: Wiederholung ist ein wesentlicher Bestandteil des Lernens. Ermutigen Sie Ihr Kind, Techniken und Bewegungen regelmäßig zu üben, um sie zu festigen.

- Geduld mit sich selbst: Helfen Sie Ihrem Kind, Geduld mit sich selbst zu haben. Es ist wichtig, dass es versteht, dass Fortschritte Zeit brauchen und dass es in Ordnung ist, Fehler zu machen.

2.5 Verständnis für emotionale Herausforderungen

Das Kampfsporttraining kann auch emotional herausfordernd sein. Eltern sollten die emotionalen Bedürfnisse ihrer Kinder erkennen und unterstützen.

- Emotionale Unterstützung bieten: Bieten Sie Ihrem Kind emotionale Unterstützung, insbesondere in schwierigen Zeiten. Zeigen Sie ihm, dass Sie für es da sind und es auf Ihre Unterstützung zählen kann.
- Offene Kommunikation: Fördern Sie eine offene Kommunikation über die Gefühle und Erfahrungen Ihres Kindes. Dies hilft, emotionale Belastungen zu erkennen und anzusprechen.
- Stärkung der Resilienz: Helfen Sie Ihrem Kind, emotionale Resilienz zu entwickeln. Erklären Sie ihm, dass emotionale Herausforderungen Teil des Wachstums sind und dass es wichtig ist, durchzuhalten und nicht aufzugeben.

2.6 Verständnis für die Bedeutung von Erholung

Erholung ist ein entscheidender Bestandteil des Trainingsprozesses. Eltern sollten die Bedeutung von Erholung und Regeneration verstehen und unterstützen.

- Ruhezeiten einhalten: Achten Sie darauf, dass Ihr Kind ausreichende Ruhezeiten einhält. Übertraining kann zu Erschöpfung und Verletzungen führen, daher ist es wichtig, dass Ihr Kind genügend Zeit zur Erholung hat.
- Förderung von Entspannungsphasen: Ermutigen Sie Ihr Kind, regelmäßig Entspannungsphasen in seinen Alltag zu integrieren. Techniken wie Meditation, tiefes Atmen oder einfaches Ausruhen können helfen, den Geist und Körper zu erholen.
- Ausreichend Schlaf: Stellen Sie sicher, dass Ihr Kind genügend Schlaf bekommt. Eine gute Nachtruhe ist entscheidend für die Erholung und die Leistungsfähigkeit im Training.

2.7 Geduld bei der Entwicklung von Fähigkeiten

Die Entwicklung von Fähigkeiten im Kampfsport erfordert Zeit und kontinuierliche Anstrengung. Geduld ist entscheidend, um Ihr Kind während dieses Prozesses zu unterstützen.

- Langsame Fortschritte akzeptieren: Akzeptieren Sie, dass Fortschritte oft langsam und schrittweise erfolgen. Vermeiden Sie es, Ihr Kind unter Druck zu setzen, schnelle Ergebnisse zu erzielen.
- Ermutigung zur Ausdauer: Ermutigen Sie Ihr Kind, geduldig zu sein und kontinuierlich zu üben. Erklären Sie ihm, dass Durchhaltevermögen und Ausdauer entscheidend sind, um Meisterschaft zu erlangen.
- Feiern von Meilensteinen: Feiern Sie gemeinsam mit Ihrem Kind die Erreichung von Meilensteinen. Dies kann die Motivation steigern und Ihrem Kind helfen, den Wert von Geduld und harter Arbeit zu schätzen.

2.8 Verständnis für die Rolle von Selbstdisziplin

Selbstdisziplin ist eine Schlüsselkomponente im Kampfsport. Eltern sollten die Bedeutung von Selbstdisziplin verstehen und ihren Kindern helfen, diese Fähigkeit zu entwickeln.

- Ermutigung zur Selbstdisziplin: Helfen Sie Ihrem Kind, Selbstdisziplin zu entwickeln, indem Sie ihm zeigen, wie wichtig es ist, regelmäßig zu üben und sich an die Trainingsroutine zu halten.
- Setzen von Routinen: Unterstützen Sie Ihr Kind dabei, feste Routinen zu etablieren. Regelmäßige Trainingszeiten und feste Übungspläne können die Selbstdisziplin stärken.
- Vorbildfunktion: Seien Sie ein Vorbild für Selbstdisziplin in Ihrem eigenen Leben. Ihr Verhalten kann einen starken Einfluss auf die Entwicklung von Selbstdisziplin bei Ihrem Kind haben.

2.9 Geduld bei der Bewältigung von Herausforderungen

Herausforderungen und Hindernisse sind unvermeidlich im Kampfsport. Geduld ist notwendig, um Ihr Kind bei der Bewältigung dieser Herausforderungen zu unterstützen.

- Ermutigung zur Problemlösung: Helfen Sie Ihrem Kind, Probleme und Hindernisse zu lösen. Ermutigen Sie es, verschiedene Strategien auszuprobieren und aus seinen Erfahrungen zu lernen.
- Positive Einstellung fördern: Fördern Sie eine positive Einstellung gegenüber Herausforderungen. Erklären Sie Ihrem Kind, dass Hindernisse Teil des Wachstumsprozesses sind und dass es wichtig ist, nicht aufzugeben.
- Unterstützung bei Rückschlägen: Bieten Sie Unterstützung und Ermutigung bei Rückschlägen. Helfen Sie Ihrem Kind, diese als Lernchancen zu sehen und weiterzumachen.

2.10 Verständnis für die Balance zwischen Training und Freizeit

Eine gesunde Balance zwischen Training und Freizeit ist entscheidend für das Wohlbefinden Ihres Kindes. Eltern sollten diese Balance fördern und unterstützen.

- Freizeitaktivitäten fördern: Ermutigen Sie Ihr Kind, auch andere Freizeitaktivitäten neben dem Kampfsport zu genießen. Dies kann helfen, ein ausgewogenes und erfülltes Leben zu führen.
- Vermeidung von Überlastung: Achten Sie darauf, dass Ihr Kind nicht überlastet wird. Zu viel Training kann zu Stress und Erschöpfung führen, daher ist es wichtig, eine Balance zu finden.
- Gemeinsame Freizeit gestalten: Nutzen Sie gemeinsame Freizeitaktivitäten, um die Beziehung zu Ihrem Kind zu stärken und ihm zu zeigen, dass es neben dem Training auch andere wichtige Aspekte im Leben gibt.

2.11 Geduld und Verständnis bei der Anpassung an Veränderungen

Veränderungen können eine Herausforderung darstellen, insbesondere im Kontext des Kampfsports. Eltern sollten geduldig und verständnisvoll sein, wenn ihr Kind sich an Veränderungen anpasst.

- Anpassungsfähigkeit fördern: Helfen Sie Ihrem Kind, flexibel und anpassungsfähig zu sein. Erklären Sie ihm, dass Veränderungen oft positive Möglichkeiten bieten und Teil des Lebens sind.
- Unterstützung bei Übergängen: Unterstützen Sie Ihr Kind bei Übergängen, wie z.B. dem Wechsel zu einem neuen Trainer oder einer neuen Trainingsgruppe. Zeigen Sie ihm, dass Sie an seiner Seite sind und bereit, ihm zu helfen, sich anzupassen.
- Offene Kommunikation: Fördern Sie eine offene Kommunikation über Veränderungen und Übergänge. Hören Sie Ihrem Kind zu und bieten Sie Unterstützung und Ermutigung, um die Anpassung zu erleichtern.

2.12 Verständnis für individuelle Lernstile

Jedes Kind lernt auf unterschiedliche Weise. Eltern sollten die Lernstile ihrer Kinder erkennen und unterstützen.

- Erkennen von Lernstilen: Beobachten Sie, wie Ihr Kind am besten lernt. Einige Kinder lernen besser durch visuelle Hilfsmittel, andere durch praktisches Üben oder durch Zuhören.
- Anpassung der Unterstützung: Passen Sie Ihre Unterstützung an den Lernstil Ihres Kindes an. Wenn Ihr Kind visuell lernt, können Sie ihm helfen, indem Sie Videos oder Diagramme verwenden. Wenn es kinästhetisch lernt, können praktische Übungen und Demonstrationen hilfreich sein.

- Flexibilität zeigen: Seien Sie flexibel und bereit, verschiedene Ansätze auszuprobieren. Ihr Kind könnte unterschiedliche Lernstile in verschiedenen Situationen bevorzugen.

2.13 Geduld bei der Entwicklung von mentalen Fähigkeiten

Mentale Fähigkeiten wie Konzentration, Fokus und Resilienz erfordern Zeit und Übung, um sich zu entwickeln. Geduld ist entscheidend.

- Förderung der Konzentration: Helfen Sie Ihrem Kind, seine Konzentrationsfähigkeit zu verbessern, indem Sie ruhige und ungestörte Umgebungen für das Training schaffen.
- Übungen zur Resilienz: Ermutigen Sie Ihr Kind, Resilienz zu entwickeln, indem Sie es ermutigen, durchzuhalten und sich nach Rückschlägen wieder aufzurichten. Rollenspiele und Gespräche können dabei hilfreich sein.
- Langfristige Entwicklung: Verstehen Sie, dass die Entwicklung dieser Fähigkeiten Zeit braucht. Seien Sie geduldig und unterstützend, während Ihr Kind diese wichtigen mentalen Fähigkeiten erlernt.

2.14 Verständnis für die Bedeutung von Selbstvertrauen

Selbstvertrauen ist ein wesentlicher Faktor für den Erfolg im Kampfsport. Eltern sollten daran arbeiten, das Selbstvertrauen ihrer Kinder zu stärken.

- Positive Verstärkung: Nutzen Sie positive Verstärkung, um das Selbstvertrauen Ihres Kindes zu stärken. Lob und Anerkennung für Anstrengungen und Erfolge sind wichtig.
- Ermutigung zur Selbstreflexion: Ermutigen Sie Ihr Kind, über seine Stärken und Erfolge nachzudenken. Dies kann helfen, ein starkes Selbstbewusstsein zu entwickeln.
- Vermeidung negativer Kritik: Vermeiden Sie übermäßige oder ungerechtfertigte Kritik. Negative Kommentare können das Selbstvertrauen Ihres Kindes untergraben.

2.15 Geduld bei der Entwicklung von Sozialkompetenzen

Sozialkompetenzen sind entscheidend für die Interaktion im Training und im Alltag. Geduld ist erforderlich, um diese Fähigkeiten zu entwickeln.

- Förderung der Teamarbeit: Ermutigen Sie Ihr Kind, mit anderen zu trainieren und zusammenzuarbeiten. Dies kann seine Fähigkeit zur Teamarbeit und Zusammenarbeit stärken.

- Konfliktlösung: Helfen Sie Ihrem Kind, Konflikte konstruktiv zu lösen. Gespräche über mögliche Konfliktsituationen und Rollenspiele können dabei hilfreich sein.
- Soziale Aktivitäten: Unterstützen Sie Ihr Kind bei der Teilnahme an sozialen Aktivitäten und Veranstaltungen, die seine sozialen Fähigkeiten fördern.

2.16 Verständnis für die Bedeutung von Routine

Routine und Beständigkeit sind wichtige Elemente des Kampfsporttrainings. Eltern sollten diese Aspekte unterstützen und fördern.

- Etablierung von Routinen: Helfen Sie Ihrem Kind, feste Trainingsroutinen zu etablieren. Regelmäßige Trainingszeiten und feste Abläufe können die Disziplin und das Engagement stärken.
- Flexibilität innerhalb der Routine: Seien Sie flexibel, wenn es nötig ist, aber halten Sie die Routine so weit wie möglich aufrecht. Anpassungen können notwendig sein, sollten aber die grundsätzliche Struktur nicht untergraben.
- Unterstützung der Anpassung: Unterstützen Sie Ihr Kind dabei, sich an neue Routinen anzupassen, wenn sich die Umstände ändern. Dies fördert die Anpassungsfähigkeit und die Fähigkeit, mit Veränderungen umzugehen.

2.17 Geduld bei der Entwicklung von Geduld

Geduld ist nicht nur eine notwendige Eigenschaft der Eltern, sondern auch eine Fähigkeit, die Kinder entwickeln müssen.

- Vorbildfunktion: Seien Sie ein Vorbild für Geduld. Zeigen Sie Ihrem Kind, wie wichtig es ist, geduldig zu bleiben, auch in schwierigen Situationen.
- Ermutigung zur Geduld: Ermutigen Sie Ihr Kind, geduldig zu sein, wenn es Herausforderungen oder Rückschläge erlebt. Erinnern Sie es daran, dass gute Dinge oft Zeit brauchen.
- Übungen zur Geduld: Helfen Sie Ihrem Kind, Geduld zu üben, z.B. durch Aktivitäten, die Ausdauer und Beständigkeit erfordern. Dies kann durch das Erlernen neuer Techniken oder das Erreichen langfristiger Ziele geschehen.

2.18 Verständnis für die Bedeutung von Reflexion

Reflexion ist ein wichtiger Teil des Lernprozesses. Eltern können ihren Kindern helfen, durch Reflexion zu lernen und sich weiterzuentwickeln.

- Regelmäßige Reflexion: Fördern Sie regelmäßige Reflexion über das Training und die erzielten Fortschritte. Dies kann durch Gespräche oder das Führen eines Trainingstagebuchs geschehen.
- Fragen stellen: Stellen Sie Ihrem Kind Fragen, die es zur Reflexion anregen, wie z.B. „Was hast du heute im Training gelernt?" oder „Welche Herausforderung hast du überwunden?"
- Lernchancen identifizieren: Helfen Sie Ihrem Kind, Lernchancen in Fehlern und Rückschlägen zu sehen. Besprechen Sie, was es anders machen könnte und wie es sich verbessern kann.

2.19 Geduld bei der Entwicklung von Ausdauer

Ausdauer ist entscheidend für den Erfolg im Kampfsport und im Leben. Eltern sollten ihren Kindern helfen, diese Fähigkeit zu entwickeln.

- Langfristige Ziele setzen: Arbeiten Sie mit Ihrem Kind daran, langfristige Ziele zu setzen, die Ausdauer erfordern. Dies kann dazu beitragen, die Fähigkeit zu entwickeln, über einen längeren Zeitraum hinweg an etwas zu arbeiten.
- Ermutigung bei Rückschlägen: Ermutigen Sie Ihr Kind, nach Rückschlägen weiterzumachen. Zeigen Sie ihm, dass Ausdauer oft der Schlüssel zum Erfolg ist.
- Feiern von Durchhaltevermögen: Anerkennen und feiern Sie die Momente, in denen Ihr Kind Durchhaltevermögen gezeigt hat. Dies kann die Motivation stärken und die Wichtigkeit von Ausdauer unterstreichen.

2.20 Verständnis für die Wichtigkeit von Kommunikation

Effektive Kommunikation ist entscheidend für eine gesunde Eltern-Kind-Beziehung und für den Erfolg im Kampfsport.

- Offene Kommunikation fördern: Schaffen Sie ein Umfeld, in dem Ihr Kind sich frei äußern kann. Offene Kommunikation kann helfen, Missverständnisse zu vermeiden und Probleme frühzeitig zu erkennen.
- Aktives Zuhören: Hören Sie Ihrem Kind aktiv zu. Zeigen Sie, dass Sie seine Gedanken und Gefühle ernst nehmen, und geben Sie ihm das Gefühl, gehört und verstanden zu werden.
- Konstruktives Feedback: Geben Sie konstruktives Feedback, das Ihr Kind ermutigt und unterstützt. Vermeiden Sie kritische oder abwertende Kommentare, die das Selbstbewusstsein untergraben könnten.

2.21 Geduld bei der Entwicklung von Fertigkeiten

Die Entwicklung von Kampfsportfertigkeiten erfordert Zeit und kontinuierliche Anstrengung. Eltern sollten geduldig sein und ihren Kindern den Raum geben, diese Fähigkeiten zu meistern.

- Schrittweise Fortschritte akzeptieren: Verstehen Sie, dass Fortschritte oft schrittweise erfolgen. Ermutigen Sie Ihr Kind, kleine Schritte zu machen und sich auf den Prozess zu konzentrieren.
- Fehler als Lernchancen: Helfen Sie Ihrem Kind, Fehler als Lernchancen zu sehen. Erklären Sie ihm, dass jeder Fehler eine Möglichkeit bietet, sich zu verbessern und zu wachsen.
- Langfristige Unterstützung: Bieten Sie langfristige Unterstützung an. Zeigen Sie Ihrem Kind, dass Sie auf lange Sicht an seiner Seite sind und es bei jedem Schritt unterstützen werden.

2.22 Verständnis für die Bedeutung von Balance

Balance ist ein zentraler Aspekt des Kampfsports und des Lebens. Eltern sollten ihren Kindern helfen, eine ausgewogene Herangehensweise zu entwickeln.

- Balance zwischen Training und Erholung: Achten Sie darauf, dass Ihr Kind eine gesunde Balance zwischen Training und Erholung findet. Übermäßiges Training kann zu Erschöpfung und Verletzungen führen.
- Balance zwischen Schule und Sport: Helfen Sie Ihrem Kind, eine Balance zwischen schulischen Verpflichtungen und sportlichen Aktivitäten zu finden. Dies kann durch Zeitmanagement und Priorisierung erreicht werden.
- Balance im Leben: Fördern Sie eine ausgewogene Lebensweise, die auch Zeit für Hobbys, Freunde und Familie beinhaltet. Eine ganzheitliche Herangehensweise kann das Wohlbefinden und die Leistungsfähigkeit Ihres Kindes verbessern.

2.23 Geduld bei der Entwicklung von Selbstständigkeit

Selbstständigkeit ist ein wichtiges Ziel im Kampfsport und im Leben. Eltern sollten ihre Kinder dabei unterstützen, selbstständig zu werden.

- Förderung von Unabhängigkeit: Ermutigen Sie Ihr Kind, eigene Entscheidungen zu treffen und Verantwortung für sein Training und seine Fortschritte zu übernehmen. Dies fördert die Selbstständigkeit und das Selbstvertrauen.
- Unterstützung ohne Überkontrolle: Bieten Sie Unterstützung an, ohne zu überkontrollieren. Lassen Sie Ihrem Kind Raum, eigene Erfahrungen zu machen und aus ihnen zu lernen.
- Ermutigung zur Problemlösung: Helfen Sie Ihrem Kind, eigene Lösungen für Probleme zu finden. Geben Sie ihm die Werkzeuge und das Vertrauen, um Herausforderungen selbstständig zu bewältigen.

2.24 Verständnis für die Bedeutung von Respekt

Respekt ist eine zentrale Tugend im Kampfsport. Eltern sollten ihren Kindern helfen, Respekt für sich selbst und andere zu entwickeln.

- Respekt vor Trainern und Mitschülern: Erklären Sie Ihrem Kind die Bedeutung von Respekt gegenüber Trainern und Mitschülern. Dies umfasst Höflichkeit, Aufmerksamkeit und die Einhaltung von Regeln.
- Selbstrespekt fördern: Helfen Sie Ihrem Kind, Selbstrespekt zu entwickeln, indem Sie es ermutigen, stolz auf seine Leistungen zu sein und sich selbst mit Würde zu behandeln.
- Respekt im Alltag: Fördern Sie Respekt als allgemeine Lebenseinstellung. Ermutigen Sie Ihr Kind, auch außerhalb des Trainings respektvoll mit anderen umzugehen.

2.25 Geduld bei der Entwicklung von Durchhaltevermögen

Durchhaltevermögen ist entscheidend für den Erfolg im Kampfsport. Eltern sollten ihren Kindern helfen, diese Fähigkeit zu entwickeln.

- Langfristige Ziele setzen: Unterstützen Sie Ihr Kind dabei, langfristige Ziele zu setzen, die Durchhaltevermögen erfordern. Dies kann dazu beitragen, die Fähigkeit zu entwickeln, über längere Zeiträume hinweg an etwas zu arbeiten.
- Ermutigung bei Rückschlägen: Ermutigen Sie Ihr Kind, nach Rückschlägen weiterzumachen. Zeigen Sie ihm, dass Durchhaltevermögen oft der Schlüssel zum Erfolg ist.
- Feiern von Ausdauer: Anerkennen und feiern Sie die Momente, in denen Ihr Kind Durchhaltevermögen gezeigt hat. Dies kann die Motivation stärken und die Wichtigkeit von Ausdauer unterstreichen.

2.26 Verständnis für die Rolle der Motivation

Motivation ist ein entscheidender Faktor für das Engagement und die Leistung Ihres Kindes im Kampfsport. Eltern sollten ihre Kinder dabei unterstützen, motiviert zu bleiben.

- Positive Verstärkung: Nutzen Sie positive Verstärkung, um die Motivation Ihres Kindes zu fördern. Lob und Anerkennung für Anstrengungen und Erfolge sind wichtig.
- Ermutigung zur Zielsetzung: Helfen Sie Ihrem Kind, klare und erreichbare Ziele zu setzen. Dies kann die Motivation steigern und Ihrem Kind helfen, fokussiert zu bleiben.

- Abwechslung im Training: Unterstützen Sie Ihr Kind dabei, Abwechslung in sein Training zu bringen. Verschiedene Übungen und Herausforderungen können die Motivation aufrechterhalten.

2.27 Geduld bei der Entwicklung von Fähigkeiten zur Stressbewältigung

Stressbewältigung ist eine wichtige Fähigkeit, die Kinder im Kampfsport und im Leben benötigen. Eltern sollten ihre Kinder dabei unterstützen, diese Fähigkeit zu entwickeln.

- Techniken zur Stressbewältigung: Helfen Sie Ihrem Kind, Techniken zur Stressbewältigung zu erlernen, wie z.B. tiefes Atmen, Meditation oder körperliche Aktivitäten. Diese Techniken können helfen, Stress abzubauen und die Konzentration zu verbessern.
- Unterstützung bei Stresssituationen: Bieten Sie Unterstützung und Verständnis, wenn Ihr Kind gestresst ist. Hören Sie zu und bieten Sie Ratschläge an, wie es mit der Situation umgehen kann.
- Vorbereitung auf Stresssituationen: Bereiten Sie Ihr Kind auf stressige Situationen vor, wie z.B. Wettkämpfe oder Prüfungen. Erklären Sie ihm, dass Stress normal ist und dass es Wege gibt, damit umzugehen.

2.28 Verständnis für die Bedeutung von Empathie

Empathie ist eine wichtige soziale Fähigkeit, die im Kampfsport und im täglichen Leben von Vorteil ist. Eltern sollten ihre Kinder dabei unterstützen, empathisch zu werden.

- Empathie entwickeln: Helfen Sie Ihrem Kind, die Perspektiven und Gefühle anderer zu verstehen. Dies kann durch Gespräche über soziale Situationen und Rollenspiele geschehen.
- Förderung von Mitgefühl: Fördern Sie Mitgefühl, indem Sie Ihrem Kind beibringen, auf die Bedürfnisse und Gefühle anderer einzugehen. Dies stärkt die sozialen Fähigkeiten und fördert positive Beziehungen.
- Empathie im Alltag: Ermutigen Sie Ihr Kind, empathisch im Alltag zu handeln. Dies kann durch kleine Gesten der Freundlichkeit und Unterstützung geschehen.

2.29 Geduld bei der Entwicklung von Selbstbewusstsein

Selbstbewusstsein ist entscheidend für das Wohlbefinden und die Leistung im Kampfsport. Eltern sollten ihre Kinder dabei unterstützen, ein starkes Selbstbewusstsein zu entwickeln.

- Stärken erkennen und fördern: Helfen Sie Ihrem Kind, seine Stärken zu erkennen und zu fördern. Loben Sie es für seine Fähigkeiten und ermutigen Sie es, stolz auf seine Erfolge zu sein.

- Positive Selbstwahrnehmung: Fördern Sie eine positive Selbstwahrnehmung, indem Sie Ihr Kind ermutigen, sich selbst positiv zu sehen und an seine Fähigkeiten zu glauben.
- Unterstützung bei Herausforderungen: Bieten Sie Unterstützung und Ermutigung bei Herausforderungen. Helfen Sie Ihrem Kind, Selbstvertrauen zu entwickeln, indem Sie es ermutigen, neue Dinge auszuprobieren und Risiken einzugehen.

2.30 Verständnis für die Bedeutung von Balance im Leben

Eine ausgewogene Lebensweise ist entscheidend für das Wohlbefinden und die Leistungsfähigkeit. Eltern sollten ihren Kindern helfen, eine gesunde Balance im Leben zu finden.

- Balance zwischen Training und Freizeit: Achten Sie darauf, dass Ihr Kind eine gesunde Balance zwischen Training und Freizeit hat. Übermäßiges Training kann zu Stress und Erschöpfung führen.
- Balance zwischen Schule und Sport: Helfen Sie Ihrem Kind, eine Balance zwischen schulischen Verpflichtungen und sportlichen Aktivitäten zu finden. Zeitmanagement und Priorisierung sind dabei entscheidend.
- Ganzheitlicher Ansatz: Fördern Sie eine ganzheitliche Herangehensweise, die auch Zeit für Hobbys, Freunde und Familie beinhaltet. Eine ausgewogene Lebensweise kann das Wohlbefinden und die Leistungsfähigkeit Ihres Kindes verbessern.

3. Kommunikation mit Trainern

Die Kommunikation zwischen Eltern und Trainern ist ein wesentlicher Bestandteil, um sicherzustellen, dass Kinder im Kampfsport optimal unterstützt werden. Eine offene und konstruktive Kommunikation kann das Trainingserlebnis Ihres Kindes erheblich verbessern.

3.1 Aufbau einer positiven Beziehung zu den Trainern

Eine positive Beziehung zu den Trainern legt den Grundstein für eine effektive Kommunikation.

- Einführung und Vorstellung: Nehmen Sie sich die Zeit, sich den Trainern vorzustellen und ein erstes Gespräch zu führen. Dies schafft eine freundliche Basis und erleichtert die zukünftige Kommunikation.
- Regelmäßiger Kontakt: Pflegen Sie einen regelmäßigen Kontakt mit den Trainern, auch außerhalb von Problemen oder besonderen Anlässen. Dies zeigt Ihr Interesse und Ihre Unterstützung.

- Respekt und Höflichkeit: Behandeln Sie die Trainer mit Respekt und Höflichkeit. Eine respektvolle Kommunikation fördert eine positive und kooperative Beziehung.

3.2 Klare und direkte Kommunikation

Eine klare und direkte Kommunikation hilft, Missverständnisse zu vermeiden und sicherzustellen, dass alle Beteiligten auf derselben Seite sind.

- Präzise Anliegen formulieren: Wenn Sie ein Anliegen haben, formulieren Sie es präzise und konkret. Vermeiden Sie vage oder allgemeine Aussagen.
- Fragen stellen: Stellen Sie gezielte Fragen, um die Informationen zu erhalten, die Sie benötigen. Dies zeigt auch, dass Sie aktiv an der Entwicklung Ihres Kindes interessiert sind.
- Feedback annehmen: Seien Sie offen für das Feedback der Trainer und nehmen Sie es ernst. Dies zeigt Ihre Bereitschaft zur Zusammenarbeit und Verbesserung.

3.3 Verständnis der Trainingsphilosophie

Das Verständnis der Trainingsphilosophie und -methoden des Trainers ist entscheidend, um die Entwicklung Ihres Kindes zu unterstützen.

- Trainingsmethoden hinterfragen: Fragen Sie nach den Trainingsmethoden und -philosophien des Trainers. Dies hilft Ihnen zu verstehen, wie und warum bestimmte Techniken und Ansätze verwendet werden.
- Übereinstimmung der Werte: Stellen Sie sicher, dass die Werte und Ziele des Trainers mit Ihren eigenen Vorstellungen übereinstimmen. Eine gemeinsame Basis erleichtert die Zusammenarbeit.
- Lernziele besprechen: Besprechen Sie die Lernziele für Ihr Kind mit dem Trainer. Dies hilft, klare Erwartungen zu setzen und sicherzustellen, dass alle auf dasselbe Ziel hinarbeiten.

3.4 Zusammenarbeit bei der Problemlösung

Probleme und Herausforderungen sind unvermeidlich. Eine gute Kommunikation kann helfen, diese effektiv zu lösen.

- Frühzeitiges Ansprechen: Sprechen Sie Probleme frühzeitig an, bevor sie eskalieren. Dies gibt dem Trainer die Möglichkeit, schnell zu reagieren und Lösungen zu finden.
- Gemeinsame Lösungsfindung: Arbeiten Sie gemeinsam mit dem Trainer an Lösungen. Dies zeigt, dass Sie bereit sind, zusammenzuarbeiten und das Beste für Ihr Kind zu erreichen.

- Offenheit für Vorschläge: Seien Sie offen für die Vorschläge des Trainers und zeigen Sie Bereitschaft, diese auszuprobieren. Dies kann oft zu überraschend effektiven Lösungen führen.

3.5 Teilnahme an Eltern-Trainergesprächen

Eltern-Trainergespräche bieten eine formelle Gelegenheit, um über den Fortschritt Ihres Kindes zu sprechen.

- Vorbereitung auf Gespräche: Bereiten Sie sich auf diese Gespräche vor, indem Sie Notizen machen und Fragen vorbereiten. Dies zeigt, dass Sie das Gespräch ernst nehmen und gut informiert sind.
- Aktives Zuhören: Hören Sie aktiv zu und notieren Sie sich wichtige Punkte. Dies hilft Ihnen, die Informationen besser zu verarbeiten und später darauf zurückzukommen.
- Konstruktives Feedback geben: Geben Sie konstruktives Feedback und teilen Sie Ihre Beobachtungen und Vorschläge. Dies fördert eine offene und produktive Diskussion.

3.6 Nutzung digitaler Kommunikationsmittel

Digitale Kommunikationsmittel können die Kommunikation mit den Trainern erleichtern und verbessern.

- E-Mail und Nachrichten: Nutzen Sie E-Mail oder Nachrichten-Apps für regelmäßige Updates und schnelle Fragen. Dies ist oft effektiver als persönliche Gespräche, die Zeit erfordern.
- Online-Plattformen: Viele Kampfsportschulen nutzen Online-Plattformen, um Informationen und Updates zu teilen. Stellen Sie sicher, dass Sie Zugang haben und diese Plattformen regelmäßig nutzen.
- Virtuelle Treffen: Bei Bedarf können virtuelle Treffen eine gute Alternative zu persönlichen Gesprächen sein, insbesondere bei zeitlichen oder räumlichen Einschränkungen.

3.7 Verständnis für die Rolle des Trainers

Das Verständnis für die Rolle und die Verantwortlichkeiten des Trainers ist entscheidend für eine erfolgreiche Kommunikation.

- Anerkennung der Expertise: Erkennen Sie die Expertise und Erfahrung des Trainers an. Vertrauen Sie darauf, dass der Trainer die notwendigen Fähigkeiten hat, um Ihr Kind zu unterrichten und zu unterstützen.

- Respekt für die Autorität: Zeigen Sie Respekt für die Autorität des Trainers im Trainingsumfeld. Dies fördert eine positive Atmosphäre und stärkt die Disziplin.
- Klare Abgrenzung: Verstehen Sie die Grenzen der Trainerrolle und respektieren Sie diese. Ein Trainer ist für das Training und die sportliche Entwicklung zuständig, nicht für persönliche oder familiäre Angelegenheiten.

3.8 Effektive Nutzung von Elternabenden

Elternabende bieten eine strukturierte Möglichkeit, Informationen auszutauschen und Fragen zu stellen.

- Aktive Teilnahme: Nehmen Sie aktiv an Elternabenden teil und nutzen Sie die Gelegenheit, sich zu informieren und Ihre Anliegen zu besprechen.
- Vorbereitung auf Fragen: Bereiten Sie im Voraus Fragen oder Themen vor, die Sie ansprechen möchten. Dies hilft, die Zeit effizient zu nutzen und sicherzustellen, dass alle wichtigen Punkte behandelt werden.
- Netzwerken mit anderen Eltern: Nutzen Sie die Gelegenheit, um sich mit anderen Eltern auszutauschen und zu vernetzen. Dies kann zu einer stärkeren Gemeinschaft und gegenseitiger Unterstützung führen.

3.9 Feedback geben und empfangen

Der Austausch von Feedback ist ein wesentlicher Bestandteil der Kommunikation mit Trainern.

- Konstruktives Feedback: Geben Sie konstruktives Feedback, das sowohl positive Aspekte als auch Verbesserungsvorschläge umfasst. Dies zeigt, dass Sie um das Wohl Ihres Kindes und das Training besorgt sind.
- Feedback annehmen: Seien Sie offen für das Feedback des Trainers. Nehmen Sie es ernst und überlegen Sie, wie Sie es nutzen können, um die Unterstützung Ihres Kindes zu verbessern.
- Regelmäßige Feedback-Schleifen: Etablieren Sie regelmäßige Feedback-Schleifen, um kontinuierlich an der Verbesserung der Kommunikation und der Trainingsqualität zu arbeiten.

3.10 Umgang mit Konflikten

Konflikte sind unvermeidlich und können durch effektive Kommunikation gelöst werden.

- Frühzeitiges Ansprechen von Konflikten: Sprechen Sie Konflikte frühzeitig an, um Eskalationen zu vermeiden. Eine schnelle Reaktion kann oft größere Probleme verhindern.

- Neutralität bewahren: Versuchen Sie, in Konfliktsituationen neutral zu bleiben und beide Seiten zu verstehen. Dies hilft, eine objektive und faire Lösung zu finden.
- Konfliktlösungsstrategien: Arbeiten Sie gemeinsam mit dem Trainer an Strategien zur Konfliktlösung. Dies kann Mediation, offene Gespräche oder die Einbindung eines Dritten umfassen.

3.11 Unterstützung bei der Umsetzung von Trainingsplänen

Eltern können eine wichtige Rolle bei der Umsetzung und Einhaltung von Trainingsplänen spielen.

- Nachverfolgung des Fortschritts: Verfolgen Sie den Fortschritt Ihres Kindes im Training und stellen Sie sicher, dass es den Trainingsplan einhält.
- Unterstützung zu Hause: Unterstützen Sie Ihr Kind zu Hause, indem Sie ihm helfen, zusätzliche Übungen oder Techniken zu üben, die im Training behandelt wurden.
- Kommunikation über Anpassungen: Sprechen Sie mit dem Trainer über notwendige Anpassungen im Trainingsplan, insbesondere wenn Ihr Kind Schwierigkeiten hat oder zusätzliche Unterstützung benötigt.

3.12 Förderung einer offenen und ehrlichen Kommunikation

Eine offene und ehrliche Kommunikation ist der Schlüssel zu einer erfolgreichen Zusammenarbeit zwischen Eltern und Trainern.

- Vertrauensvolle Gespräche: Fördern Sie vertrauensvolle Gespräche, in denen beide Seiten ihre Bedenken und Vorschläge offen äußern können.
- Ehrlichkeit in der Kommunikation: Seien Sie ehrlich in Ihrer Kommunikation und erwarten Sie dasselbe vom Trainer. Ehrlichkeit schafft Vertrauen und eine solide Basis für die Zusammenarbeit.
- Transparenz bei Erwartungen: Seien Sie transparent über Ihre Erwartungen und Wünsche für das Training Ihres Kindes. Dies hilft dem Trainer, die besten Methoden und Ansätze zu wählen, um diese Ziele zu erreichen.

3.13 Sensibilität und Verständnis

Ein sensibles und verständnisvolles Vorgehen kann die Kommunikation mit den Trainern erheblich verbessern.

- Verständnis für Herausforderungen: Zeigen Sie Verständnis für die Herausforderungen, denen Trainer gegenüberstehen. Dies kann Zeitmangel, begrenzte Ressourcen oder unterschiedliche Erwartungen betreffen.

- Geduld und Toleranz: Üben Sie Geduld und Toleranz, insbesondere in stressigen Situationen. Ein ruhiger und verständnisvoller Ansatz fördert eine positive Lösung.
- Anpassungsfähigkeit: Seien Sie bereit, sich anzupassen und flexibel zu sein. Dies kann bedeuten, neue Methoden auszuprobieren oder die Kommunikation an die Bedürfnisse und Umstände anzupassen.

3.14 Nutzung von Beobachtungen und Aufzeichnungen

Eltern können durch Beobachtungen und Aufzeichnungen wichtige Informationen sammeln, die sie in die Kommunikation mit den Trainern einbringen können.

- Trainingseinheiten beobachten: Besuchen Sie regelmäßig Trainingseinheiten, um sich ein Bild vom Fortschritt und Verhalten Ihres Kindes zu machen. Dies ermöglicht es Ihnen, fundierte Gespräche mit dem Trainer zu führen.
- Aufzeichnungen führen: Führen Sie ein Tagebuch oder Aufzeichnungen über die Trainingsfortschritte und Herausforderungen Ihres Kindes. Diese Dokumentation kann bei Gesprächen mit dem Trainer sehr hilfreich sein.
- Videoaufnahmen: Wenn möglich, machen Sie Videoaufnahmen von Trainingseinheiten oder Wettkämpfen. Dies kann als visuelles Feedback dienen und dem Trainer helfen, spezifische Bereiche zu identifizieren, die verbessert werden können.

3.15 Verständnis für die Trainingsziele des Trainers

Ein Verständnis für die Trainingsziele und -prioritäten des Trainers ist entscheidend, um die Kommunikation zu optimieren.

- Kurz- und langfristige Ziele: Fragen Sie nach den kurz- und langfristigen Zielen des Trainers für Ihr Kind. Dies hilft, die Ausrichtung des Trainings zu verstehen und die Erwartungen zu klären.
- Methoden und Ansätze: Lassen Sie sich die Methoden und Ansätze erklären, die der Trainer verwendet, um diese Ziele zu erreichen. Dies schafft Transparenz und Verständnis.
- Einstellung zu Wettkämpfen: Besprechen Sie die Einstellung des Trainers zu Wettkämpfen und Prüfungen. Verstehen Sie, wie diese in den Trainingsplan integriert werden und welche Rolle sie spielen.

3.16 Unterstützung bei der mentalen Vorbereitung

Eltern können die Trainer unterstützen, indem sie sich auch auf die mentale Vorbereitung ihres Kindes konzentrieren.

- Mentale Stärke fördern: Arbeiten Sie gemeinsam mit dem Trainer an Strategien, um die mentale Stärke Ihres Kindes zu fördern. Dies kann durch regelmäßige Gespräche, Mentoring und mentale Übungen geschehen.
- Selbstvertrauen stärken: Helfen Sie Ihrem Kind, Selbstvertrauen zu entwickeln, indem Sie positive Rückmeldung geben und Erfolge feiern. Der Trainer kann spezifische Übungen und Techniken empfehlen.
- Stressbewältigung: Besprechen Sie mit dem Trainer Techniken zur Stressbewältigung, die Ihr Kind vor Wettkämpfen oder Prüfungen anwenden kann. Dies kann Atemübungen, Visualisierungstechniken oder andere mentale Übungen umfassen.

3.17 Einbindung in die Trainingsplanung

Die Einbindung der Eltern in die Trainingsplanung kann die Zusammenarbeit und das Engagement fördern.

- Eltern-Trainingsabende: Einige Schulen bieten spezielle Eltern-Trainingsabende an, bei denen Eltern in den Trainingsprozess einbezogen werden. Nutzen Sie diese Gelegenheiten, um besser zu verstehen, wie das Training strukturiert ist.
- Gemeinsame Zielsetzung: Arbeiten Sie gemeinsam mit dem Trainer und Ihrem Kind an der Zielsetzung. Dies hilft, klare und erreichbare Ziele zu setzen und die Motivation zu stärken.
- Rückmeldungen geben: Geben Sie regelmäßige Rückmeldungen an den Trainer, wie das Training aus Ihrer Sicht läuft und welche Fortschritte Sie bei Ihrem Kind beobachten. Dies kann helfen, den Trainingsplan anzupassen und zu verbessern.

3.18 Berücksichtigung der individuellen Bedürfnisse

Jedes Kind hat individuelle Bedürfnisse, die bei der Trainingsplanung und Kommunikation berücksichtigt werden sollten.

- Anpassung des Trainings: Sprechen Sie mit dem Trainer über spezifische Bedürfnisse oder Einschränkungen Ihres Kindes und wie das Training entsprechend angepasst werden kann.
- Förderung von Stärken: Arbeiten Sie gemeinsam mit dem Trainer daran, die Stärken Ihres Kindes zu fördern und auszubauen. Dies kann durch spezielle Übungen oder individuelle Trainingspläne geschehen.
- Unterstützung bei Schwächen: Besprechen Sie auch die Schwächen Ihres Kindes und wie der Trainer daran arbeiten kann, diese zu verbessern. Eine offene Kommunikation über Herausforderungen ist entscheidend.

3.19 Förderung der Selbstständigkeit des Kindes

Die Förderung der Selbstständigkeit ist ein wichtiger Aspekt der Entwicklung im Kampfsport.

- Eigenverantwortung stärken: Ermutigen Sie Ihr Kind, Verantwortung für sein Training zu übernehmen. Besprechen Sie dies auch mit dem Trainer, um gemeinsame Strategien zu entwickeln.
- Unabhängige Zielsetzung: Unterstützen Sie Ihr Kind dabei, eigene Ziele zu setzen und zu verfolgen. Der Trainer kann dabei helfen, realistische und erreichbare Ziele zu definieren.
- Selbstständige Problemlösung: Helfen Sie Ihrem Kind, Probleme im Training selbstständig zu lösen, anstatt sich immer auf Sie oder den Trainer zu verlassen. Dies fördert die Unabhängigkeit und das Selbstbewusstsein.

3.20 Integration von Feedback in den Alltag

Feedback, das Ihr Kind vom Trainer erhält, sollte auch in den Alltag integriert werden, um eine ganzheitliche Entwicklung zu fördern.

- Tägliche Reflexion: Ermutigen Sie Ihr Kind, täglich über das erhaltene Feedback nachzudenken und es in die Praxis umzusetzen.
- Familiengespräche: Besprechen Sie das Feedback in Familiengesprächen und überlegen Sie gemeinsam, wie es im Alltag angewendet werden kann.
- Kontinuierliche Anpassung: Helfen Sie Ihrem Kind, das Feedback kontinuierlich zu nutzen, um sich zu verbessern und neue Ziele zu setzen.

3.21 Nutzung von Ressourcen der Kampfsportschule

Viele Kampfsportschulen bieten zusätzliche Ressourcen an, die die Kommunikation zwischen Eltern und Trainern verbessern können.

- Informationsmaterialien: Nutzen Sie Informationsmaterialien wie Broschüren, Handbücher oder Newsletter der Schule. Diese enthalten oft wichtige Informationen über das Training, Veranstaltungen und schulinterne Regeln.
- Workshops und Seminare: Nehmen Sie an Workshops und Seminaren teil, die von der Schule angeboten werden. Diese bieten wertvolle Einblicke in die Trainingsmethoden und die Philosophie der Schule.
- Elternkomitees: Engagieren Sie sich in Elternkomitees oder -gruppen, wenn solche vorhanden sind. Der Austausch mit anderen Eltern und die Zusammenarbeit mit der Schule können die Kommunikation und das Verständnis fördern.

3.22 Unterstützung des Trainers bei schulischen Veranstaltungen

Eltern können eine aktive Rolle spielen, indem sie den Trainer bei schulischen Veranstaltungen unterstützen.

- Freiwilligenarbeit: Bieten Sie Ihre Hilfe bei der Organisation und Durchführung von Veranstaltungen an. Dies zeigt Ihr Engagement und Ihre Unterstützung.
- Logistische Unterstützung: Helfen Sie bei logistischen Aufgaben wie dem Transport von Ausrüstung oder der Betreuung von Schülern während Wettkämpfen und Prüfungen.
- Feedback zu Veranstaltungen: Geben Sie nach Veranstaltungen Feedback an den Trainer. Lob für gut organisierte Events und konstruktive Vorschläge für Verbesserungen sind hilfreich.

3.23 Förderung eines ganzheitlichen Ansatzes

Ein ganzheitlicher Ansatz berücksichtigt die physische, mentale und emotionale Entwicklung des Kindes.

- Ganzheitliche Förderung: Besprechen Sie mit dem Trainer, wie das Training die ganzheitliche Entwicklung Ihres Kindes unterstützen kann. Dies kann durch die Integration von mentalen und emotionalen Übungen ins Training geschehen.
- Ernährung und Gesundheit: Sprechen Sie über die Bedeutung von Ernährung und allgemeiner Gesundheit im Kontext des Trainings. Der Trainer kann wertvolle Tipps und Ratschläge geben.
- Lebensbalance: Fördern Sie eine Balance zwischen Training, Schule und Freizeit. Diskutieren Sie mit dem Trainer, wie diese Balance am besten erreicht werden kann.

3.24 Umgang mit besonderen Bedürfnissen

Kinder mit besonderen Bedürfnissen erfordern eine angepasste Kommunikation und Trainingsmethodik.

- Individuelle Anpassungen: Besprechen Sie spezifische Anpassungen, die Ihr Kind benötigt, um erfolgreich am Training teilzunehmen. Dies kann spezielle Ausrüstung, modifizierte Übungen oder zusätzliche Unterstützung umfassen.
- Regelmäßige Updates: Halten Sie den Trainer regelmäßig über den Zustand und die Fortschritte Ihres Kindes auf dem Laufenden. Dies hilft dem Trainer, das Training kontinuierlich anzupassen.
- Koordination mit Fachleuten: Wenn Ihr Kind besondere medizinische oder therapeutische Betreuung benötigt, koordinieren Sie sich mit den entsprechenden Fachleuten und dem Trainer, um ein integriertes Unterstützungsnetzwerk zu schaffen.

3.25 Verständnis für kulturelle Unterschiede

In vielen Kampfsportschulen treffen verschiedene Kulturen aufeinander. Eltern und Trainer sollten sensibel für kulturelle Unterschiede sein.

- Kulturelle Sensibilität: Seien Sie sich der kulturellen Unterschiede bewusst und respektieren Sie diese. Dies kann die Trainingsmethoden, die Kommunikation und die Erwartungen betreffen.
- Förderung von Inklusion: Arbeiten Sie mit dem Trainer daran, eine inklusive und respektvolle Trainingsumgebung zu schaffen, in der alle Schüler sich willkommen und respektiert fühlen.
- Kulturelle Veranstaltungen: Unterstützen Sie kulturelle Veranstaltungen und Aktivitäten der Schule, die das Verständnis und den Respekt für unterschiedliche Kulturen fördern.

3.26 Umgang mit sozialen Medien

Soziale Medien können ein nützliches Werkzeug zur Kommunikation sein, wenn sie richtig genutzt werden.

- Verantwortungsvolle Nutzung: Nutzen Sie soziale Medien verantwortungsvoll, um Informationen zu teilen und zu kommunizieren. Achten Sie darauf, respektvoll und professionell zu bleiben.
- Schulinterne Plattformen: Viele Schulen nutzen eigene Plattformen oder Gruppen in sozialen Medien, um Informationen zu teilen. Stellen Sie sicher, dass Sie diesen Plattformen beitreten und aktiv nutzen.
- Privatsphäre beachten: Achten Sie auf die Privatsphäre Ihres Kindes und der anderen Schüler. Teilen Sie keine persönlichen oder sensiblen Informationen öffentlich.

3.27 Unterstützung bei der Vorbereitung auf Wettkämpfe und Prüfungen

Wettkämpfe und Prüfungen sind wichtige Ereignisse im Leben eines Kampfsportlers. Eine gute Kommunikation mit dem Trainer kann helfen, diese erfolgreich zu bewältigen.

- Vorbereitungsgespräche: Führen Sie Vorbereitungsgespräche mit dem Trainer, um sicherzustellen, dass Ihr Kind optimal auf Wettkämpfe und Prüfungen vorbereitet ist.
- Mentale Unterstützung: Besprechen Sie mit dem Trainer Strategien zur mentalen Vorbereitung und Stressbewältigung. Dies kann Ihrem Kind helfen, mit den Anforderungen besser umzugehen.
- Nachbesprechungen: Nach Wettkämpfen und Prüfungen sollten Nachbesprechungen stattfinden, um die Leistung zu analysieren und Verbesserungsmöglichkeiten zu identifizieren.

3.28 Förderung der Eigenverantwortung des Kindes

Ein wichtiger Aspekt der Kommunikation mit dem Trainer ist die Förderung der Eigenverantwortung des Kindes.

- Selbstständige Kommunikation: Ermutigen Sie Ihr Kind, selbstständig mit dem Trainer zu kommunizieren. Dies fördert das Selbstbewusstsein und die Selbstständigkeit.
- Eigenverantwortliches Lernen: Besprechen Sie mit dem Trainer, wie Ihr Kind eigenverantwortlich lernen und trainieren kann. Dies kann durch das Setzen eigener Ziele und das Erarbeiten von Trainingsplänen geschehen.
- Selbstreflexion: Unterstützen Sie Ihr Kind dabei, sich regelmäßig selbst zu reflektieren und eigenständig an seinen Stärken und Schwächen zu arbeiten.

3.29 Förderung der Transparenz

Transparenz in der Kommunikation zwischen Eltern und Trainern ist wichtig, um Missverständnisse zu vermeiden und eine offene Zusammenarbeit zu gewährleisten.

- Offenheit über Trainingsziele: Besprechen Sie offen die Trainingsziele und Erwartungen. Klare Ziele helfen, die Fortschritte zu messen und die Motivation aufrechtzuerhalten.
- Regelmäßige Updates: Bitten Sie den Trainer um regelmäßige Updates über die Fortschritte und Herausforderungen Ihres Kindes. Dies hält Sie informiert und ermöglicht es Ihnen, gezielt zu unterstützen.
- Transparenz bei Veränderungen: Informieren Sie den Trainer über Veränderungen im Leben Ihres Kindes, die das Training beeinflussen könnten. Dies kann gesundheitliche, schulische oder familiäre Veränderungen betreffen.

3.30 Förderung der Verantwortung für die eigene Entwicklung

Eltern können durch Kommunikation mit dem Trainer die Eigenverantwortung und Selbstdisziplin ihres Kindes fördern.

- Selbstständige Trainingsziele: Ermutigen Sie Ihr Kind, eigene Trainingsziele zu setzen und zu verfolgen. Besprechen Sie diese Ziele gemeinsam mit dem Trainer.
- Eigenverantwortliches Training: Unterstützen Sie Ihr Kind dabei, eigenverantwortlich zu trainieren und sich auf seine Ziele zu konzentrieren. Der Trainer kann dabei helfen, geeignete Übungen und Routinen zu entwickeln.

- Selbstreflexion fördern: Fördern Sie die Fähigkeit zur Selbstreflexion, indem Sie Ihr Kind ermutigen, über seine Trainingsfortschritte und Herausforderungen nachzudenken.

3.31 Nutzung von Feedback zur Verbesserung

Das Feedback des Trainers ist eine wertvolle Ressource, um die Fähigkeiten und das Selbstbewusstsein Ihres Kindes zu stärken.

- Konstruktives Feedback einholen: Bitten Sie regelmäßig um konstruktives Feedback vom Trainer. Dies hilft, die Stärken und Schwächen Ihres Kindes zu erkennen und gezielt daran zu arbeiten.
- Positives Feedback verstärken: Betonen Sie positives Feedback und feiern Sie Erfolge. Dies stärkt das Selbstvertrauen und die Motivation Ihres Kindes.
- Kritisches Feedback nutzen: Nutzen Sie kritisches Feedback, um gezielte Verbesserungen vorzunehmen. Besprechen Sie gemeinsam mit dem Trainer, wie Ihr Kind an seinen Schwächen arbeiten kann.

3.32 Unterstützung bei der sozialen Integration

Der soziale Aspekt des Trainings ist ebenso wichtig wie der physische. Eltern sollten die soziale Integration ihres Kindes unterstützen und mit dem Trainer darüber kommunizieren.

- Förderung von Teamgeist: Ermutigen Sie Ihr Kind, aktiv am sozialen Leben der Kampfsportschule teilzunehmen. Dies fördert den Teamgeist und die Gemeinschaft.
- Integration neuer Schüler: Besprechen Sie mit dem Trainer, wie neue Schüler integriert werden können und wie Ihr Kind dabei helfen kann.
- Konfliktlösung: Unterstützen Sie den Trainer bei der Lösung sozialer Konflikte innerhalb der Trainingsgruppe. Eine offene Kommunikation kann helfen, Missverständnisse und Spannungen zu reduzieren.

3.33 Förderung der Gesundheit und des Wohlbefindens

Die Gesundheit und das Wohlbefinden Ihres Kindes sind entscheidend für seinen Erfolg im Kampfsport. Eltern sollten eng mit dem Trainer zusammenarbeiten, um diese Aspekte zu fördern.

- Gesundheitliche Überwachung: Informieren Sie den Trainer über gesundheitliche Bedenken oder Einschränkungen Ihres Kindes. Dies ermöglicht es dem Trainer, das Training entsprechend anzupassen.
- Ernährungsberatung: Sprechen Sie mit dem Trainer über die Bedeutung der Ernährung und wie diese das Training und die Leistungsfähigkeit beeinflussen kann.

- Ausgleich und Erholung: Achten Sie darauf, dass Ihr Kind ausreichend Erholung und Ausgleich neben dem Training hat. Diskutieren Sie mit dem Trainer Strategien zur Vermeidung von Übertraining und Burnout.

3.34 Unterstützung bei der Entwicklung von Führungsfähigkeiten

Führungsfähigkeiten sind wichtig für die persönliche Entwicklung und den Erfolg im Kampfsport. Eltern und Trainer sollten zusammenarbeiten, um diese Fähigkeiten zu fördern.

- Führungsrollen übernehmen: Ermutigen Sie Ihr Kind, Führungsrollen innerhalb der Trainingsgruppe zu übernehmen, wie das Leiten von Aufwärmübungen oder das Mentoring neuer Schüler.
- Vorbildfunktion: Diskutieren Sie mit dem Trainer, wie Ihr Kind eine Vorbildfunktion einnehmen und positive Verhaltensweisen fördern kann.
- Entwicklung von Verantwortungsbewusstsein: Unterstützen Sie Ihr Kind dabei, Verantwortung für sein eigenes Training und das Wohl der Gruppe zu übernehmen. Dies stärkt das Verantwortungsbewusstsein und die Führungsfähigkeiten.

3.35 Nutzung von Elterntrainings und Workshops

Viele Kampfsportschulen bieten spezielle Trainings und Workshops für Eltern an. Diese können die Kommunikation und das Verständnis für das Training Ihres Kindes verbessern.

- Elterntrainings: Nehmen Sie an Elterntrainings teil, um die Grundlagen der Kampfsportart zu verstehen und Ihr Kind besser unterstützen zu können.
- Workshops und Seminare: Besuchen Sie Workshops und Seminare zu Themen wie mentale Stärke, Ernährung und Trainingsmethoden. Dies erweitert Ihr Wissen und Ihre Fähigkeiten.
- Austausch mit anderen Eltern: Nutzen Sie diese Veranstaltungen, um sich mit anderen Eltern auszutauschen und voneinander zu lernen. Eine starke Elterncommunity kann wertvolle Unterstützung bieten.

Kapitel 5: Förderung von Disziplin und Selbstvertrauen

1. Ziele setzen und erreichen

Das Setzen und Erreichen von Zielen ist ein wesentlicher Bestandteil der Förderung von Disziplin und Selbstvertrauen bei Kindern. Im Kampfsport lernen Kinder, wie wichtig es ist, klare Ziele zu haben und systematisch daran zu arbeiten, diese zu erreichen. Eltern spielen dabei eine zentrale Rolle, indem sie ihre Kinder unterstützen und motivieren.

1.1 Die Bedeutung von Zielen im Kampfsport

Ziele geben Kindern eine klare Richtung und Motivation. Sie helfen, den Fortschritt zu messen und Erfolgserlebnisse zu feiern.

- Motivation und Fokus: Ziele motivieren Kinder, regelmäßig zu trainieren und sich zu verbessern. Sie geben dem Training eine Struktur und einen klaren Zweck.
- Messbare Fortschritte: Durch das Setzen spezifischer, messbarer Ziele können Kinder ihren Fortschritt sehen und sich kontinuierlich verbessern.
- Selbstbewusstsein stärken: Das Erreichen von Zielen stärkt das Selbstbewusstsein und das Selbstwertgefühl. Kinder lernen, dass sie durch harte Arbeit und Ausdauer Erfolg haben können.

1.2 Arten von Zielen

Es gibt verschiedene Arten von Zielen, die Kinder im Kampfsport setzen können. Diese Ziele sollten spezifisch, messbar, erreichbar, relevant und zeitgebunden (SMART) sein.

- Kurzfristige Ziele: Diese Ziele sind schnell erreichbar und helfen, kontinuierliche Fortschritte zu machen. Beispiele sind das Erlernen einer neuen Technik oder das Bestehen einer Gurtprüfung.
- Mittelfristige Ziele: Diese Ziele benötigen etwas mehr Zeit und Anstrengung, wie das Gewinnen eines lokalen Wettkampfs oder das Erreichen eines bestimmten Fitnessniveaus.
- Langfristige Ziele: Langfristige Ziele erfordern Geduld und Ausdauer. Dazu gehören das Erreichen eines schwarzen Gürtels oder die Teilnahme an nationalen Meisterschaften.

1.3 Unterstützung durch Eltern bei der Zielsetzung

Eltern können ihre Kinder aktiv unterstützen, indem sie ihnen helfen, realistische und erreichbare Ziele zu setzen.

- Gemeinsame Zielsetzung: Setzen Sie sich gemeinsam mit Ihrem Kind hin und besprechen Sie, welche Ziele es erreichen möchte. Dies hilft, die Ziele klar zu definieren und sicherzustellen, dass sie realistisch sind.

- Ziele schriftlich festhalten: Schreiben Sie die Ziele auf und hängen Sie sie an einem sichtbaren Ort auf. Dies erinnert Ihr Kind täglich an seine Ziele und motiviert es, daran zu arbeiten.
- Regelmäßige Überprüfung: Überprüfen Sie regelmäßig die Fortschritte Ihres Kindes. Dies hilft, die Motivation aufrechtzuerhalten und gegebenenfalls Anpassungen vorzunehmen.

1.4 Entwicklung eines Aktionsplans

Ein konkreter Aktionsplan hilft Kindern, systematisch auf ihre Ziele hinzuarbeiten.

- Schritte definieren: Zerlegen Sie jedes Ziel in kleinere, machbare Schritte. Dies macht das Ziel weniger überwältigend und erleichtert die Fortschrittsmessung.
- Zeitplan erstellen: Erstellen Sie einen Zeitplan, der festlegt, wann und wie oft Ihr Kind an seinen Zielen arbeiten soll. Ein strukturierter Plan hilft, Disziplin und Routine zu entwickeln.
- Ressourcen nutzen: Stellen Sie sicher, dass Ihr Kind Zugang zu den notwendigen Ressourcen hat, um seine Ziele zu erreichen. Dies kann Trainingsausrüstung, Bücher oder Online-Ressourcen umfassen.

1.5 Motivation und Belohnung

Motivation und Belohnung sind entscheidend, um die Anstrengungen Ihres Kindes zu unterstützen und seine Fortschritte zu würdigen.

- Positive Verstärkung: Loben Sie Ihr Kind für seine Anstrengungen und Fortschritte. Positive Verstärkung motiviert es, weiterzumachen.
- Belohnungen setzen: Setzen Sie kleine Belohnungen für das Erreichen von Meilensteinen. Dies kann ein besonderer Ausflug, ein neues Buch oder eine zusätzliche Freizeitaktivität sein.
- Motivation aufrechterhalten: Helfen Sie Ihrem Kind, motiviert zu bleiben, indem Sie regelmäßig über seine Ziele und Fortschritte sprechen. Ermutigen Sie es, auch in schwierigen Zeiten durchzuhalten.

1.6 Überwindung von Rückschlägen

Rückschläge sind ein natürlicher Teil des Prozesses. Es ist wichtig, dass Kinder lernen, damit umzugehen und sich davon nicht entmutigen zu lassen.

- Rückschläge als Lernchancen: Erklären Sie Ihrem Kind, dass Rückschläge Teil des Lernprozesses sind und als Chancen zur Verbesserung gesehen werden sollten.

- Konstruktives Feedback: Geben Sie konstruktives Feedback und ermutigen Sie Ihr Kind, sich auf die nächsten Schritte zu konzentrieren.
- Resilienz entwickeln: Helfen Sie Ihrem Kind, Resilienz zu entwickeln, indem Sie es ermutigen, nach Rückschlägen wieder aufzustehen und weiterzumachen.

1.7 Kontinuierliche Selbstreflexion

Selbstreflexion ist ein wesentlicher Bestandteil des Prozesses, Ziele zu setzen und zu erreichen. Sie hilft Kindern, ihre Fortschritte zu bewerten und sich kontinuierlich zu verbessern.

- Tägliche Reflexion: Ermutigen Sie Ihr Kind, sich täglich Zeit zu nehmen, um über seine Trainingsfortschritte nachzudenken. Dies kann durch das Führen eines Tagebuchs oder durch Gespräche mit Ihnen geschehen.
- Monatliche Überprüfung: Setzen Sie sich monatlich mit Ihrem Kind zusammen, um die gesetzten Ziele und die erzielten Fortschritte zu überprüfen. Diskutieren Sie, was gut gelaufen ist und wo Verbesserungen notwendig sind.
- Anpassung von Zielen: Helfen Sie Ihrem Kind, seine Ziele bei Bedarf anzupassen. Manchmal müssen Ziele neu formuliert oder verändert werden, um realistisch und erreichbar zu bleiben.

1.8 Unterstützung durch das soziale Umfeld

Ein unterstützendes soziales Umfeld kann die Motivation und den Erfolg Ihres Kindes erheblich beeinflussen.

- Familienunterstützung: Sorgen Sie dafür, dass die ganze Familie hinter den Zielen Ihres Kindes steht. Zeigen Sie Interesse und Begeisterung für seine Fortschritte und Herausforderungen.
- Freundeskreis einbinden: Ermutigen Sie Ihr Kind, sich mit Freunden auszutauschen, die ähnliche Ziele verfolgen. Ein starkes Netzwerk von Gleichgesinnten kann die Motivation steigern und Unterstützung bieten.
- Trainer und Mentoren: Sprechen Sie mit den Trainern und Mentoren Ihres Kindes über seine Ziele. Diese können wertvolle Unterstützung und Anleitung bieten, um sicherzustellen, dass Ihr Kind auf dem richtigen Weg bleibt.

1.9 Nutzung von Visualisierungstechniken

Visualisierungstechniken können Ihrem Kind helfen, sich seine Ziele vorzustellen und sich mental darauf vorzubereiten, sie zu erreichen.

- Visualisierungsübungen: Ermutigen Sie Ihr Kind, sich täglich ein paar Minuten Zeit zu nehmen, um sich vorzustellen, wie es seine Ziele erreicht. Dies stärkt das Selbstvertrauen und die Entschlossenheit.
- Vision Boards: Helfen Sie Ihrem Kind, ein Vision Board zu erstellen, das seine Ziele und Wünsche darstellt. Dies kann eine visuelle Erinnerung sein, die es täglich motiviert.
- Positives Denken: Fördern Sie eine positive Einstellung und Selbstgespräche. Erklären Sie Ihrem Kind, dass positives Denken und der Glaube an den eigenen Erfolg entscheidend sind, um Ziele zu erreichen.

1.10 Belohnungssysteme und Anreize

Ein strukturiertes Belohnungssystem kann die Motivation Ihres Kindes erheblich steigern und ihm helfen, diszipliniert an seinen Zielen zu arbeiten.

- Kurzfristige Anreize: Setzen Sie kleine, kurzfristige Anreize, die Ihr Kind für das Erreichen von Zwischenzielen belohnen. Dies kann ein spezieller Snack, ein Kinobesuch oder zusätzliche Freizeit sein.
- Langfristige Belohnungen: Planen Sie größere Belohnungen für das Erreichen wichtiger Meilensteine oder langfristiger Ziele. Dies könnte ein Urlaub, ein neues Spielzeug oder eine besondere Aktivität sein.
- Kombination von Anreizen: Verwenden Sie eine Kombination aus kurzfristigen und langfristigen Belohnungen, um die Motivation Ihres Kindes aufrechtzuerhalten und kontinuierliche Anstrengungen zu fördern.

1.11 Aufbau von Routinen

Routinen spielen eine wichtige Rolle bei der Förderung von Disziplin und der Erreichung von Zielen.

- Feste Trainingszeiten: Legen Sie feste Trainingszeiten fest, die Ihr Kind regelmäßig einhält. Dies fördert Disziplin und schafft eine klare Struktur.
- Tägliche Übungsgewohnheiten: Integrieren Sie tägliche Übungen oder Aktivitäten, die Ihrem Kind helfen, seine Ziele zu erreichen. Dies könnte ein kurzer Trainingslauf, Dehnübungen oder das Üben von Techniken sein.
- Regelmäßige Pausen: Achten Sie darauf, dass Ihr Kind regelmäßige Pausen einlegt, um Überlastung und Erschöpfung zu vermeiden. Eine ausgewogene Routine fördert langfristig die Gesundheit und das Wohlbefinden.

1.12 Umgang mit Ablenkungen

Ablenkungen können den Fortschritt behindern. Es ist wichtig, dass Kinder lernen, mit Ablenkungen umzugehen und fokussiert zu bleiben.

- Identifikation von Ablenkungen: Helfen Sie Ihrem Kind, potenzielle Ablenkungen zu identifizieren und Strategien zu entwickeln, um diese zu minimieren.
- Fokuszeiten festlegen: Legen Sie spezifische Zeiten fest, in denen Ihr Kind sich ausschließlich auf das Training und das Erreichen seiner Ziele konzentriert. Während dieser Zeiten sollten Ablenkungen wie elektronische Geräte minimiert werden.
- Belohnung für Fokus: Belohnen Sie Ihr Kind, wenn es erfolgreich Ablenkungen überwunden hat und fokussiert geblieben ist. Dies kann die Motivation erhöhen und die Fähigkeit zur Selbstdisziplin stärken.

1.13 Stärkung der Selbstdisziplin

Selbstdisziplin ist entscheidend, um gesetzte Ziele zu erreichen. Eltern können ihre Kinder unterstützen, diese wichtige Fähigkeit zu entwickeln.

- Vorbildfunktion: Seien Sie ein Vorbild in Bezug auf Selbstdisziplin. Zeigen Sie Ihrem Kind durch Ihr eigenes Verhalten, wie wichtig es ist, Disziplin zu bewahren und konsequent an Zielen zu arbeiten.
- Konsequente Umsetzung: Ermutigen Sie Ihr Kind, konsequent an seinen Zielen zu arbeiten, auch wenn es schwierig wird. Erinnern Sie es daran, dass Ausdauer und Beständigkeit entscheidend sind.
- Belohnung von Disziplin: Belohnen Sie Ihr Kind für diszipliniertes Verhalten. Dies kann durch Lob, Anerkennung oder kleine Anreize geschehen, die die Bemühungen und das Durchhaltevermögen würdigen.

1.14 Entwicklung eines Wachstumsmindsets

Ein Wachstumsmindset hilft Kindern, Herausforderungen als Chancen zu sehen und kontinuierlich zu lernen.

- Förderung von Lernchancen: Erklären Sie Ihrem Kind, dass Fehler und Rückschläge Teil des Lernprozesses sind. Ermutigen Sie es, aus jeder Erfahrung zu lernen und sich kontinuierlich zu verbessern.
- Positives Feedback: Geben Sie positives Feedback, das sich auf den Prozess und die Anstrengung konzentriert, nicht nur auf das Ergebnis. Dies fördert eine positive Einstellung zum Lernen und zur persönlichen Entwicklung.
- Ermutigung zur Selbstreflexion: Helfen Sie Ihrem Kind, regelmäßig über seine Erfahrungen nachzudenken und zu reflektieren, wie es sich verbessern kann. Dies stärkt die Fähigkeit zur Selbstwahrnehmung und zur Anpassung.

1.15 Erkennen und Feiern von Erfolgen

Das Erkennen und Feiern von Erfolgen ist entscheidend, um die Motivation und das Selbstvertrauen Ihres Kindes zu stärken.

- Anerkennung von Fortschritten: Erkennen Sie nicht nur große Erfolge, sondern auch kleine Fortschritte an. Jedes erreichte Zwischenziel ist ein Grund zur Feier und zeigt Ihrem Kind, dass es auf dem richtigen Weg ist.
- Feiern von Erfolgen: Feiern Sie die Erfolge Ihres Kindes gemeinsam. Dies kann durch besondere Aktivitäten, kleine Geschenke oder einfach durch gemeinsames Feiern geschehen.
- Positive Verstärkung: Nutzen Sie positive Verstärkung, um Ihr Kind zu motivieren und zu ermutigen. Loben Sie es für seine Anstrengungen und den Einsatz, den es zeigt.

1.16 Unterstützung durch Mentoren und Vorbilder

Mentoren und Vorbilder können eine wichtige Rolle bei der Zielsetzung und -erreichung spielen.

- Einbindung von Mentoren: Suchen Sie nach Mentoren, die Ihr Kind unterstützen und anleiten können. Dies können erfahrene Trainer, ältere Schüler oder andere erfolgreiche Sportler sein.
- Inspirierende Vorbilder: Zeigen Sie Ihrem Kind inspirierende Vorbilder, die ähnliche Ziele erreicht haben. Dies kann durch Geschichten, Bücher oder Videos geschehen.
- Regelmäßige Treffen: Organisieren Sie regelmäßige Treffen oder Gespräche mit Mentoren und Vorbildern. Diese können wertvolle Ratschläge und Unterstützung bieten.

1.17 Umgang mit Stress und Druck

Stress und Druck sind unvermeidlich, wenn man ehrgeizige Ziele verfolgt. Kinder müssen lernen, damit umzugehen.

- Stressbewältigungstechniken: Bringen Sie Ihrem Kind Techniken zur Stressbewältigung bei, wie Atemübungen, Meditation oder körperliche Aktivitäten. Diese können helfen, den Stress zu reduzieren und die Konzentration zu verbessern.
- Offene Kommunikation: Fördern Sie eine offene Kommunikation über Stress und Druck. Ermutigen Sie Ihr Kind, seine Gefühle zu teilen und gemeinsam nach Lösungen zu suchen.
- Realistische Erwartungen: Setzen Sie realistische Erwartungen und vermeiden Sie übermäßigen Druck. Erklären Sie Ihrem Kind, dass es in Ordnung ist, Fehler zu machen und dass der Weg zum Erfolg Zeit und Geduld erfordert.

1.18 Förderung der langfristigen Planung

Langfristige Planung ist entscheidend, um große Ziele zu erreichen. Kinder sollten lernen, wie sie ihre Ziele in einen langfristigen Kontext einordnen.

- Langfristige Ziele setzen: Helfen Sie Ihrem Kind, langfristige Ziele zu setzen, die mehrere Jahre in Anspruch nehmen können. Dies fördert die Fähigkeit, geduldig zu sein und kontinuierlich an etwas zu arbeiten.
- Meilensteine definieren: Definieren Sie Meilensteine, die auf dem Weg zu den langfristigen Zielen erreicht werden sollen. Dies macht große Ziele überschaubar und motiviert durch regelmäßige Erfolgserlebnisse.
- Regelmäßige Überprüfung: Überprüfen Sie regelmäßig die langfristigen Ziele und Meilensteine. Passen Sie diese bei Bedarf an und stellen Sie sicher, dass Ihr Kind weiterhin auf dem richtigen Weg ist.

1.19 Entwicklung von Problemlösungsfähigkeiten

Problemlösungsfähigkeiten sind wichtig, um Hindernisse auf dem Weg zum Ziel zu überwinden.

- Kreatives Denken fördern: Ermutigen Sie Ihr Kind, kreative Lösungen für Probleme zu finden. Dies stärkt die Fähigkeit, flexibel und einfallsreich zu sein.
- Gemeinsame Lösungssuche: Suchen Sie gemeinsam mit Ihrem Kind nach Lösungen für Herausforderungen. Dies zeigt ihm, dass es Unterstützung hat und stärkt das Vertrauen in die eigenen Fähigkeiten.
- Fehler als Lernchancen: Erklären Sie Ihrem Kind, dass Fehler wertvolle Lernchancen sind. Ermutigen Sie es, aus jedem Fehler zu lernen und sich kontinuierlich zu verbessern.

1.20 Entwicklung von Zeitmanagementfähigkeiten

Effektives Zeitmanagement ist entscheidend, um Ziele effizient zu erreichen und eine Balance zwischen Training, Schule und Freizeit zu finden.

- Zeitpläne erstellen: Helfen Sie Ihrem Kind, wöchentliche Zeitpläne zu erstellen, die alle wichtigen Aktivitäten und Trainingszeiten berücksichtigen. Dies fördert die Organisation und Disziplin.
- Prioritäten setzen: Lehren Sie Ihr Kind, Prioritäten zu setzen und wichtige Aufgaben zuerst zu erledigen. Dies hilft, die wichtigsten Ziele zu fokussieren und unnötige Ablenkungen zu minimieren.

- Zeit für Erholung einplanen: Stellen Sie sicher, dass Ihr Kind genügend Zeit für Erholung und Freizeitaktivitäten hat. Eine ausgewogene Zeitplanung ist wichtig, um Überlastung und Burnout zu vermeiden.

1.21 Nutzung von Technologie und Hilfsmitteln

Technologie und verschiedene Hilfsmittel können helfen, Ziele effektiver zu setzen und zu erreichen.

- Trainings-Apps: Nutzen Sie Trainings-Apps, die Ihr Kind bei der Planung und Überwachung seiner Fortschritte unterstützen können. Diese Apps bieten oft hilfreiche Erinnerungen und Analysen.
- Online-Ressourcen: Ermutigen Sie Ihr Kind, Online-Ressourcen wie Tutorials, Videos und Artikel zu nutzen, um neue Techniken zu erlernen und sich weiterzubilden.
- Tracker und Tagebücher: Verwenden Sie Fitness-Tracker oder Trainingstagebücher, um die Fortschritte Ihres Kindes zu dokumentieren. Dies kann motivierend wirken und hilft, den Fortschritt sichtbar zu machen.

1.22 Umgang mit Enttäuschungen

Der Umgang mit Enttäuschungen ist ein wichtiger Bestandteil des Lernprozesses. Kinder müssen lernen, Rückschläge zu akzeptieren und daraus zu wachsen.

- Enttäuschungen ansprechen: Besprechen Sie Enttäuschungen offen mit Ihrem Kind. Erklären Sie, dass solche Erfahrungen Teil des Lernprozesses sind und helfen, stärker zu werden.
- Positive Einstellung fördern: Helfen Sie Ihrem Kind, eine positive Einstellung zu bewahren, auch wenn es auf Schwierigkeiten stößt. Erinnern Sie es daran, dass jeder Rückschlag eine Gelegenheit zur Verbesserung ist.
- Lernchancen erkennen: Ermutigen Sie Ihr Kind, Enttäuschungen als Lernchancen zu sehen. Besprechen Sie gemeinsam, was daraus gelernt werden kann und wie zukünftige Herausforderungen besser gemeistert werden können.

1.23 Förderung von Eigeninitiative

Eigeninitiative ist entscheidend für den Erfolg im Kampfsport und im Leben. Eltern können ihre Kinder unterstützen, diese Fähigkeit zu entwickeln.

- Selbstständigkeit fördern: Ermutigen Sie Ihr Kind, selbstständig Entscheidungen zu treffen und Verantwortung für sein Training zu übernehmen. Dies stärkt das Selbstbewusstsein und die Unabhängigkeit.

- Eigene Ziele setzen: Lassen Sie Ihr Kind eigene Ziele setzen und verfolgen. Dies fördert die Motivation und das Engagement.
- Unterstützung bieten: Bieten Sie Unterstützung an, ohne zu überkontrollieren. Seien Sie da, um Fragen zu beantworten und Hilfe zu leisten, aber lassen Sie Ihrem Kind genügend Raum, um eigene Erfahrungen zu machen.

1.24 Aufbau einer starken Arbeitsmoral

Eine starke Arbeitsmoral ist wichtig, um langfristig erfolgreich zu sein. Eltern können ihre Kinder dabei unterstützen, diese Eigenschaft zu entwickeln.

- Harte Arbeit belohnen: Erkennen und belohnen Sie die harte Arbeit und Anstrengung Ihres Kindes. Dies zeigt ihm, dass seine Bemühungen geschätzt werden.
- Konsequentes Training: Ermutigen Sie Ihr Kind, konsequent zu trainieren und an seinen Zielen zu arbeiten. Dies fördert die Entwicklung einer starken Arbeitsmoral.
- Geduld und Ausdauer: Lehren Sie Ihr Kind, dass Geduld und Ausdauer entscheidend sind, um große Ziele zu erreichen. Erklären Sie, dass Erfolg oft Zeit und kontinuierliche Anstrengung erfordert.

1.25 Förderung von Selbstmotivation

Selbstmotivation ist eine Schlüsselkomponente für den Erfolg im Kampfsport. Kinder müssen lernen, sich selbst zu motivieren, auch wenn äußere Anreize fehlen.

- Innere Motivation entwickeln: Helfen Sie Ihrem Kind, innere Motivation zu entwickeln, indem Sie es ermutigen, seine eigenen Gründe für das Training und die Zielsetzung zu finden.
- Selbstmotivationstechniken: Bringen Sie Ihrem Kind Techniken zur Selbstmotivation bei, wie das Setzen kleiner, erreichbarer Ziele und das Visualisieren von Erfolgen.
- Belohnung durch Selbstzufriedenheit: Erklären Sie Ihrem Kind, dass die größte Belohnung oft das Gefühl der Selbstzufriedenheit und des persönlichen Wachstums ist, das durch das Erreichen von Zielen entsteht.

1.26 Nutzen der Kraft der Routine

Routinen helfen, Disziplin zu entwickeln und Ziele systematisch zu verfolgen.

- Regelmäßige Trainingszeiten: Etablieren Sie regelmäßige Trainingszeiten, die konsequent eingehalten werden. Dies schafft Struktur und fördert die Disziplin.
- Tägliche Rituale: Integrieren Sie tägliche Rituale, die Ihr Kind auf das Training und das Erreichen seiner Ziele vorbereiten. Dies kann eine spezielle Aufwärmübung oder eine mentale Vorbereitung sein.

- Langfristige Routinen: Fördern Sie langfristige Routinen, die über das aktuelle Trainingsziel hinausgehen. Diese Routinen helfen, eine starke Arbeitsmoral und Disziplin zu entwickeln, die in vielen Lebensbereichen nützlich sind.

1.27 Umgang mit Herausforderungen und Hindernissen

Herausforderungen und Hindernisse sind unvermeidlich auf dem Weg zum Erfolg. Kinder müssen lernen, wie sie diese bewältigen und überwinden können.

- Problemlösungsstrategien entwickeln: Helfen Sie Ihrem Kind, verschiedene Problemlösungsstrategien zu entwickeln. Dies kann durch Rollenspiele oder das Besprechen hypothetischer Situationen geschehen.
- Resilienz stärken: Fördern Sie die Resilienz Ihres Kindes, indem Sie es ermutigen, nach Rückschlägen weiterzumachen und nicht aufzugeben. Erklären Sie, dass Hindernisse eine Chance zum Wachstum bieten.
- Unterstützung bei Herausforderungen: Seien Sie da, um Ihr Kind bei der Bewältigung von Herausforderungen zu unterstützen. Geben Sie Rat und ermutigen Sie es, eigene Lösungen zu finden.

1.28 Bedeutung von Flexibilität und Anpassungsfähigkeit

Flexibilität und Anpassungsfähigkeit sind wichtige Fähigkeiten, um auf Veränderungen und unerwartete Situationen zu reagieren.

- Offenheit für Veränderungen: Ermutigen Sie Ihr Kind, offen für Veränderungen zu sein und neue Wege zu gehen, wenn es notwendig ist. Dies hilft, sich an unterschiedliche Situationen anzupassen.
- Anpassungsstrategien entwickeln: Helfen Sie Ihrem Kind, Anpassungsstrategien zu entwickeln, wie das Anpassen von Trainingsplänen oder das Ändern von Techniken. Dies fördert die Fähigkeit, flexibel zu reagieren.
- Positive Einstellung bewahren: Erklären Sie Ihrem Kind, dass Veränderungen oft positive Möglichkeiten bieten. Eine positive Einstellung kann helfen, Herausforderungen als Chancen zu sehen.

1.29 Langfristige Perspektiven einnehmen

Das Setzen und Erreichen von Zielen erfordert eine langfristige Perspektive und das Verständnis, dass Erfolg Zeit und Geduld benötigt.

- Langfristige Ziele definieren: Arbeiten Sie mit Ihrem Kind daran, langfristige Ziele zu definieren, die über kurzfristige Erfolge hinausgehen. Diese Ziele sollten inspirierend und herausfordernd sein.
- Geduld und Ausdauer fördern: Ermutigen Sie Ihr Kind, geduldig zu sein und kontinuierlich an seinen Zielen zu arbeiten. Erinnern Sie es daran, dass wahre Meisterschaft Zeit und Hingabe erfordert.
- Erfolge im Kontext sehen: Helfen Sie Ihrem Kind, seine Erfolge im größeren Kontext zu sehen und zu verstehen, dass jeder kleine Fortschritt ein Schritt in Richtung des langfristigen Ziels ist.

1.30 Nutzung von Vorbildern und Inspiration

Vorbilder und inspirierende Geschichten können die Motivation und das Engagement Ihres Kindes stärken.

- Vorbilder präsentieren: Zeigen Sie Ihrem Kind Vorbilder aus dem Kampfsport und anderen Bereichen, die ähnliche Herausforderungen gemeistert haben. Dies kann durch Bücher, Filme oder persönliche Begegnungen geschehen.
- Inspirierende Geschichten teilen: Teilen Sie inspirierende Geschichten von Menschen, die große Ziele erreicht haben. Diese Geschichten können motivieren und zeigen, dass Erfolg möglich ist.
- Eigene Erfolgsgeschichten: Ermutigen Sie Ihr Kind, seine eigenen Erfolgsgeschichten zu teilen. Dies kann das Selbstvertrauen stärken und andere inspirieren.

1.31 Förderung von Selbstbewusstsein und Selbstwertgefühl

Ein starkes Selbstbewusstsein und Selbstwertgefühl sind entscheidend für die Fähigkeit, Ziele zu setzen und zu erreichen.

- Anerkennung und Lob: Erkennen Sie die Anstrengungen und Erfolge Ihres Kindes an und loben Sie es regelmäßig. Dies stärkt das Selbstbewusstsein und die Motivation.
- Selbstwertgefühl aufbauen: Helfen Sie Ihrem Kind, ein gesundes Selbstwertgefühl zu entwickeln, indem Sie es ermutigen, stolz auf seine Leistungen zu sein und an seine Fähigkeiten zu glauben.
- Positive Selbstgespräche: Ermutigen Sie Ihr Kind, positive Selbstgespräche zu führen. Erklären Sie ihm, dass die Art und Weise, wie es mit sich selbst spricht, einen großen Einfluss auf sein Selbstbewusstsein hat.

1.32 Entwicklung eines positiven Umfelds

Ein unterstützendes und positives Umfeld ist entscheidend, um Ziele zu erreichen und Disziplin zu fördern.

- Unterstützende Familie und Freunde: Fördern Sie ein Umfeld, in dem Familie und Freunde Ihr Kind unterstützen und ermutigen. Positive Beziehungen können die Motivation und das Wohlbefinden stärken.
- Positive Trainingsumgebung: Stellen Sie sicher, dass Ihr Kind in einer positiven und unterstützenden Trainingsumgebung trainiert. Dies fördert das Lernen und die persönliche Entwicklung.
- Anerkennung von Erfolgen: Feiern Sie Erfolge und Fortschritte gemeinsam als Familie. Dies stärkt die Bindung und zeigt Ihrem Kind, dass seine Anstrengungen geschätzt werden.

1.33 Nutzen von Mentoring und Coaching

Mentoring und Coaching können wertvolle Unterstützung bieten, um Ziele zu setzen und zu erreichen.

- Mentoren finden: Suchen Sie nach Mentoren, die Ihr Kind auf seinem Weg unterstützen können. Mentoren können wertvolle Ratschläge und Inspiration bieten.
- Coaching-Sitzungen: Organisieren Sie regelmäßige Coaching-Sitzungen, um den Fortschritt zu überprüfen und neue Ziele zu setzen. Dies hilft, den Fokus zu behalten und kontinuierlich voranzukommen.
- Ermutigung zur Eigeninitiative: Fördern Sie die Eigeninitiative Ihres Kindes, indem Sie es ermutigen, aktiv nach Mentoren und Coaching-Möglichkeiten zu suchen.

2. Aufbau und Stärkung von Disziplin

2.1 Bedeutung der Disziplin im Kampfsport

Disziplin ist eine grundlegende Komponente im Kampfsport und bildet die Basis für kontinuierlichen Fortschritt und persönliche Entwicklung.

- Regelmäßiges Training: Disziplin ist entscheidend, um regelmäßiges Training zu gewährleisten. Ein disziplinierter Ansatz hilft Kindern, sich kontinuierlich zu verbessern und ihre Ziele zu erreichen.
- Einhalten von Regeln und Strukturen: Kampfsportarten sind durch klare Regeln und Strukturen gekennzeichnet. Disziplin sorgt dafür, dass Kinder diese Regeln respektieren und befolgen, was für ein harmonisches und effektives Training unerlässlich ist.

- Selbstkontrolle und Verantwortung: Disziplin stärkt die Fähigkeit zur Selbstkontrolle und hilft Kindern, ihre Emotionen und Impulse zu kontrollieren. Dies ist besonders wichtig im Kampfsport, wo Selbstbeherrschung eine zentrale Rolle spielt.

2.2 Etablierung von Routinen und Strukturen

Routinen und Strukturen sind entscheidend, um Disziplin zu entwickeln und aufrechtzuerhalten.

- Feste Trainingszeiten: Feste Trainingszeiten schaffen eine klare Struktur und fördern die Disziplin. Kinder wissen, wann sie trainieren müssen, und können sich darauf einstellen.
- Tägliche Rituale: Tägliche Rituale, wie bestimmte Aufwärmübungen oder mentale Vorbereitungen, helfen, eine konsistente Trainingsroutine zu etablieren und Disziplin zu fördern.
- Zeitpläne und Organisation: Helfen Sie Ihrem Kind, wöchentliche Zeitpläne zu erstellen, die alle wichtigen Aktivitäten und Trainingszeiten berücksichtigen. Dies fördert die Organisation und Disziplin.

2.3 Entwicklung von Selbstdisziplin

Selbstdisziplin ist die Fähigkeit, sich selbst zu motivieren und konsequent an Zielen zu arbeiten, auch wenn es schwierig wird.

- Klare Ziele setzen: Helfen Sie Ihrem Kind, klare und erreichbare Ziele zu setzen. Dies gibt ihm eine Richtung und motiviert es, diszipliniert zu arbeiten.
- Verantwortung übernehmen: Ermutigen Sie Ihr Kind, Verantwortung für sein Training und seine Fortschritte zu übernehmen. Dies stärkt die Selbstdisziplin und das Selbstbewusstsein.
- Positive Verstärkung: Nutzen Sie positive Verstärkung, um diszipliniertes Verhalten zu belohnen. Dies kann durch Lob, Anerkennung oder kleine Anreize geschehen.

2.4 Umgang mit Ablenkungen

Ablenkungen können die Disziplin und den Fortschritt beeinträchtigen. Es ist wichtig, dass Kinder lernen, mit Ablenkungen umzugehen und fokussiert zu bleiben.

- Ablenkungen minimieren: Helfen Sie Ihrem Kind, potenzielle Ablenkungen zu identifizieren und Strategien zu entwickeln, um diese zu minimieren. Dies kann durch das Schaffen einer ruhigen Lernumgebung oder das Festlegen spezifischer Fokuszeiten geschehen.

- Fokuszeiten festlegen: Legen Sie spezifische Zeiten fest, in denen Ihr Kind sich ausschließlich auf das Training und das Erreichen seiner Ziele konzentriert. Während dieser Zeiten sollten Ablenkungen wie elektronische Geräte minimiert werden.
- Belohnung für Fokus: Belohnen Sie Ihr Kind, wenn es erfolgreich Ablenkungen überwunden hat und fokussiert geblieben ist. Dies kann die Motivation erhöhen und die Fähigkeit zur Selbstdisziplin stärken.

2.5 Kontinuierliche Selbstreflexion

Selbstreflexion ist ein wesentlicher Bestandteil des Disziplinaufbaus. Sie hilft Kindern, ihre Fortschritte zu bewerten und sich kontinuierlich zu verbessern.

- Regelmäßige Reflexion: Ermutigen Sie Ihr Kind, regelmäßig über seine Trainingsfortschritte nachzudenken. Dies kann durch das Führen eines Tagebuchs oder durch Gespräche mit Ihnen geschehen.
- Monatliche Überprüfung: Setzen Sie sich monatlich mit Ihrem Kind zusammen, um die gesetzten Ziele und die erzielten Fortschritte zu überprüfen. Diskutieren Sie, was gut gelaufen ist und wo Verbesserungen notwendig sind.
- Anpassung von Zielen: Helfen Sie Ihrem Kind, seine Ziele bei Bedarf anzupassen. Manchmal müssen Ziele neu formuliert oder verändert werden, um realistisch und erreichbar zu bleiben.

2.6 Unterstützung durch positive Vorbilder

Positive Vorbilder spielen eine wichtige Rolle bei der Entwicklung von Disziplin. Kinder lernen durch das Beobachten und Nachahmen von Verhaltensweisen ihrer Vorbilder.

- Trainer und Mentoren: Ermutigen Sie Ihr Kind, die Trainer und erfahrene Schüler als Vorbilder zu sehen. Diese Personen haben oft eine starke Arbeitsmoral und Disziplin entwickelt.
- Eltern als Vorbilder: Seien Sie selbst ein Vorbild für Disziplin. Zeigen Sie Ihrem Kind, wie Sie Ihre eigenen Ziele konsequent verfolgen und Hindernisse überwinden.
- Erfolgreiche Sportler: Zeigen Sie Ihrem Kind inspirierende Geschichten von erfolgreichen Sportlern, die durch harte Arbeit und Disziplin ihre Ziele erreicht haben.

2.7 Förderung der intrinsischen Motivation

Die Entwicklung von intrinsischer Motivation, also der inneren Motivation, ist entscheidend, um Disziplin langfristig aufrechtzuerhalten.

- Eigene Ziele entdecken: Helfen Sie Ihrem Kind, seine eigenen Ziele und Wünsche zu entdecken. Intrinsische Motivation entsteht, wenn Kinder Ziele verfolgen, die sie selbst wichtig finden.
- Freude am Training: Fördern Sie die Freude am Training und an der sportlichen Betätigung. Wenn Kinder Spaß an der Aktivität haben, sind sie eher bereit, diszipliniert zu bleiben.
- Selbstbelohnung: Ermutigen Sie Ihr Kind, sich selbst zu belohnen, wenn es ein Ziel erreicht hat. Dies stärkt das Gefühl der Selbstwirksamkeit und fördert die intrinsische Motivation.

2.8 Einsatz von Belohnungssystemen

Belohnungssysteme können helfen, diszipliniertes Verhalten zu fördern und die Motivation zu steigern.

- Kurzfristige Belohnungen: Setzen Sie kleine, kurzfristige Belohnungen, die Ihr Kind für das Einhalten von Routinen und das Erreichen von Zwischenzielen motivieren. Dies kann ein besonderer Snack, eine zusätzliche Spielzeit oder ein gemeinsamer Ausflug sein.
- Langfristige Belohnungen: Planen Sie größere Belohnungen für das Erreichen wichtiger Meilensteine oder langfristiger Ziele. Dies könnte ein Urlaub, ein neues Spielzeug oder eine besondere Aktivität sein.
- Kombination von Belohnungen: Verwenden Sie eine Kombination aus kurzfristigen und langfristigen Belohnungen, um die Motivation aufrechtzuerhalten und kontinuierliche Anstrengungen zu fördern.

2.9 Aufbau einer starken Arbeitsmoral

Eine starke Arbeitsmoral ist wichtig, um langfristig erfolgreich zu sein. Eltern können ihre Kinder dabei unterstützen, diese Eigenschaft zu entwickeln.

- Harte Arbeit belohnen: Erkennen und belohnen Sie die harte Arbeit und Anstrengung Ihres Kindes. Dies zeigt ihm, dass seine Bemühungen geschätzt werden.
- Konsequentes Training: Ermutigen Sie Ihr Kind, konsequent zu trainieren und an seinen Zielen zu arbeiten. Dies fördert die Entwicklung einer starken Arbeitsmoral.
- Geduld und Ausdauer: Lehren Sie Ihr Kind, dass Geduld und Ausdauer entscheidend sind, um große Ziele zu erreichen. Erklären Sie, dass Erfolg oft Zeit und kontinuierliche Anstrengung erfordert.

2.10 Förderung von Selbstmotivation

Selbstmotivation ist eine Schlüsselkomponente für den Erfolg im Kampfsport. Kinder müssen lernen, sich selbst zu motivieren, auch wenn äußere Anreize fehlen.

- Innere Motivation entwickeln: Helfen Sie Ihrem Kind, innere Motivation zu entwickeln, indem Sie es ermutigen, seine eigenen Gründe für das Training und die Zielsetzung zu finden.
- Selbstmotivationstechniken: Bringen Sie Ihrem Kind Techniken zur Selbstmotivation bei, wie das Setzen kleiner, erreichbarer Ziele und das Visualisieren von Erfolgen.
- Belohnung durch Selbstzufriedenheit: Erklären Sie Ihrem Kind, dass die größte Belohnung oft das Gefühl der Selbstzufriedenheit und des persönlichen Wachstums ist, das durch das Erreichen von Zielen entsteht.

2.11 Unterstützung durch das soziale Umfeld

Ein unterstützendes soziales Umfeld kann die Disziplin und den Erfolg Ihres Kindes erheblich beeinflussen.

- Familienunterstützung: Sorgen Sie dafür, dass die ganze Familie hinter den Zielen Ihres Kindes steht. Zeigen Sie Interesse und Begeisterung für seine Fortschritte und Herausforderungen.
- Freundeskreis einbinden: Ermutigen Sie Ihr Kind, sich mit Freunden auszutauschen, die ähnliche Ziele verfolgen. Ein starkes Netzwerk von Gleichgesinnten kann die Motivation steigern und Unterstützung bieten.
- Trainer und Mentoren: Sprechen Sie mit den Trainern und Mentoren Ihres Kindes über seine Ziele. Diese können wertvolle Unterstützung und Anleitung bieten, um sicherzustellen, dass Ihr Kind auf dem richtigen Weg bleibt.

2.12 Umgang mit Rückschlägen und Misserfolgen

Der Umgang mit Rückschlägen und Misserfolgen ist ein wesentlicher Bestandteil der Entwicklung von Disziplin. Kinder müssen lernen, diese Herausforderungen zu bewältigen und daraus zu wachsen.

- Rückschläge als Lernchancen: Erklären Sie Ihrem Kind, dass Rückschläge und Misserfolge wertvolle Lernchancen sind. Helfen Sie ihm, diese Erfahrungen zu analysieren und daraus zu lernen.
- Konstruktives Feedback geben: Geben Sie konstruktives Feedback, das Ihrem Kind hilft, sich auf die nächsten Schritte zu konzentrieren und sich zu verbessern.
- Resilienz entwickeln: Fördern Sie die Resilienz Ihres Kindes, indem Sie es ermutigen, nach Rückschlägen wieder aufzustehen und weiterzumachen. Dies stärkt die Fähigkeit, Hindernisse zu überwinden und weiterzumachen.

2.13 Förderung der Selbstverantwortung

Selbstverantwortung ist entscheidend, um Disziplin zu entwickeln und beizubehalten. Kinder müssen lernen, Verantwortung für ihr eigenes Handeln und ihre Entscheidungen zu übernehmen.

- Eigenverantwortung fördern: Ermutigen Sie Ihr Kind, Verantwortung für sein Training und seine Fortschritte zu übernehmen. Dies stärkt die Selbstdisziplin und das Selbstbewusstsein.
- Entscheidungen treffen: Helfen Sie Ihrem Kind, selbstständig Entscheidungen zu treffen und die Konsequenzen zu verstehen. Dies fördert die Entwicklung von Selbstverantwortung.
- Reflexion und Selbstbewertung: Ermutigen Sie Ihr Kind, regelmäßig über seine Entscheidungen und Handlungen nachzudenken. Dies stärkt die Fähigkeit zur Selbstreflexion und zur Selbstbewertung.

2.14 Einsatz von Visualisierungstechniken

Visualisierungstechniken können helfen, die Disziplin zu stärken und die Motivation zu steigern.

- Visualisierungsübungen: Ermutigen Sie Ihr Kind, sich regelmäßig Zeit zu nehmen, um sich vorzustellen, wie es seine Ziele erreicht. Dies stärkt das Selbstvertrauen und die Entschlossenheit.
- Vision Boards: Helfen Sie Ihrem Kind, ein Vision Board zu erstellen, das seine Ziele und Wünsche darstellt. Dies kann eine visuelle Erinnerung sein, die es täglich motiviert.
- Positives Denken: Fördern Sie eine positive Einstellung und Selbstgespräche. Erklären Sie Ihrem Kind, dass positives Denken und der Glaube an den eigenen Erfolg entscheidend sind, um Ziele zu erreichen.

2.15 Nutzen von Technologie und Hilfsmitteln

Technologie und verschiedene Hilfsmittel können die Disziplin unterstützen und die Effizienz im Training steigern.

- Trainings-Apps: Nutzen Sie Trainings-Apps, die Ihr Kind bei der Planung und Überwachung seiner Fortschritte unterstützen können. Diese Apps bieten oft hilfreiche Erinnerungen und Analysen.
- Online-Ressourcen: Ermutigen Sie Ihr Kind, Online-Ressourcen wie Tutorials, Videos und Artikel zu nutzen, um neue Techniken zu erlernen und sich weiterzubilden.

- Tracker und Tagebücher: Verwenden Sie Fitness-Tracker oder Trainingstagebücher, um die Fortschritte Ihres Kindes zu dokumentieren. Dies kann motivierend wirken und hilft, den Fortschritt sichtbar zu machen.

2.16 Aufbau eines positiven Selbstbildes

Ein positives Selbstbild ist entscheidend, um Disziplin zu entwickeln und aufrechtzuerhalten.

- Anerkennung und Lob: Erkennen Sie die Anstrengungen und Erfolge Ihres Kindes an und loben Sie es regelmäßig. Dies stärkt das Selbstbewusstsein und die Motivation.
- Selbstwertgefühl aufbauen: Helfen Sie Ihrem Kind, ein gesundes Selbstwertgefühl zu entwickeln, indem Sie es ermutigen, stolz auf seine Leistungen zu sein und an seine Fähigkeiten zu glauben.
- Positive Selbstgespräche: Ermutigen Sie Ihr Kind, positive Selbstgespräche zu führen. Erklären Sie ihm, dass die Art und Weise, wie es mit sich selbst spricht, einen großen Einfluss auf sein Selbstbewusstsein hat.

2.17 Etablierung einer starken Arbeitsmoral

Eine starke Arbeitsmoral ist wichtig, um langfristig erfolgreich zu sein. Eltern können ihre Kinder dabei unterstützen, diese Eigenschaft zu entwickeln.

- Harte Arbeit belohnen: Erkennen und belohnen Sie die harte Arbeit und Anstrengung Ihres Kindes. Dies zeigt ihm, dass seine Bemühungen geschätzt werden.
- Konsequentes Training: Ermutigen Sie Ihr Kind, konsequent zu trainieren und an seinen Zielen zu arbeiten. Dies fördert die Entwicklung einer starken Arbeitsmoral.
- Geduld und Ausdauer: Lehren Sie Ihr Kind, dass Geduld und Ausdauer entscheidend sind, um große Ziele zu erreichen. Erklären Sie, dass Erfolg oft Zeit und kontinuierliche Anstrengung erfordert.

2.18 Förderung der Ausdauer und Durchhaltevermögen

Ausdauer und Durchhaltevermögen sind essenzielle Eigenschaften, um langfristige Ziele zu erreichen und Disziplin zu bewahren.

- Langfristige Ziele setzen: Helfen Sie Ihrem Kind, langfristige Ziele zu setzen, die Ausdauer und Durchhaltevermögen erfordern. Dies fördert die Fähigkeit, über längere Zeiträume hinweg an etwas zu arbeiten.
- Kleine Schritte und Zwischenziele: Zerlegen Sie langfristige Ziele in kleinere, erreichbare Schritte. Dies hilft, Fortschritte sichtbar zu machen und die Motivation aufrechtzuerhalten.

- Ermutigung und Unterstützung: Seien Sie eine ständige Quelle der Ermutigung und Unterstützung. Zeigen Sie Ihrem Kind, dass Sie an seine Fähigkeiten glauben und es auch in schwierigen Zeiten unterstützen.

2.19 Integration von Disziplin in den Alltag

Disziplin sollte nicht nur auf das Training beschränkt sein, sondern in den gesamten Alltag integriert werden.

- Alltägliche Aufgaben und Routinen: Ermutigen Sie Ihr Kind, auch bei alltäglichen Aufgaben und Routinen diszipliniert zu sein. Dies kann Hausarbeiten, Schulaufgaben oder persönliche Pflege umfassen.
- Verantwortung übernehmen: Geben Sie Ihrem Kind Verantwortung im Haushalt oder bei familiären Aufgaben. Dies fördert die Disziplin und das Verantwortungsbewusstsein.
- Kontinuität und Beständigkeit: Helfen Sie Ihrem Kind, Kontinuität und Beständigkeit in all seinen Aktivitäten zu bewahren. Dies stärkt die Fähigkeit, Disziplin in verschiedenen Lebensbereichen zu nutzen.

2.20 Förderung der Teamarbeit und Zusammenarbeit

Teamarbeit und Zusammenarbeit sind wichtige Aspekte der Disziplin, die auch im Kampfsport von großer Bedeutung sind.

- Gemeinsame Ziele setzen: Setzen Sie gemeinsame Ziele innerhalb der Trainingsgruppe oder des Teams. Dies fördert den Teamgeist und die Zusammenarbeit.
- Verantwortung im Team: Ermutigen Sie Ihr Kind, Verantwortung innerhalb des Teams zu übernehmen, z.B. durch die Leitung von Aufwärmübungen oder das Mentoring neuer Schüler.
- Teamwork-Übungen: Integrieren Sie Übungen, die die Zusammenarbeit und den Teamgeist stärken. Dies kann durch gemeinsame Projekte oder Gruppenaktivitäten geschehen.

2.21 Umgang mit Stress und Druck

Der Umgang mit Stress und Druck ist ein wichtiger Aspekt der Disziplin. Kinder müssen lernen, diese Herausforderungen zu bewältigen und ruhig zu bleiben.

- Stressbewältigungstechniken: Bringen Sie Ihrem Kind Techniken zur Stressbewältigung bei, wie Atemübungen, Meditation oder körperliche Aktivitäten. Diese können helfen, den Stress zu reduzieren und die Konzentration zu verbessern.

- Positive Einstellung: Fördern Sie eine positive Einstellung und mentale Stärke. Helfen Sie Ihrem Kind, sich auf das Positive zu konzentrieren und Stress als Herausforderung zu sehen.
- Offene Kommunikation: Fördern Sie eine offene Kommunikation über Stress und Druck. Ermutigen Sie Ihr Kind, seine Gefühle zu teilen und gemeinsam nach Lösungen zu suchen.

2.22 Nutzung von Feedback zur Verbesserung

Feedback ist ein wertvolles Werkzeug, um die Disziplin zu stärken und kontinuierliche Verbesserungen zu erzielen.

- Konstruktives Feedback geben: Geben Sie regelmäßiges, konstruktives Feedback, das Ihrem Kind hilft, sich auf die nächsten Schritte zu konzentrieren und sich zu verbessern.
- Feedback annehmen: Ermutigen Sie Ihr Kind, Feedback von Trainern und Mitschülern anzunehmen und daraus zu lernen. Dies fördert eine offene Einstellung und die Bereitschaft zur Verbesserung.
- Selbstreflexion: Unterstützen Sie Ihr Kind dabei, regelmäßig über das erhaltene Feedback nachzudenken und es in die Praxis umzusetzen. Dies stärkt die Fähigkeit zur Selbstreflexion und zur kontinuierlichen Verbesserung.

2.23 Förderung der Eigeninitiative

Eigeninitiative ist entscheidend, um Disziplin langfristig aufrechtzuerhalten und Erfolge zu erzielen.

- Selbstständigkeit fördern: Ermutigen Sie Ihr Kind, selbstständig Entscheidungen zu treffen und Verantwortung für sein Training und seine Fortschritte zu übernehmen.
- Eigene Ziele setzen: Lassen Sie Ihr Kind eigene Ziele setzen und verfolgen. Dies fördert die Motivation und das Engagement.
- Unterstützung bieten: Bieten Sie Unterstützung an, ohne zu überkontrollieren. Seien Sie da, um Fragen zu beantworten und Hilfe zu leisten, aber lassen Sie Ihrem Kind genügend Raum, um eigene Erfahrungen zu machen.

2.24 Entwicklung eines positiven Umfelds

Ein unterstützendes und positives Umfeld ist entscheidend, um Disziplin zu fördern und langfristig zu bewahren.

- Unterstützende Familie und Freunde: Fördern Sie ein Umfeld, in dem Familie und Freunde Ihr Kind unterstützen und ermutigen. Positive Beziehungen können die Motivation und das Wohlbefinden stärken.
- Positive Trainingsumgebung: Stellen Sie sicher, dass Ihr Kind in einer positiven und unterstützenden Trainingsumgebung trainiert. Dies fördert das Lernen und die persönliche Entwicklung.
- Anerkennung von Erfolgen: Feiern Sie Erfolge und Fortschritte gemeinsam als Familie. Dies stärkt die Bindung und zeigt Ihrem Kind, dass seine Anstrengungen geschätzt werden.

2.25 Förderung der Entscheidungsfähigkeit

Die Fähigkeit, fundierte Entscheidungen zu treffen, ist ein wichtiger Bestandteil der Disziplin. Kinder müssen lernen, die Konsequenzen ihrer Entscheidungen zu verstehen und Verantwortung dafür zu übernehmen.

- Entscheidungsfindung üben: Helfen Sie Ihrem Kind, Entscheidungen zu treffen, indem Sie es in den Prozess einbeziehen. Besprechen Sie verschiedene Optionen und deren mögliche Ergebnisse.
- Konsequenzen verstehen: Erklären Sie Ihrem Kind die Konsequenzen seiner Entscheidungen. Dies hilft ihm, die Verantwortung für seine Handlungen zu übernehmen.
- Rückblick und Reflexion: Ermutigen Sie Ihr Kind, nach Entscheidungen über die Ergebnisse zu reflektieren und zu überlegen, was gut gelaufen ist und was verbessert werden könnte.

2.26 Nutzung von Routinen und Ritualen

Routinen und Rituale schaffen Struktur und fördern die Disziplin, indem sie klare Erwartungen und regelmäßige Muster etablieren.

- Tägliche Rituale: Etablieren Sie tägliche Rituale, die Ihr Kind auf das Training und den Tag vorbereiten. Dies kann eine bestimmte Aufwärmübung oder eine morgendliche Routine sein.
- Regelmäßige Trainingszeiten: Legen Sie feste Trainingszeiten fest, die konsequent eingehalten werden. Dies fördert die Disziplin und hilft Ihrem Kind, sich an eine regelmäßige Trainingsroutine zu gewöhnen.
- Rituale für den Abschluss des Tages: Schaffen Sie Rituale für den Abschluss des Tages, wie das Reflektieren über die erreichten Ziele oder das Planen des nächsten Tages. Dies stärkt die Disziplin und hilft, den Tag abzurunden.

2.27 Entwicklung eines Wachstumsmindsets

Ein Wachstumsmindset hilft Kindern, Herausforderungen als Chancen zu sehen und kontinuierlich zu lernen und zu wachsen.

- Fehler als Lernchancen: Erklären Sie Ihrem Kind, dass Fehler und Rückschläge Teil des Lernprozesses sind und als Chancen zur Verbesserung gesehen werden sollten.
- Positive Einstellung fördern: Fördern Sie eine positive Einstellung und den Glauben daran, dass Fähigkeiten und Intelligenz durch Anstrengung und Ausdauer entwickelt werden können.
- Kontinuierliches Lernen: Ermutigen Sie Ihr Kind, kontinuierlich zu lernen und sich weiterzuentwickeln. Dies stärkt die Bereitschaft zur Verbesserung und die Fähigkeit, diszipliniert zu bleiben.

2.28 Unterstützung durch Mentoring und Coaching

Mentoring und Coaching können wertvolle Unterstützung bieten, um Disziplin zu entwickeln und aufrechtzuerhalten.

- Mentoren finden: Suchen Sie nach Mentoren, die Ihr Kind auf seinem Weg unterstützen können. Mentoren können wertvolle Ratschläge und Inspiration bieten.
- Regelmäßige Coaching-Sitzungen: Organisieren Sie regelmäßige Coaching-Sitzungen, um den Fortschritt zu überprüfen und neue Ziele zu setzen. Dies hilft, den Fokus zu behalten und kontinuierlich voranzukommen.
- Ermutigung zur Eigeninitiative: Fördern Sie die Eigeninitiative Ihres Kindes, indem Sie es ermutigen, aktiv nach Mentoren und Coaching-Möglichkeiten zu suchen.

2.29 Belohnung von Disziplin und Ausdauer

Die Belohnung von Disziplin und Ausdauer stärkt diese Eigenschaften und motiviert Ihr Kind, weiterhin hart zu arbeiten und sich zu bemühen.

- Anerkennung und Lob: Erkennen Sie die Anstrengungen und Erfolge Ihres Kindes an und loben Sie es regelmäßig. Dies stärkt das Selbstbewusstsein und die Motivation.
- Belohnung von Meilensteinen: Belohnen Sie das Erreichen wichtiger Meilensteine und Ziele. Dies kann durch kleine Geschenke, besondere Aktivitäten oder zusätzliche Freizeit geschehen.
- Langfristige Belohnungen: Planen Sie größere Belohnungen für das Erreichen langfristiger Ziele. Dies könnte ein Urlaub, ein neues Spielzeug oder eine besondere Aktivität sein.

2.30 Integration von Disziplin in verschiedene Lebensbereiche

Disziplin sollte nicht nur auf das Training beschränkt sein, sondern in alle Lebensbereiche integriert werden.

- Schulische Disziplin: Helfen Sie Ihrem Kind, diszipliniert bei seinen schulischen Aufgaben zu bleiben. Dies fördert den Erfolg in der Schule und stärkt die allgemeine Disziplin.
- Haushaltsaufgaben und Verantwortlichkeiten: Geben Sie Ihrem Kind Verantwortung im Haushalt oder bei familiären Aufgaben. Dies fördert die Disziplin und das Verantwortungsbewusstsein.
- Freizeitaktivitäten: Ermutigen Sie Ihr Kind, auch in seinen Freizeitaktivitäten diszipliniert zu bleiben. Dies hilft, eine ganzheitliche und nachhaltige Disziplin zu entwickeln.

Kapitel 5: Förderung von Disziplin und Selbstvertrauen

3. Selbstvertrauen durch Kampfsport

Selbstvertrauen ist eine der wichtigsten Eigenschaften, die Kinder durch Kampfsport entwickeln können. Ein starkes Selbstvertrauen hilft ihnen nicht nur im Training, sondern auch in anderen Bereichen ihres Lebens. In diesem Abschnitt werden verschiedene Strategien und Methoden vorgestellt, um das Selbstvertrauen von Kindern durch Kampfsport zu fördern.

3.1 Die Bedeutung von Selbstvertrauen im Kampfsport

Selbstvertrauen ist im Kampfsport von zentraler Bedeutung, da es die Grundlage für Mut, Durchhaltevermögen und Erfolg bildet.

- Selbstbewusstsein stärken: Kinder, die an sich selbst glauben, sind eher bereit, neue Techniken auszuprobieren und Risiken einzugehen. Ein starkes Selbstbewusstsein ermöglicht es ihnen, Herausforderungen zu meistern.
- Resilienz und Ausdauer: Selbstvertrauen hilft Kindern, Rückschläge zu überwinden und weiterzumachen. Sie entwickeln eine positive Einstellung und die Fähigkeit, aus Fehlern zu lernen.

- Soziale Interaktionen: Kinder mit starkem Selbstvertrauen sind in der Regel besser in sozialen Interaktionen. Sie haben weniger Angst vor Ablehnung und sind eher bereit, Freundschaften zu schließen und in Teams zu arbeiten.

3.2 Lob und Anerkennung

Lob und Anerkennung sind entscheidend, um das Selbstvertrauen von Kindern zu stärken. Es ist wichtig, sowohl kleine als auch große Erfolge zu feiern.

- Positive Verstärkung: Nutzen Sie positive Verstärkung, um die Anstrengungen und Erfolge Ihres Kindes anzuerkennen. Dies kann durch Lob, Anerkennung oder kleine Belohnungen geschehen.
- Feiern von Fortschritten: Feiern Sie nicht nur die großen Erfolge, sondern auch die kleinen Fortschritte. Jeder Schritt in Richtung des Ziels ist ein Grund zur Anerkennung.
- Spezifisches Lob: Geben Sie spezifisches Lob, das sich auf das Verhalten oder die Anstrengung bezieht. Anstatt nur „gut gemacht" zu sagen, können Sie betonen, wie gut Ihr Kind eine bestimmte Technik ausgeführt hat.

3.3 Förderung von Selbstwirksamkeit

Selbstwirksamkeit ist der Glaube an die eigenen Fähigkeiten, Herausforderungen zu meistern und Ziele zu erreichen. Sie ist ein wichtiger Bestandteil des Selbstvertrauens.

- Eigene Ziele setzen: Helfen Sie Ihrem Kind, eigene Ziele zu setzen und diese zu verfolgen. Dies fördert die Selbstwirksamkeit und das Gefühl der Kontrolle über das eigene Leben.
- Erfolge reflektieren: Ermutigen Sie Ihr Kind, über seine Erfolge zu reflektieren und sich daran zu erinnern, wie es sie erreicht hat. Dies stärkt das Vertrauen in die eigenen Fähigkeiten.
- Herausforderungen annehmen: Ermutigen Sie Ihr Kind, Herausforderungen anzunehmen und sich ihnen zu stellen. Jede gemeisterte Herausforderung stärkt die Selbstwirksamkeit und das Selbstvertrauen.

3.4 Umgang mit Misserfolgen

Der Umgang mit Misserfolgen ist entscheidend, um das Selbstvertrauen langfristig zu stärken. Kinder müssen lernen, Rückschläge als Teil des Lernprozesses zu akzeptieren.

- Fehler als Lernchancen: Erklären Sie Ihrem Kind, dass Fehler und Rückschläge Teil des Lernprozesses sind. Helfen Sie ihm, diese Erfahrungen zu analysieren und daraus zu lernen.

- Konstruktives Feedback geben: Geben Sie konstruktives Feedback, das Ihrem Kind hilft, sich auf die nächsten Schritte zu konzentrieren und sich zu verbessern.
- Resilienz entwickeln: Fördern Sie die Resilienz Ihres Kindes, indem Sie es ermutigen, nach Rückschlägen wieder aufzustehen und weiterzumachen. Dies stärkt die Fähigkeit, Hindernisse zu überwinden und weiterzumachen.

3.5 Unterstützung durch Vorbilder und Mentoren

Vorbilder und Mentoren spielen eine wichtige Rolle bei der Entwicklung von Selbstvertrauen. Kinder lernen durch das Beobachten und Nachahmen von Verhaltensweisen ihrer Vorbilder.

- Trainer und Mentoren: Ermutigen Sie Ihr Kind, die Trainer und erfahrene Schüler als Vorbilder zu sehen. Diese Personen haben oft ein starkes Selbstvertrauen und können wertvolle Unterstützung bieten.
- Eltern als Vorbilder: Seien Sie selbst ein Vorbild für Selbstvertrauen. Zeigen Sie Ihrem Kind durch Ihr eigenes Verhalten, wie wichtig es ist, an sich selbst zu glauben und Herausforderungen anzunehmen.
- Inspirierende Geschichten: Teilen Sie inspirierende Geschichten von erfolgreichen Sportlern, die durch Selbstvertrauen und harte Arbeit ihre Ziele erreicht haben. Diese Geschichten können motivieren und das Selbstvertrauen stärken.

3.6 Förderung der Selbstwahrnehmung

Selbstwahrnehmung ist die Fähigkeit, sich selbst und seine Fähigkeiten realistisch einzuschätzen. Eine positive Selbstwahrnehmung trägt maßgeblich zum Selbstvertrauen bei.

- Selbstreflexion: Ermutigen Sie Ihr Kind, regelmäßig über seine Stärken und Schwächen nachzudenken. Dies hilft ihm, ein realistisches und positives Selbstbild zu entwickeln.
- Spiegeln von Fähigkeiten: Helfen Sie Ihrem Kind, seine Fähigkeiten und Erfolge zu erkennen und zu würdigen. Dies stärkt das Selbstbewusstsein und die Selbstwahrnehmung.
- Feedback einholen: Ermutigen Sie Ihr Kind, Feedback von anderen zu suchen und anzunehmen. Dies kann helfen, blinde Flecken zu erkennen und die Selbstwahrnehmung zu verbessern.

3.7 Förderung von Mut und Risikobereitschaft

Mut und Risikobereitschaft sind wesentliche Komponenten des Selbstvertrauens. Kinder müssen lernen, Risiken einzugehen und mutig zu sein, um ihre Komfortzonen zu erweitern.

- Ermutigung zur Herausforderung: Ermutigen Sie Ihr Kind, neue Techniken auszuprobieren und an Wettkämpfen teilzunehmen. Dies hilft, den Mut zu entwickeln und die eigenen Grenzen zu testen.
- Risikobereitschaft belohnen: Belohnen Sie Ihr Kind für seinen Mut und seine Bereitschaft, Risiken einzugehen. Dies kann durch Lob, Anerkennung oder kleine Belohnungen geschehen.
- Positive Risiken erklären: Erklären Sie Ihrem Kind, dass nicht alle Risiken negativ sind. Positive Risiken sind Chancen zur Verbesserung und zum Wachstum.

3.8 Aufbau von Kommunikationsfähigkeiten

Gute Kommunikationsfähigkeiten tragen zum Selbstvertrauen bei, indem sie die Fähigkeit zur Interaktion und zum Ausdruck von Gedanken und Gefühlen stärken.

- Offene Kommunikation fördern: Fördern Sie eine offene Kommunikation innerhalb der Familie und im Training. Ermutigen Sie Ihr Kind, seine Gedanken und Gefühle auszudrücken.
- Aktives Zuhören üben: Lehren Sie Ihr Kind, aktiv zuzuhören und auf die Meinungen und Rückmeldungen anderer zu achten. Dies verbessert die Kommunikationsfähigkeiten und das Selbstvertrauen.
- Selbstbewusster Ausdruck: Helfen Sie Ihrem Kind, sich selbstbewusst auszudrücken. Dies kann durch das Üben von Präsentationen oder das Sprechen vor einer Gruppe geschehen.

3.9 Förderung der Unabhängigkeit

Unabhängigkeit und Selbstständigkeit sind wichtige Aspekte des Selbstvertrauens. Kinder müssen lernen, eigenständig Entscheidungen zu treffen und Verantwortung zu übernehmen.

- Selbstständige Aufgaben: Geben Sie Ihrem Kind Verantwortung für bestimmte Aufgaben oder Projekte. Dies fördert die Unabhängigkeit und das Selbstvertrauen.
- Entscheidungsfindung unterstützen: Ermutigen Sie Ihr Kind, eigene Entscheidungen zu treffen und die Konsequenzen zu verstehen. Dies stärkt die Selbstständigkeit und das Selbstbewusstsein.
- Eigeninitiative belohnen: Belohnen Sie die Eigeninitiative Ihres Kindes. Dies zeigt ihm, dass seine Bemühungen und sein Engagement geschätzt werden.

3.10 Förderung der Körperwahrnehmung

Körperwahrnehmung ist ein wichtiger Bestandteil des Selbstvertrauens im Kampfsport. Kinder müssen lernen, ihren Körper und seine Fähigkeiten zu kennen und zu schätzen.

- Körperliche Übungen: Fördern Sie körperliche Übungen, die die Körperwahrnehmung und das Körperbewusstsein stärken. Dies kann durch Yoga, Pilates oder spezifische Kampfsporttechniken geschehen.
- Selbstachtung fördern: Helfen Sie Ihrem Kind, seinen Körper zu schätzen und zu respektieren. Dies stärkt das Selbstbewusstsein und die körperliche Selbstwahrnehmung.
- Erfolge feiern: Feiern Sie körperliche Erfolge und Fortschritte. Dies fördert die Anerkennung der eigenen Fähigkeiten und stärkt das Selbstvertrauen.

3.11 Förderung der kreativen Problemlösung

Kreative Problemlösungsfähigkeiten tragen zum Selbstvertrauen bei, indem sie die Fähigkeit stärken, Herausforderungen auf innovative Weise zu bewältigen.

- Kreatives Denken fördern: Ermutigen Sie Ihr Kind, kreative Lösungen für Probleme zu finden. Dies stärkt die Fähigkeit, flexibel und einfallsreich zu sein.
- Gemeinsame Lösungssuche: Suchen Sie gemeinsam mit Ihrem Kind nach Lösungen für Herausforderungen. Dies zeigt ihm, dass es Unterstützung hat und stärkt das Vertrauen in die eigenen Fähigkeiten.
- Fehler als Lernchancen: Erklären Sie Ihrem Kind, dass Fehler wertvolle Lernchancen sind. Ermutigen Sie es, aus jedem Fehler zu lernen und sich kontinuierlich zu verbessern.

3.12 Förderung der sozialen Fähigkeiten

Soziale Fähigkeiten sind entscheidend für das Selbstvertrauen. Kinder müssen lernen, mit anderen zu interagieren und positive Beziehungen aufzubauen.

- Teamarbeit und Zusammenarbeit: Fördern Sie Teamarbeit und Zusammenarbeit im Training. Dies stärkt die sozialen Fähigkeiten und das Selbstvertrauen.
- Konfliktlösung üben: Helfen Sie Ihrem Kind, Konflikte konstruktiv zu lösen. Dies verbessert die sozialen Fähigkeiten und das Selbstbewusstsein.
- Positive Beziehungen aufbauen: Ermutigen Sie Ihr Kind, positive Beziehungen zu Gleichaltrigen und Trainern aufzubauen. Dies stärkt das soziale Netzwerk und das Selbstvertrauen.

3.13 Förderung der Selbstdisziplin

Selbstdisziplin ist ein wichtiger Aspekt des Selbstvertrauens. Kinder müssen lernen, sich selbst zu motivieren und ihre Ziele konsequent zu verfolgen.

- Ziele setzen: Helfen Sie Ihrem Kind, klare und erreichbare Ziele zu setzen. Dies gibt ihm eine Richtung und stärkt das Vertrauen in die eigenen Fähigkeiten.
- Regelmäßige Routinen: Etablieren Sie regelmäßige Trainings- und Lernroutinen. Diese Routinen fördern die Disziplin und helfen Ihrem Kind, kontinuierlich Fortschritte zu machen.
- Belohnung von Disziplin: Belohnen Sie Ihr Kind für seine Disziplin und Ausdauer. Dies kann durch kleine Anreize oder Anerkennung geschehen und stärkt das Selbstbewusstsein.

3.14 Förderung der mentalen Stärke

Mentale Stärke ist entscheidend für das Selbstvertrauen. Kinder müssen lernen, ihre Gedanken und Emotionen zu kontrollieren und sich auf ihre Ziele zu konzentrieren.

- Mentale Übungen: Integrieren Sie mentale Übungen wie Meditation, Atemübungen oder Visualisierungstechniken in den Trainingsalltag. Diese Übungen helfen, die mentale Stärke zu entwickeln.
- Positive Selbstgespräche: Ermutigen Sie Ihr Kind, positive Selbstgespräche zu führen. Dies stärkt das Selbstbewusstsein und die mentale Stärke.
- Stressbewältigung: Bringen Sie Ihrem Kind Techniken zur Stressbewältigung bei. Dies kann helfen, in stressigen Situationen ruhig und konzentriert zu bleiben.

3.15 Förderung der körperlichen Fitness

Körperliche Fitness trägt zum Selbstvertrauen bei, indem sie das Körperbewusstsein und die Leistungsfähigkeit stärkt.

- Regelmäßiges Training: Fördern Sie regelmäßiges Training, das die körperliche Fitness und Gesundheit Ihres Kindes unterstützt. Dies kann durch verschiedene sportliche Aktivitäten geschehen.
- Vielfalt im Training: Integrieren Sie verschiedene Trainingsmethoden und -techniken, um das Interesse und die Motivation Ihres Kindes aufrechtzuerhalten.
- Erfolge feiern: Feiern Sie körperliche Erfolge und Fortschritte. Dies fördert die Anerkennung der eigenen Fähigkeiten und stärkt das Selbstvertrauen.

3.16 Unterstützung durch das soziale Umfeld

Ein unterstützendes soziales Umfeld ist entscheidend, um das Selbstvertrauen zu stärken.

- Familienunterstützung: Sorgen Sie dafür, dass die ganze Familie hinter den Zielen Ihres Kindes steht. Zeigen Sie Interesse und Begeisterung für seine Fortschritte und Herausforderungen.

- Freundeskreis einbinden: Ermutigen Sie Ihr Kind, sich mit Freunden auszutauschen, die ähnliche Ziele verfolgen. Ein starkes Netzwerk von Gleichgesinnten kann die Motivation steigern und Unterstützung bieten.
- Trainer und Mentoren: Sprechen Sie mit den Trainern und Mentoren Ihres Kindes über seine Ziele. Diese können wertvolle Unterstützung und Anleitung bieten, um sicherzustellen, dass Ihr Kind auf dem richtigen Weg bleibt.

3.17 Förderung der Selbstwahrnehmung und Reflexion

Selbstwahrnehmung und Reflexion sind entscheidend, um das Selbstvertrauen zu stärken und kontinuierlich zu wachsen.

- Regelmäßige Selbstreflexion: Ermutigen Sie Ihr Kind, regelmäßig über seine Erfolge und Herausforderungen nachzudenken. Dies stärkt die Fähigkeit zur Selbstwahrnehmung und zum Lernen aus Erfahrungen.
- Selbstbewertung: Helfen Sie Ihrem Kind, seine Fortschritte und Leistungen selbst zu bewerten. Dies fördert die Selbstwahrnehmung und das Vertrauen in die eigenen Fähigkeiten.
- Feedback einholen: Ermutigen Sie Ihr Kind, Feedback von anderen zu suchen und anzunehmen. Dies kann helfen, blinde Flecken zu erkennen und die Selbstwahrnehmung zu verbessern.

3.18 Förderung der Zielstrebigkeit und Beharrlichkeit

Zielstrebigkeit und Beharrlichkeit sind entscheidende Faktoren, um Selbstvertrauen zu entwickeln und Ziele zu erreichen.

- Langfristige Ziele setzen: Helfen Sie Ihrem Kind, langfristige Ziele zu setzen, die Ausdauer und Beharrlichkeit erfordern. Dies fördert die Fähigkeit, über längere Zeiträume hinweg an etwas zu arbeiten.
- Kleine Schritte und Zwischenziele: Zerlegen Sie langfristige Ziele in kleinere, erreichbare Schritte. Dies hilft, Fortschritte sichtbar zu machen und die Motivation aufrechtzuerhalten.
- Ermutigung und Unterstützung: Seien Sie eine ständige Quelle der Ermutigung und Unterstützung. Zeigen Sie Ihrem Kind, dass Sie an seine Fähigkeiten glauben und es auch in schwierigen Zeiten unterstützen.

3.19 Förderung der Kreativität und Innovationsfähigkeit

Kreativität und Innovationsfähigkeit tragen zum Selbstvertrauen bei, indem sie die Fähigkeit stärken, neue Lösungen für Probleme zu finden.

- Kreative Übungen: Integrieren Sie kreative Übungen in den Trainingsalltag, die Ihr Kind ermutigen, neue Techniken und Ansätze auszuprobieren.
- Problemlösung fördern: Helfen Sie Ihrem Kind, kreative Lösungen für Herausforderungen zu finden. Dies stärkt die Fähigkeit, flexibel und einfallsreich zu sein.
- Erfolge feiern: Feiern Sie kreative Erfolge und Fortschritte. Dies fördert die Anerkennung der eigenen Fähigkeiten und stärkt das Selbstvertrauen.

3.20 Förderung der Verantwortung und Selbstständigkeit

Verantwortung und Selbstständigkeit sind zentrale Aspekte des Selbstvertrauens. Kinder müssen lernen, eigenständig zu handeln und Verantwortung für ihr Handeln zu übernehmen.

- Verantwortungsvolle Aufgaben: Geben Sie Ihrem Kind Verantwortung für bestimmte Aufgaben oder Projekte, sowohl im Training als auch im Alltag. Dies fördert die Selbstständigkeit und das Selbstbewusstsein.
- Selbstständige Entscheidungen: Ermutigen Sie Ihr Kind, selbstständig Entscheidungen zu treffen und die Konsequenzen zu verstehen. Dies stärkt die Fähigkeit, Verantwortung zu übernehmen.
- Erfolge feiern: Belohnen Sie die Selbstständigkeit und Verantwortungsübernahme Ihres Kindes. Dies zeigt ihm, dass seine Bemühungen geschätzt werden und fördert das Selbstvertrauen.

3.21 Nutzung von Visualisierungstechniken

Visualisierungstechniken sind wirksame Werkzeuge, um das Selbstvertrauen zu stärken und die Leistungsfähigkeit zu verbessern.

- Visualisierungsübungen: Ermutigen Sie Ihr Kind, sich regelmäßig Zeit zu nehmen, um sich vorzustellen, wie es seine Ziele erreicht. Dies stärkt das Selbstbewusstsein und die Entschlossenheit.
- Positives Denken: Fördern Sie eine positive Einstellung und Selbstgespräche. Erklären Sie Ihrem Kind, dass positives Denken und der Glaube an den eigenen Erfolg entscheidend sind, um Ziele zu erreichen.
- Vision Boards: Helfen Sie Ihrem Kind, ein Vision Board zu erstellen, das seine Ziele und Wünsche darstellt. Dies kann eine visuelle Erinnerung sein, die es täglich motiviert.

3.22 Förderung der sozialen Integration

Eine starke soziale Integration trägt wesentlich zum Selbstvertrauen bei. Kinder müssen lernen, sich in sozialen Gruppen wohlzufühlen und positive Beziehungen aufzubauen.

- Teamarbeit und Zusammenarbeit: Fördern Sie Teamarbeit und Zusammenarbeit im Training. Dies stärkt die sozialen Fähigkeiten und das Selbstvertrauen.
- Soziale Aktivitäten: Ermutigen Sie Ihr Kind, an sozialen Aktivitäten und Veranstaltungen teilzunehmen. Dies hilft, positive Beziehungen zu Gleichaltrigen und Trainern aufzubauen.
- Konfliktlösung: Helfen Sie Ihrem Kind, Konflikte konstruktiv zu lösen. Dies verbessert die sozialen Fähigkeiten und das Selbstbewusstsein.

3.23 Förderung der Anpassungsfähigkeit

Anpassungsfähigkeit ist eine wichtige Eigenschaft, um sich in verschiedenen Situationen sicher und selbstbewusst zu fühlen.

- Flexibilität fördern: Ermutigen Sie Ihr Kind, flexibel zu sein und sich an neue Situationen anzupassen. Dies stärkt das Selbstvertrauen und die Fähigkeit, mit Veränderungen umzugehen.
- Anpassungsstrategien entwickeln: Helfen Sie Ihrem Kind, Anpassungsstrategien zu entwickeln, wie das Anpassen von Trainingsplänen oder das Ändern von Techniken. Dies fördert die Fähigkeit, flexibel zu reagieren.
- Positive Einstellung bewahren: Fördern Sie eine positive Einstellung gegenüber Veränderungen. Eine positive Einstellung kann helfen, Herausforderungen als Chancen zu sehen und das Selbstvertrauen zu stärken.

3.24 Nutzung von Mentoring und Coaching

Mentoring und Coaching können wertvolle Unterstützung bieten, um Selbstvertrauen zu entwickeln und zu stärken.

- Mentoren finden: Suchen Sie nach Mentoren, die Ihr Kind auf seinem Weg unterstützen können. Mentoren können wertvolle Ratschläge und Inspiration bieten.
- Regelmäßige Coaching-Sitzungen: Organisieren Sie regelmäßige Coaching-Sitzungen, um den Fortschritt zu überprüfen und neue Ziele zu setzen. Dies hilft, den Fokus zu behalten und kontinuierlich voranzukommen.
- Ermutigung zur Eigeninitiative: Fördern Sie die Eigeninitiative Ihres Kindes, indem Sie es ermutigen, aktiv nach Mentoren und Coaching-Möglichkeiten zu suchen.

3.25 Förderung der kreativen Ausdrucksfähigkeit

Kreativer Ausdruck kann das Selbstvertrauen stärken, indem er Kindern hilft, sich auf neue und persönliche Weise auszudrücken.

- Kreative Projekte: Ermutigen Sie Ihr Kind, an kreativen Projekten teilzunehmen, die es interessieren. Dies kann Kunst, Musik, Schreiben oder andere Ausdrucksformen umfassen.
- Selbstvertrauen durch Kreativität: Helfen Sie Ihrem Kind, durch kreative Aktivitäten Vertrauen in seine Fähigkeiten zu gewinnen. Kreativität fördert das Selbstbewusstsein und die persönliche Entwicklung.
- Anerkennung von Kreativität: Anerkennen und belohnen Sie kreative Erfolge und Fortschritte. Dies zeigt Ihrem Kind, dass seine kreative Arbeit geschätzt wird und stärkt das Selbstvertrauen.

Kapitel 6: Langfristige Auswirkungen und Entwicklung

1. Vom Kind zum Jugendlichen

Die Entwicklung vom Kind zum Jugendlichen ist eine Phase großer Veränderungen und Herausforderungen. Kampfsport kann während dieser Zeit eine bedeutende Rolle spielen, indem er nicht nur körperliche Fähigkeiten, sondern auch mentale und soziale Kompetenzen fördert. In diesem Kapitel betrachten wir, wie Kampfsport Kinder durch diese Übergangsphase begleitet und ihre langfristige Entwicklung unterstützt.

1.1 Körperliche Entwicklung

Der Übergang vom Kind zum Jugendlichen ist von erheblichen körperlichen Veränderungen geprägt. Kampfsport kann helfen, diese Veränderungen zu unterstützen und zu fördern.

- Körperliche Fitness: Regelmäßiges Training verbessert die allgemeine Fitness und stärkt den Körper. Kampfsport fördert Ausdauer, Kraft und Flexibilität, was besonders in der Wachstumsphase wichtig ist.
- Körperbeherrschung: Kampfsporttechniken erfordern eine hohe Kontrolle über den eigenen Körper. Dies hilft Jugendlichen, ein besseres Körperbewusstsein und eine verbesserte Koordination zu entwickeln.
- Gesundheitliche Vorteile: Durch regelmäßige Bewegung werden Herz-Kreislauf-Gesundheit, Muskelkraft und Knochenstärke gefördert. Dies trägt zur allgemeinen Gesundheit und zum Wohlbefinden bei.

1.2 Mentale Entwicklung

Kampfsport bietet viele Vorteile für die mentale Entwicklung von Jugendlichen, indem er Disziplin, Fokus und Selbstvertrauen stärkt.

- Disziplin und Durchhaltevermögen: Regelmäßiges Training und das Erreichen von Zielen erfordern Disziplin und Durchhaltevermögen. Diese Fähigkeiten sind in vielen Lebensbereichen nützlich.
- Stressbewältigung: Kampfsport kann helfen, Stress abzubauen und emotionale Balance zu finden. Techniken wie Meditation und Atemübungen sind oft Teil des Trainings und fördern die mentale Gesundheit.
- Selbstvertrauen und Selbstwertgefühl: Das Erlernen neuer Fähigkeiten und das Meistern von Herausforderungen stärkt das Selbstvertrauen und das Selbstwertgefühl. Jugendliche lernen, an ihre Fähigkeiten zu glauben und Herausforderungen mutig zu begegnen.

1.3 Soziale Entwicklung

Kampfsport fördert auch die soziale Entwicklung von Jugendlichen, indem er Teamarbeit, Kommunikation und soziale Fähigkeiten stärkt.

- Teamarbeit und Zusammenarbeit: Viele Kampfsportarten beinhalten Partnerübungen und Teamwettkämpfe. Diese Aktivitäten fördern die Fähigkeit zur Zusammenarbeit und den Teamgeist.
- Konfliktlösung: Kampfsport lehrt, Konflikte auf respektvolle und konstruktive Weise zu lösen. Jugendliche lernen, mit anderen zu kommunizieren und Konflikte friedlich zu bewältigen.
- Soziale Integration: Durch die Teilnahme am Training und an Wettkämpfen knüpfen Jugendliche neue Freundschaften und bauen ein soziales Netzwerk auf. Dies fördert das Gefühl der Zugehörigkeit und soziale Integration.

1.4 Förderung der Selbstständigkeit

Die Selbstständigkeit ist ein wichtiger Aspekt der Entwicklung vom Kind zum Jugendlichen. Kampfsport kann dazu beitragen, diese Fähigkeit zu stärken.

- Verantwortung übernehmen: Jugendliche lernen, Verantwortung für ihr eigenes Training und ihre Fortschritte zu übernehmen. Dies fördert die Selbstständigkeit und das Verantwortungsbewusstsein.
- Eigeninitiative entwickeln: Kampfsport ermutigt Jugendliche, eigenständig zu trainieren und eigene Ziele zu setzen. Dies stärkt die Fähigkeit zur Selbstmotivation und Eigeninitiative.

- Selbstreflexion: Durch regelmäßige Selbstreflexion und das Setzen von Zielen entwickeln Jugendliche ein stärkeres Selbstbewusstsein und die Fähigkeit zur Selbstverbesserung.

1.5 Langfristige Zielsetzung

Das Setzen und Verfolgen langfristiger Ziele ist eine wichtige Fähigkeit, die im Kampfsport vermittelt wird.

- Realistische Ziele setzen: Jugendliche lernen, realistische und erreichbare Ziele zu setzen, die ihren Fähigkeiten und Ambitionen entsprechen.
- Langfristige Planung: Kampfsport lehrt die Bedeutung von langfristiger Planung und Ausdauer. Jugendliche entwickeln die Fähigkeit, über einen längeren Zeitraum hinweg auf ihre Ziele hinzuarbeiten.
- Erfolge feiern: Das Erreichen von Zielen und das Feiern von Erfolgen stärkt das Selbstvertrauen und die Motivation, weiterhin an sich zu arbeiten.

1.6 Resilienz und Durchhaltevermögen

Die Entwicklung von Resilienz und Durchhaltevermögen ist entscheidend für die langfristige persönliche und berufliche Entwicklung.

- Umgang mit Rückschlägen: Jugendliche lernen, Rückschläge als Teil des Lernprozesses zu akzeptieren und sich davon nicht entmutigen zu lassen.
- Mentale Stärke: Kampfsport fördert die mentale Stärke und die Fähigkeit, auch in schwierigen Situationen ruhig und konzentriert zu bleiben.
- Durchhaltevermögen: Das kontinuierliche Training und das Streben nach Verbesserung fördern das Durchhaltevermögen und die Ausdauer.

1.7 Entwicklung von Führungsfähigkeiten

Führungsfähigkeiten sind in vielen Lebensbereichen von Vorteil. Kampfsport bietet zahlreiche Gelegenheiten, diese Fähigkeiten zu entwickeln.

- Vorbildfunktion: Jugendliche, die im Kampfsport erfolgreich sind, übernehmen oft eine Vorbildfunktion für jüngere Schüler. Dies stärkt ihr Verantwortungsbewusstsein und ihre Führungsfähigkeiten.
- Leitung von Gruppenübungen: Viele Schulen ermutigen fortgeschrittene Schüler, Gruppenübungen oder Aufwärmübungen zu leiten. Dies fördert die Fähigkeit, Anweisungen zu geben und eine Gruppe zu führen.

- Mentoring: Erfahrene Jugendliche können jüngeren oder weniger erfahrenen Schülern als Mentoren dienen. Dies fördert die Kommunikationsfähigkeiten und die Fähigkeit, andere zu motivieren und zu unterstützen.

1.8 Förderung der akademischen Leistung

Die Disziplin und das Durchhaltevermögen, die im Kampfsport entwickelt werden, können sich positiv auf die akademische Leistung auswirken.

- Zeitmanagement: Kampfsport erfordert effektives Zeitmanagement, um Training, Schule und Freizeit in Einklang zu bringen. Diese Fähigkeit ist auch für den akademischen Erfolg entscheidend.
- Konzentration und Fokus: Die Techniken, die im Kampfsport gelehrt werden, fördern die Konzentration und den Fokus. Dies hilft Jugendlichen, sich besser auf ihre schulischen Aufgaben zu konzentrieren.
- Stressbewältigung: Durch den Kampfsport lernen Jugendliche Techniken zur Stressbewältigung, die ihnen helfen, Prüfungsangst und schulischen Druck besser zu bewältigen.

1.9 Entwicklung eines positiven Selbstbildes

Ein positives Selbstbild ist entscheidend für das emotionale Wohlbefinden und die persönliche Entwicklung. Kampfsport kann helfen, dieses Selbstbild zu stärken.

- Körperliche Veränderungen akzeptieren: Während der Pubertät durchlaufen Jugendliche viele körperliche Veränderungen. Kampfsport hilft ihnen, diese Veränderungen zu akzeptieren und sich in ihrem Körper wohlzufühlen.
- Stolz auf Erfolge: Das Erreichen von Zielen und das Meistern von Herausforderungen stärkt das Selbstbewusstsein und das positive Selbstbild. Jugendliche lernen, stolz auf ihre Erfolge zu sein.
- Selbstakzeptanz: Kampfsport fördert die Selbstakzeptanz und das Verständnis, dass jeder Mensch einzigartig ist und eigene Stärken hat.

1.10 Förderung der emotionalen Intelligenz

Emotionale Intelligenz ist die Fähigkeit, eigene und fremde Emotionen zu erkennen, zu verstehen und zu beeinflussen. Sie spielt eine wichtige Rolle im persönlichen und sozialen Leben.

- Selbstwahrnehmung: Jugendliche lernen, ihre eigenen Emotionen besser zu verstehen und zu erkennen. Dies ist entscheidend für die Selbstregulation und das emotionale Wohlbefinden.

- Empathie: Kampfsport fördert die Empathie, indem er Jugendliche lehrt, die Perspektiven und Gefühle anderer zu verstehen und zu respektieren.
- Konfliktmanagement: Jugendliche lernen, Konflikte auf konstruktive Weise zu lösen und ihre Emotionen in schwierigen Situationen zu kontrollieren.

1.11 Förderung der Entscheidungsfindung

Die Fähigkeit, fundierte Entscheidungen zu treffen, ist eine wichtige Lebenskompetenz. Kampfsport kann diese Fähigkeit fördern.

- Schnelle Entscheidungen treffen: Im Kampfsport müssen oft schnelle Entscheidungen getroffen werden. Diese Erfahrung fördert die Fähigkeit, auch unter Druck klare und entschlossene Entscheidungen zu treffen.
- Langfristige Planung: Jugendliche lernen, Entscheidungen zu treffen, die ihre langfristigen Ziele unterstützen. Dies hilft ihnen, strategisch zu denken und die Konsequenzen ihrer Entscheidungen zu berücksichtigen.
- Reflexion: Nach dem Treffen von Entscheidungen reflektieren Jugendliche darüber, was gut gelaufen ist und was verbessert werden könnte. Dies stärkt ihre Fähigkeit zur Selbstbewertung und kontinuierlichen Verbesserung.

1.12 Aufbau von Resilienz

Resilienz ist die Fähigkeit, sich von Rückschlägen zu erholen und weiterzumachen. Sie ist entscheidend für den Erfolg und das Wohlbefinden im Leben.

- Umgang mit Niederlagen: Kampfsport lehrt Jugendliche, Niederlagen als Teil des Lernprozesses zu akzeptieren und sich davon nicht entmutigen zu lassen.
- Widerstandsfähigkeit: Durch kontinuierliches Training und das Überwinden von Herausforderungen entwickeln Jugendliche eine starke Widerstandsfähigkeit.
- Positive Einstellung: Kampfsport fördert eine positive Einstellung und den Glauben an die eigenen Fähigkeiten, auch in schwierigen Zeiten weiterzumachen.

1.13 Förderung der Kreativität

Kreativität ist eine wertvolle Fähigkeit, die im Kampfsport durch das Erlernen neuer Techniken und das Finden von Lösungen gefördert wird.

- Kreative Problemlösung: Jugendliche lernen, kreative Lösungen für technische und strategische Herausforderungen im Training zu finden.
- Innovative Techniken: Das Erlernen und Anpassen von Techniken fördert die Kreativität und die Fähigkeit, neue Ansätze zu entwickeln.

- Selbstausdruck: Kampfsport bietet Jugendlichen eine Plattform, um sich selbst auszudrücken und ihre einzigartigen Fähigkeiten und Stile zu entwickeln.

1.14 Aufbau von Vertrauen und Loyalität

Vertrauen und Loyalität sind wichtige Werte, die durch die Teilnahme am Kampfsport gefördert werden. Diese Werte sind nicht nur im Sport, sondern auch im persönlichen Leben von großer Bedeutung.

- Vertrauen in den Trainer: Jugendliche lernen, ihren Trainern zu vertrauen und deren Anweisungen zu folgen. Dieses Vertrauen bildet die Basis für eine effektive Trainingsbeziehung und fördert das Lernen.
- Loyalität zum Team: Der Zusammenhalt innerhalb des Teams und die Loyalität zu den Trainingspartnern werden gestärkt. Jugendliche lernen, ihre Teamkollegen zu unterstützen und gemeinsam an Zielen zu arbeiten.
- Vertrauen in sich selbst: Durch das Erreichen von Zielen und das Überwinden von Herausforderungen entwickeln Jugendliche ein starkes Vertrauen in ihre eigenen Fähigkeiten.

1.15 Förderung von Multitasking und Anpassungsfähigkeit

Die Fähigkeit, mehrere Aufgaben gleichzeitig zu bewältigen und sich an unterschiedliche Situationen anzupassen, ist im Kampfsport von Vorteil und kann auf andere Lebensbereiche übertragen werden.

- Multitasking im Training: Jugendliche lernen, verschiedene Techniken und Taktiken gleichzeitig anzuwenden. Dies fördert ihre Fähigkeit, mehrere Aufgaben parallel zu bewältigen.
- Anpassung an verschiedene Gegner: Im Kampfsport müssen sich Jugendliche ständig an unterschiedliche Gegner und deren Techniken anpassen. Dies stärkt ihre Flexibilität und Anpassungsfähigkeit.
- Übertragung auf das tägliche Leben: Die im Training entwickelten Multitasking- und Anpassungsfähigkeiten helfen Jugendlichen, auch im schulischen und sozialen Leben erfolgreich zu sein.

1.16 Förderung der Eigenverantwortung

Eigenverantwortung ist eine wichtige Lebenskompetenz, die durch Kampfsport gefördert wird. Jugendliche lernen, Verantwortung für ihr eigenes Handeln zu übernehmen und selbstständig zu agieren.

- Selbstständiges Training: Jugendliche werden ermutigt, eigenständig zu trainieren und ihre Fortschritte zu verfolgen. Dies fördert die Eigenverantwortung und das Selbstmanagement.
- Verantwortung für das Team: Jugendliche lernen, Verantwortung innerhalb ihres Teams zu übernehmen, sei es durch die Leitung von Übungen oder die Unterstützung jüngerer Mitglieder.
- Langfristige Planung: Eigenverantwortung beinhaltet auch die Fähigkeit, langfristige Pläne zu machen und diese konsequent zu verfolgen. Dies ist eine wichtige Kompetenz für das spätere Leben.

1.17 Entwicklung eines positiven Selbstwertgefühls

Ein positives Selbstwertgefühl ist entscheidend für das emotionale Wohlbefinden und den Erfolg im Leben. Kampfsport kann helfen, dieses Selbstwertgefühl zu stärken.

- Anerkennung und Lob: Jugendliche erhalten im Training regelmäßig Anerkennung und Lob für ihre Fortschritte und Leistungen. Dies stärkt ihr Selbstwertgefühl.
- Erfolge feiern: Das Feiern von Erfolgen, sei es das Erreichen eines neuen Gürtels oder der Sieg in einem Wettkampf, fördert das positive Selbstbild.
- Selbstakzeptanz: Kampfsport lehrt Jugendliche, ihre eigenen Stärken und Schwächen zu akzeptieren und stolz auf ihre individuellen Fortschritte zu sein.

1.18 Förderung der langfristigen Gesundheitsvorsorge

Kampfsport trägt dazu bei, dass Jugendliche frühzeitig ein Bewusstsein für ihre Gesundheit und das Wohlbefinden entwickeln.

- Körperliche Fitness: Regelmäßiges Training verbessert die körperliche Fitness und legt den Grundstein für eine gesunde Lebensweise.
- Ernährungsbewusstsein: Viele Kampfsportarten betonen die Bedeutung einer ausgewogenen Ernährung. Jugendliche lernen, wie wichtig es ist, sich gesund zu ernähren.
- Vermeidung von ungesunden Verhaltensweisen: Durch den Fokus auf Gesundheit und Fitness im Kampfsport entwickeln Jugendliche oft ein Bewusstsein dafür, ungesunde Verhaltensweisen wie Rauchen oder übermäßigen Alkoholkonsum zu vermeiden.

1.19 Förderung der akademischen und beruflichen Ambitionen

Die im Kampfsport entwickelten Fähigkeiten und Werte können sich positiv auf die akademischen und beruflichen Ambitionen von Jugendlichen auswirken.

- Zeitmanagement und Disziplin: Die im Training erworbenen Fähigkeiten im Zeitmanagement und in der Disziplin helfen Jugendlichen, ihre schulischen und beruflichen Ziele zu verfolgen.
- Zielsetzung und Planung: Jugendliche lernen, klare Ziele zu setzen und systematisch darauf hinzuarbeiten. Dies ist eine wertvolle Kompetenz für akademische und berufliche Erfolge.
- Selbstvertrauen und Motivation: Das im Kampfsport entwickelte Selbstvertrauen und die Motivation unterstützen Jugendliche dabei, ihre Ambitionen zu verfolgen und Herausforderungen zu meistern.

1.20 Soziale Integration und Gemeinschaft

Kampfsport fördert die soziale Integration und das Gefühl der Zugehörigkeit zu einer Gemeinschaft.

- Teamgeist und Kameradschaft: Jugendliche entwickeln ein starkes Gefühl des Teamgeists und der Kameradschaft, was ihre soziale Integration fördert.
- Unterstützung und Zusammenhalt: Die Unterstützung und der Zusammenhalt innerhalb der Trainingsgruppe stärken das Gefühl der Zugehörigkeit und das soziale Wohlbefinden.
- Netzwerk aufbauen: Durch den Kampfsport bauen Jugendliche ein Netzwerk von Freunden und Unterstützern auf, das ihnen auch außerhalb des Trainings Halt und Unterstützung bietet.

1.21 Förderung von Durchhaltevermögen und Geduld

Durchhaltevermögen und Geduld sind essenzielle Eigenschaften, die im Kampfsport entwickelt werden und sich positiv auf viele Lebensbereiche auswirken.

- Langfristige Ziele verfolgen: Kampfsport lehrt Jugendliche, dass Erfolg Zeit und kontinuierliche Anstrengung erfordert. Dies fördert Geduld und die Fähigkeit, langfristige Ziele zu verfolgen.
- Umgang mit Rückschlägen: Jugendliche lernen, Rückschläge als Teil des Entwicklungsprozesses zu akzeptieren und aus ihnen zu lernen, anstatt aufzugeben.
- Stetige Verbesserung: Der kontinuierliche Prozess der Verbesserung und das Streben nach Perfektion im Kampfsport stärken das Durchhaltevermögen und die Entschlossenheit, auch bei Herausforderungen weiterzumachen.

1.22 Förderung der Selbstregulation

Selbstregulation ist die Fähigkeit, eigene Emotionen und Verhaltensweisen zu kontrollieren und zu steuern. Diese Fähigkeit wird durch den Kampfsport erheblich gefördert.

- Emotionale Kontrolle: Jugendliche lernen, ihre Emotionen, insbesondere Aggression und Frustration, zu kontrollieren und in positive Bahnen zu lenken.
- Impulskontrolle: Durch das Training im Kampfsport entwickeln Jugendliche die Fähigkeit, ihre Impulse zu kontrollieren und besonnen zu handeln.
- Aufmerksamkeit und Fokus: Die Konzentration auf Techniken und Strategien im Training stärkt die Fähigkeit zur Selbstregulation und hilft Jugendlichen, fokussiert und aufmerksam zu bleiben.

1.23 Aufbau von Konfliktlösungsfähigkeiten

Kampfsport fördert nicht nur körperliche Fähigkeiten, sondern auch wichtige soziale Kompetenzen wie die Fähigkeit, Konflikte konstruktiv zu lösen.

- Respekt und Fairness: Jugendliche lernen, Konflikte mit Respekt und Fairness zu begegnen, was eine friedliche und konstruktive Konfliktlösung ermöglicht.
- Deeskalationstechniken: Kampfsporttechniken umfassen oft auch Deeskalationstechniken, die Jugendlichen helfen, Konflikte zu entschärfen und friedliche Lösungen zu finden.
- Kommunikationsfähigkeiten: Durch den Kampfsport entwickeln Jugendliche starke Kommunikationsfähigkeiten, die ihnen helfen, Konflikte offen und ehrlich zu diskutieren und zu lösen.

1.24 Förderung der Zielgerichtetheit und Konzentration

Zielgerichtetheit und Konzentration sind entscheidende Fähigkeiten für den Erfolg in Schule, Beruf und persönlichen Projekten. Kampfsport trägt wesentlich zur Entwicklung dieser Fähigkeiten bei.

- Konzentrationsübungen: Kampfsport beinhaltet oft Übungen, die die Konzentrationsfähigkeit und den Fokus verbessern. Diese Übungen sind auch außerhalb des Trainings hilfreich.
- Klare Zielsetzung: Jugendliche lernen, klare und erreichbare Ziele zu setzen und sich darauf zu konzentrieren, diese zu erreichen.
- Ablenkungen minimieren: Der disziplinierte Rahmen des Kampfsports hilft Jugendlichen, Ablenkungen zu minimieren und sich auf die wichtigen Aufgaben zu konzentrieren.

1.25 Förderung der Selbstverteidigungsfähigkeiten

Eine der wichtigsten praktischen Anwendungen des Kampfsports ist die Selbstverteidigung. Jugendliche lernen, sich selbst zu schützen und sicher zu fühlen.

- Grundlegende Selbstverteidigungstechniken: Jugendliche erwerben grundlegende Techniken, um sich in Gefahrensituationen effektiv zu verteidigen.
- Situationsbewusstsein: Kampfsport lehrt Jugendliche, ihr Umfeld aufmerksam wahrzunehmen und potenzielle Gefahren frühzeitig zu erkennen.
- Selbstsicherheit: Das Wissen, sich selbst verteidigen zu können, stärkt das Selbstbewusstsein und die Sicherheit im Alltag.

1.26 Förderung der Entscheidungsfindung unter Druck

Kampfsport erfordert oft schnelle und entschlossene Entscheidungen, insbesondere in Wettkampfsituationen. Diese Fähigkeit ist auch in vielen anderen Lebensbereichen wertvoll.

- Schnelle Entscheidungen: Jugendliche lernen, schnell und entschlossen zu handeln, wenn es notwendig ist. Diese Fähigkeit ist in vielen beruflichen und persönlichen Situationen von Vorteil.
- Kritisches Denken: Kampfsport fördert kritisches Denken und die Fähigkeit, verschiedene Optionen abzuwägen und die beste Entscheidung zu treffen.
- Anpassungsfähigkeit: Jugendliche entwickeln die Fähigkeit, sich schnell an neue und unerwartete Situationen anzupassen und die besten Entscheidungen unter Druck zu treffen.

1.27 Förderung der mentalen Ausdauer

Mentale Ausdauer ist die Fähigkeit, geistig stark zu bleiben und auch in schwierigen Zeiten weiterzumachen. Kampfsport stärkt diese Eigenschaft erheblich.

- Mentale Belastbarkeit: Durch intensives Training und Wettkampferfahrung entwickeln Jugendliche eine hohe mentale Belastbarkeit.
- Durchhaltevermögen: Kampfsport lehrt, auch bei mentalen Herausforderungen nicht aufzugeben und weiterzukämpfen.
- Positives Mindset: Jugendliche lernen, eine positive Einstellung zu bewahren und sich auf ihre Stärken zu konzentrieren, auch wenn sie auf Hindernisse stoßen.

1.28 Förderung von Ethik und Moral

Kampfsport ist nicht nur ein körperliches Training, sondern auch eine Schule für Ethik und Moral. Jugendliche lernen, Werte wie Respekt, Ehrlichkeit und Integrität zu schätzen und in ihrem Alltag anzuwenden.

- Respekt vor anderen: Kampfsport lehrt den Respekt vor Trainern, Trainingspartnern und Gegnern. Diese Haltung des Respekts überträgt sich auch auf andere Lebensbereiche.
- Ehrlichkeit und Integrität: Im Kampfsport werden Ehrlichkeit und Integrität gefördert, da Fairness und Gerechtigkeit zentrale Werte sind. Jugendliche lernen, ehrlich zu sich selbst und anderen zu sein.
- Verantwortungsbewusstsein: Der Kampfsport fördert das Verantwortungsbewusstsein, indem Jugendliche lernen, für ihr Handeln und ihre Entscheidungen Verantwortung zu übernehmen.

1.29 Förderung der kulturellen Sensibilität

Kampfsport hat oft tiefe kulturelle Wurzeln und vermittelt Jugendlichen ein Verständnis und eine Wertschätzung für andere Kulturen.

- Kulturelles Bewusstsein: Jugendliche lernen die kulturellen Hintergründe und Traditionen ihrer Kampfsportart kennen und entwickeln ein tieferes kulturelles Bewusstsein.
- Interkulturelle Kompetenz: Durch die Teilnahme an Wettkämpfen und Trainingslagern mit Menschen aus verschiedenen Kulturen erweitern Jugendliche ihre interkulturelle Kompetenz.
- Respekt für Traditionen: Kampfsport lehrt den Respekt vor den Traditionen und Philosophien, die die Grundlage der jeweiligen Disziplin bilden. Dies fördert eine offene und respektvolle Haltung gegenüber anderen Kulturen.

1.30 Förderung der körperlichen und mentalen Balance

Kampfsport strebt nach einer Balance zwischen körperlicher und mentaler Stärke. Diese ganzheitliche Herangehensweise ist für die langfristige Gesundheit und das Wohlbefinden von großer Bedeutung.

- Körperliche Fitness und Gesundheit: Regelmäßiges Training fördert die körperliche Gesundheit und stärkt das Immunsystem, was besonders während des Wachstums wichtig ist.
- Mentale Klarheit und Fokus: Mentale Übungen wie Meditation und Atemtechniken fördern die geistige Klarheit und den Fokus, was in allen Lebensbereichen von Vorteil ist.
- Stressabbau: Kampfsport bietet einen Ausgleich zu schulischem und sozialem Stress und hilft Jugendlichen, ein gesundes Gleichgewicht zwischen Verpflichtungen und Entspannung zu finden.

1.31 Förderung der akademischen und beruflichen Disziplin

Die im Kampfsport erlernten Fähigkeiten und Werte tragen auch zur akademischen und beruflichen Disziplin bei.

- Zeitmanagement: Jugendliche lernen, ihre Zeit effektiv zu managen, um Training, Schule und Freizeit in Einklang zu bringen. Diese Fähigkeit ist auch im Berufsleben von großem Nutzen.
- Arbeitsmoral: Der Kampfsport fördert eine starke Arbeitsmoral, die sich in akademischen und beruflichen Bestrebungen niederschlägt.
- Zielorientiertes Arbeiten: Die Fähigkeit, klare Ziele zu setzen und systematisch darauf hinzuarbeiten, unterstützt Jugendliche in ihren akademischen und beruflichen Laufbahnen.

1.32 Förderung des Gemeinschaftsgefühls

Das Gemeinschaftsgefühl und die Kameradschaft, die im Kampfsport gefördert werden, tragen zur sozialen und emotionalen Entwicklung bei.

- Teamgeist: Jugendliche lernen, als Teil eines Teams zu arbeiten und sich gegenseitig zu unterstützen. Dies stärkt das Gemeinschaftsgefühl und die Zusammenarbeit.
- Gemeinsame Erfolge: Das Erleben gemeinsamer Erfolge und das Überwinden von Herausforderungen im Team fördern den Zusammenhalt und die Verbundenheit.
- Unterstützungsnetzwerk: Durch den Kampfsport bauen Jugendliche ein Netzwerk von Unterstützern und Freunden auf, das ihnen auch außerhalb des Trainings Halt und Unterstützung bietet.

1.33 Förderung der Selbstakzeptanz und des Selbstwertgefühls

Selbstakzeptanz und ein gesundes Selbstwertgefühl sind wichtige Aspekte der emotionalen Entwicklung. Kampfsport kann helfen, diese Eigenschaften zu stärken.

- Stolz auf eigene Leistungen: Jugendliche lernen, stolz auf ihre eigenen Leistungen zu sein, unabhängig von äußeren Bewertungen. Dies stärkt das Selbstwertgefühl.
- Akzeptanz von Stärken und Schwächen: Kampfsport fördert die Akzeptanz von eigenen Stärken und Schwächen, was zu einer realistischen und positiven Selbstwahrnehmung führt.
- Selbstbewusstsein entwickeln: Durch das Erreichen von Zielen und das Meistern von Herausforderungen entwickeln Jugendliche ein starkes Selbstbewusstsein und Vertrauen in ihre Fähigkeiten.

1.34 Förderung der kontinuierlichen persönlichen Entwicklung

Kampfsport lehrt, dass persönliche Entwicklung ein kontinuierlicher Prozess ist. Diese Einstellung fördert lebenslanges Lernen und Wachstum.

- Ständige Verbesserung: Jugendliche lernen, dass es immer Raum für Verbesserung gibt und dass kontinuierliche Anstrengung notwendig ist, um Fortschritte zu erzielen.
- Lebenslanges Lernen: Die im Kampfsport erworbenen Fähigkeiten und Einstellungen fördern eine Haltung des lebenslangen Lernens und der ständigen Selbstverbesserung.
- Anpassungsfähigkeit und Flexibilität: Die Bereitschaft, sich ständig weiterzuentwickeln und anzupassen, stärkt die Flexibilität und Anpassungsfähigkeit, die in einer sich ständig verändernden Welt von Vorteil sind.

1.35 Förderung der Entscheidungsfindung und Problemlösungskompetenz

Kampfsport bietet viele Gelegenheiten, um Entscheidungsfindung und Problemlösungskompetenzen zu entwickeln, die im späteren Leben von unschätzbarem Wert sind.

- Strategisches Denken: Im Kampfsport müssen Jugendliche oft schnell und strategisch denken, um die besten Techniken und Taktiken anzuwenden. Dies fördert die Fähigkeit, fundierte Entscheidungen zu treffen.
- Problemlösungsstrategien: Jugendliche lernen, kreative Lösungen für Herausforderungen zu finden und sich an unterschiedliche Situationen anzupassen. Diese Problemlösungsfähigkeiten sind in vielen Lebensbereichen nützlich.
- Konsequenzen verstehen: Kampfsport lehrt, dass jede Entscheidung Konsequenzen hat. Jugendliche lernen, die möglichen Auswirkungen ihrer Entscheidungen zu bedenken und Verantwortung zu übernehmen.

1.36 Förderung der Selbstmotivation und Eigenverantwortung

Selbstmotivation und Eigenverantwortung sind entscheidende Fähigkeiten, um langfristig erfolgreich zu sein. Kampfsport fördert diese Fähigkeiten auf vielfältige Weise.

- Zielsetzung und Planung: Jugendliche lernen, sich selbst Ziele zu setzen und Pläne zu entwickeln, um diese zu erreichen. Dies fördert die Selbstmotivation und das Engagement.
- Selbständiges Training: Der Kampfsport ermutigt Jugendliche, selbstständig zu trainieren und ihre eigenen Fortschritte zu überwachen. Dies stärkt die Eigenverantwortung und das Selbstmanagement.

- Selbstbelohnung: Jugendliche lernen, sich selbst für erreichte Ziele zu belohnen und sich über ihre eigenen Erfolge zu freuen. Dies stärkt die Motivation und das Selbstbewusstsein.

1.37 Förderung der sozialen und kommunikativen Fähigkeiten

Soziale und kommunikative Fähigkeiten sind im Kampfsport von großer Bedeutung und tragen zur allgemeinen sozialen Kompetenz bei.

- Teamarbeit und Kooperation: Jugendliche lernen, effektiv im Team zu arbeiten und mit anderen zu kooperieren. Diese Fähigkeiten sind auch in der Schule und im Berufsleben von Vorteil.
- Kommunikationsfähigkeiten: Der Kampfsport fördert starke Kommunikationsfähigkeiten, indem er Jugendliche lehrt, klar und respektvoll zu kommunizieren.
- Konfliktlösung: Durch den Kampfsport entwickeln Jugendliche die Fähigkeit, Konflikte konstruktiv zu lösen und friedlich zu interagieren.

1.38 Förderung der mentalen Gesundheit

Die mentale Gesundheit ist ein wichtiger Aspekt der allgemeinen Gesundheit und des Wohlbefindens. Kampfsport bietet viele Vorteile für die mentale Gesundheit von Jugendlichen.

- Stressbewältigung: Jugendliche lernen Techniken zur Stressbewältigung, die ihnen helfen, mit schulischem und sozialem Druck umzugehen.
- Emotionale Balance: Der Kampfsport fördert die emotionale Balance, indem er Jugendliche lehrt, ihre Emotionen zu kontrollieren und in positive Bahnen zu lenken.
- Selbstwertgefühl: Das Erreichen von Zielen und das Meistern von Herausforderungen stärkt das Selbstwertgefühl und das positive Selbstbild.

1.39 Förderung der Wertebildung und Charakterentwicklung

Kampfsport ist eine hervorragende Plattform, um wichtige Werte und Charaktereigenschaften zu entwickeln.

- Ehrlichkeit und Integrität: Jugendliche lernen die Bedeutung von Ehrlichkeit und Integrität sowohl im Training als auch im täglichen Leben.
- Respekt und Demut: Kampfsport lehrt Respekt vor anderen und Demut gegenüber den eigenen Fähigkeiten und Erfolgen.

- Verantwortungsbewusstsein: Der Kampfsport fördert ein starkes Verantwortungsbewusstsein, indem er Jugendlichen zeigt, wie wichtig es ist, Verantwortung für ihr Handeln und ihre Entscheidungen zu übernehmen.

1.40 Förderung der Balance zwischen Körper und Geist

Kampfsport strebt eine Harmonie zwischen körperlicher und geistiger Stärke an. Diese Balance ist für die langfristige Entwicklung und das Wohlbefinden entscheidend.

- Körperliche Fitness: Regelmäßiges Training fördert die körperliche Gesundheit und das Wohlbefinden.
- Mentale Stärke: Durch Techniken wie Meditation und Atemübungen entwickeln Jugendliche eine starke mentale Ausdauer und Klarheit.
- Ganzheitliche Gesundheit: Die Kombination aus körperlicher Fitness und mentaler Stärke fördert eine ganzheitliche Gesundheit und ein ausgeglichenes Leben.

1.41 Förderung der Anpassungsfähigkeit und Flexibilität

Anpassungsfähigkeit und Flexibilität sind entscheidende Fähigkeiten in einer sich ständig verändernden Welt. Kampfsport hilft Jugendlichen, diese Fähigkeiten zu entwickeln.

- Umgang mit Veränderungen: Jugendliche lernen, sich schnell an neue Situationen und Herausforderungen anzupassen.
- Flexibles Denken: Der Kampfsport fördert flexibles Denken und die Fähigkeit, verschiedene Lösungsansätze zu erkennen und zu nutzen.
- Resilienz gegenüber Stress: Durch die Entwicklung von Anpassungsfähigkeit und Flexibilität sind Jugendliche besser in der Lage, mit Stress und unerwarteten Veränderungen umzugehen.

1.42 Förderung des lebenslangen Lernens

Kampfsport lehrt, dass Lernen ein kontinuierlicher Prozess ist. Diese Einstellung fördert das lebenslange Lernen und die ständige persönliche Entwicklung.

- Ständige Verbesserung: Jugendliche lernen, dass es immer Raum für Verbesserung gibt und dass kontinuierliche Anstrengung notwendig ist, um Fortschritte zu erzielen.
- Offenheit für Neues: Der Kampfsport fördert die Offenheit für neue Techniken, Strategien und Denkweisen.
- Selbstentwicklung: Die Bereitschaft zur ständigen Selbstentwicklung und Verbesserung wird im Kampfsport stark gefördert und wirkt sich positiv auf alle Lebensbereiche aus.

Kapitel 7: Praktische Tipps und Ressourcen

1. Checklisten für Eltern

Eltern spielen eine zentrale Rolle bei der Unterstützung ihrer Kinder im Kampfsport. Um Ihnen zu helfen, die bestmöglichen Entscheidungen zu treffen und Ihr Kind optimal zu unterstützen, bieten wir hier eine Reihe von Checklisten an. Diese Checklisten decken verschiedene Aspekte ab, von der Auswahl der richtigen Kampfsportschule bis hin zur Unterstützung des Trainings zu Hause.

1.1 Checkliste: Auswahl der richtigen Kampfsportschule

Die Wahl der richtigen Kampfsportschule ist entscheidend für den Erfolg und das Wohlbefinden Ihres Kindes. Hier sind einige wichtige Punkte, die Sie bei der Auswahl beachten sollten:

Erfahrungen und Qualifikationen der Trainer:
- Haben die Trainer anerkannte Qualifikationen und Zertifikate?
- Wie lange sind die Trainer bereits im Beruf tätig?
- Welche Erfahrungen haben sie im Umgang mit Kindern und Jugendlichen?

Trainingsmethoden und Lehrplan:
- Werden altersgerechte Trainingsmethoden verwendet?
- Gibt es einen klar strukturierten Lehrplan?
- Wie wird der Fortschritt der Schüler bewertet und dokumentiert?

Sicherheitsstandards und Hygiene:
- Werden die Sicherheitsstandards eingehalten?
- Ist die Trainingshalle sauber und gut gepflegt?
- Welche Maßnahmen werden zur Vermeidung von Verletzungen getroffen?

Philosophie und Werte der Schule:
- Stimmen die Werte und die Philosophie der Schule mit Ihren Vorstellungen überein?
- Wie wird Disziplin und Respekt vermittelt?
- Welche Bedeutung wird der persönlichen Entwicklung der Schüler beigemessen?

Kosten und Vertragsbedingungen:
- Sind die Kosten transparent und angemessen?
- Welche Vertragslaufzeiten werden angeboten?
- Gibt es flexible Optionen für Probezeiten oder kurzfristige Kündigungen?

1.2 Checkliste: Vorbereitung auf das Training

Die richtige Vorbereitung ist wichtig, um sicherzustellen, dass Ihr Kind optimal vom Training profitiert. Hier sind einige Punkte, die Sie beachten sollten:

Ausrüstung und Bekleidung:
- Hat Ihr Kind die notwendige Ausrüstung (Uniform, Gürtel, Schutzkleidung)?
- Ist die Ausrüstung in gutem Zustand und passend für die Größe Ihres Kindes?

Ernährung und Hydration:
- Hat Ihr Kind vor dem Training eine ausgewogene Mahlzeit eingenommen?
- Hat es ausreichend Wasser getrunken und eine Wasserflasche dabei?

Mentale Vorbereitung:
- Ist Ihr Kind mental auf das Training vorbereitet?
- Haben Sie mit Ihrem Kind über seine Ziele und Erwartungen für das Training gesprochen?

Gesundheit und Wohlbefinden:
- Ist Ihr Kind gesund und bereit für körperliche Aktivität?
- Gibt es gesundheitliche Einschränkungen oder Verletzungen, die der Trainer wissen sollte?

1.3 Checkliste: Unterstützung während des Trainings

Ihre Unterstützung während des Trainings kann einen großen Unterschied machen. Hier sind einige Tipps, wie Sie Ihr Kind während des Trainings unterstützen können:

Positive Verstärkung:
- Loben Sie Ihr Kind für seine Anstrengungen und Fortschritte.
- Seien Sie ein positives Vorbild und zeigen Sie Begeisterung für das Training Ihres Kindes.

Kommunikation mit dem Trainer:
- Halten Sie regelmäßigen Kontakt mit dem Trainer, um über den Fortschritt Ihres Kindes informiert zu bleiben.
- Fragen Sie nach Feedback und Tipps, wie Sie Ihr Kind zu Hause unterstützen können.

Aktive Teilnahme:
- Nehmen Sie an Elternabenden und Veranstaltungen der Kampfsportschule teil.
- Zeigen Sie Interesse an den Aktivitäten und Erfolgen Ihres Kindes.

1.4 Checkliste: Unterstützung zu Hause

Auch zu Hause können Sie viel tun, um das Training Ihres Kindes zu unterstützen. Hier sind einige Tipps:

Trainingsumgebung schaffen:
- Stellen Sie sicher, dass Ihr Kind zu Hause einen geeigneten Raum zum Üben hat.
- Sorgen Sie für eine sichere und störungsfreie Umgebung.

Gemeinsames Üben:
- Üben Sie gemeinsam mit Ihrem Kind einfache Techniken und Übungen.
- Nutzen Sie diese Zeit, um die Bindung zu Ihrem Kind zu stärken und es zu motivieren.

Ernährung und Erholung:
- Achten Sie auf eine ausgewogene Ernährung und ausreichend Schlaf.
- Stellen Sie sicher, dass Ihr Kind genügend Zeit zur Erholung und Regeneration hat.

1.5 Checkliste: Umgang mit Rückschlägen und Herausforderungen

Es ist wichtig, Ihr Kind zu unterstützen, wenn es mit Rückschlägen und Herausforderungen konfrontiert wird. Hier sind einige Tipps, wie Sie Ihrem Kind helfen können, diese Situationen zu meistern:

Emotionale Unterstützung:
- Hören Sie Ihrem Kind zu und nehmen Sie seine Gefühle ernst.
- Zeigen Sie Verständnis und Mitgefühl für die Frustration oder Enttäuschung Ihres Kindes.

Ermutigung zur Resilienz:
- Erklären Sie Ihrem Kind, dass Rückschläge Teil des Lernprozesses sind.
- Ermutigen Sie es, aus Fehlern zu lernen und sich auf die Verbesserung zu konzentrieren.

Gemeinsame Reflexion:
- Reflektieren Sie gemeinsam über das Erlebte und besprechen Sie, was gut gelaufen ist und was verbessert werden könnte.
- Helfen Sie Ihrem Kind, realistische und erreichbare Ziele zu setzen, um künftige Herausforderungen besser zu bewältigen.

1.6 Checkliste: Förderung der Disziplin und Selbstverantwortung

Disziplin und Selbstverantwortung sind Schlüsselqualifikationen, die durch Kampfsport gefördert werden. Hier sind einige Tipps, wie Sie diese Eigenschaften bei Ihrem Kind unterstützen können:

Regelmäßige Routinen:
- Etablieren Sie feste Trainingszeiten und halten Sie diese konsequent ein.
- Fördern Sie tägliche Rituale, die Ihrem Kind helfen, diszipliniert und organisiert zu bleiben.

Ziele setzen und verfolgen:
- Helfen Sie Ihrem Kind, klare und erreichbare Ziele zu setzen.
- Unterstützen Sie es dabei, seine Fortschritte zu verfolgen und zu feiern.

Selbstverantwortung fördern:
- Ermutigen Sie Ihr Kind, Verantwortung für sein eigenes Training und seine Fortschritte zu übernehmen.
- Lassen Sie es selbstständig Entscheidungen treffen und die Konsequenzen verstehen.

1.7 Checkliste: Teilnahme an Wettkämpfen und Prüfungen

Die Teilnahme an Wettkämpfen und Prüfungen ist ein wichtiger Teil der Entwicklung im Kampfsport. Hier sind einige Tipps, wie Sie Ihr Kind darauf vorbereiten und unterstützen können:

Vorbereitung auf Wettkämpfe:
- Stellen Sie sicher, dass Ihr Kind gut vorbereitet und in bester körperlicher Verfassung ist.
- Besprechen Sie die Erwartungen und Ziele für den Wettkampf.

Unterstützung während des Wettkampfs:
- Seien Sie präsent und unterstützen Sie Ihr Kind emotional.
- Loben Sie die Anstrengungen und Leistungen, unabhängig vom Ergebnis.

Nachbereitung und Reflexion:
- Besprechen Sie gemeinsam die Erfahrungen und lernen Sie aus den Ergebnissen.
- Ermutigen Sie Ihr Kind, weiterzumachen und sich auf die nächsten Ziele zu konzentrieren.

1.8 Checkliste: Sicherheit und Verletzungsprävention

Die Sicherheit Ihres Kindes hat oberste Priorität. Hier sind einige Maßnahmen, um Verletzungen zu vermeiden und die Sicherheit während des Trainings zu gewährleisten:

Sicherheitsausrüstung:
- Stellen Sie sicher, dass Ihr Kind die richtige Sicherheitsausrüstung trägt (Helme, Schutzhandschuhe, Schienbeinschoner usw.).

- Überprüfen Sie regelmäßig die Ausrüstung auf Abnutzung und Ersetzen Sie sie bei Bedarf.

Wärme- und Dehnübungen:
- Achten Sie darauf, dass Ihr Kind sich vor dem Training ausreichend aufwärmt und dehnt, um Verletzungen vorzubeugen.
- Ermutigen Sie Ihr Kind, sich nach dem Training zu dehnen und abzukühlen.

Gesundheitsbewusstsein:
- Informieren Sie den Trainer über eventuelle gesundheitliche Probleme oder Verletzungen Ihres Kindes.
- Stellen Sie sicher, dass Ihr Kind ausreichend trinkt und sich richtig ernährt, um die Gesundheit zu unterstützen.

1.9 Checkliste: Förderung der mentalen Stärke (Fortsetzung)

Mentale Stärke ist ebenso wichtig wie körperliche Fitness. Hier sind einige Tipps, wie Sie die mentale Stärke Ihres Kindes unterstützen können:

Stressbewältigung:
- Lehren Sie Ihrem Kind Techniken zur Stressbewältigung, wie z.B. Atemübungen, progressive Muskelentspannung oder Achtsamkeitsmeditation.
- Ermutigen Sie Ihr Kind, regelmäßig mentale Übungen zu praktizieren, um Stress abzubauen und den Fokus zu verbessern.

Visualisierung und mentale Vorbereitung:
- Unterstützen Sie Ihr Kind dabei, Visualisierungstechniken zu nutzen, um sich auf Wettkämpfe und Prüfungen vorzubereiten.
- Ermutigen Sie es, sich den erfolgreichen Ablauf von Techniken und Strategien vorzustellen.

Resilienztraining:
- Fördern Sie die Fähigkeit Ihres Kindes, Rückschläge zu bewältigen und daraus zu lernen.
- Besprechen Sie Strategien zur Bewältigung von Herausforderungen und ermutigen Sie Ihr Kind, positiv zu bleiben.

1.10 Checkliste: Förderung der sozialen Fähigkeiten

Soziale Fähigkeiten sind entscheidend für den Erfolg und das Wohlbefinden Ihres Kindes. Hier sind einige Tipps, wie Sie die sozialen Fähigkeiten Ihres Kindes durch Kampfsport fördern können:

Teamarbeit und Zusammenarbeit:
- Ermutigen Sie Ihr Kind, aktiv an Gruppenübungen und Teamaktivitäten teilzunehmen.
- Besprechen Sie die Bedeutung von Teamarbeit und Zusammenarbeit und loben Sie Ihr Kind für kooperatives Verhalten.

Konfliktlösung:
- Helfen Sie Ihrem Kind, Konflikte konstruktiv zu lösen und friedlich mit anderen umzugehen.
- Lehren Sie Ihrem Kind Techniken zur Konfliktlösung, wie z.B. aktives Zuhören, respektvolle Kommunikation und Kompromissbereitschaft.

Empathie und Rücksichtnahme:
- Fördern Sie Empathie und Rücksichtnahme, indem Sie Ihr Kind ermutigen, die Perspektiven und Gefühle anderer zu verstehen und zu respektieren.
- Diskutieren Sie die Bedeutung von Mitgefühl und Freundlichkeit im Training und im Alltag.

1.11 Checkliste: Unterstützung bei der langfristigen Zielsetzung

Langfristige Ziele sind wichtig für die persönliche Entwicklung und den Erfolg im Kampfsport. Hier sind einige Tipps, wie Sie Ihr Kind bei der langfristigen Zielsetzung unterstützen können:

Realistische Ziele setzen:
- Helfen Sie Ihrem Kind, realistische und erreichbare langfristige Ziele zu setzen, die seinen Fähigkeiten und Ambitionen entsprechen.
- Ermutigen Sie es, seine Ziele regelmäßig zu überprüfen und anzupassen.

Meilensteine und Zwischenziele:
- Zerlegen Sie langfristige Ziele in kleinere, erreichbare Meilensteine und Zwischenziele.
- Feiern Sie das Erreichen dieser Zwischenziele und nutzen Sie sie als Motivation für den weiteren Weg.

Kontinuierliche Reflexion:
- Ermutigen Sie Ihr Kind, regelmäßig über seine Fortschritte und Herausforderungen zu reflektieren.
- Besprechen Sie, was gut gelaufen ist und welche Bereiche verbessert werden können, um die langfristigen Ziele zu erreichen.

1.12 Checkliste: Integration von Kampfsport in den Alltag

Kampfsport sollte ein integraler Bestandteil des Alltags Ihres Kindes sein, um die bestmöglichen Vorteile zu erzielen. Hier sind einige Tipps, wie Sie Kampfsport in den Alltag Ihres Kindes integrieren können:

Regelmäßiges Training:
- Stellen Sie sicher, dass Ihr Kind regelmäßig an den Trainingseinheiten teilnimmt und einen festen Trainingsplan einhält.
- Fördern Sie die Teilnahme an zusätzlichen Trainingseinheiten oder Workshops, um die Fähigkeiten Ihres Kindes weiter zu verbessern.

Gesunde Lebensweise:
- Achten Sie auf eine ausgewogene Ernährung und ausreichend Schlaf, um die körperliche und mentale Gesundheit Ihres Kindes zu unterstützen.
- Ermutigen Sie Ihr Kind, auch außerhalb des Trainings aktiv zu bleiben und an anderen sportlichen Aktivitäten teilzunehmen.

Familienunterstützung:
- Zeigen Sie Interesse am Kampfsport Ihres Kindes und unterstützen Sie es bei Wettkämpfen und Veranstaltungen.
- Integrieren Sie Kampfsportaktivitäten in den Familienalltag, wie z.B. gemeinsames Üben oder das Besuchen von Kampfsport-Events.

2. Ressourcen für Eltern und Kinder

Es gibt viele Ressourcen, die Eltern und Kinder nutzen können, um ihre Erfahrungen im Kampfsport zu bereichern und zu optimieren. Diese Ressourcen reichen von Büchern und Videos bis hin zu Online-Plattformen und lokalen Gemeinschaftsangeboten. In diesem Kapitel werden verschiedene Ressourcen vorgestellt, die Ihnen helfen können, das Beste aus dem Kampfsporttraining Ihres Kindes herauszuholen.

2.1 Bücher und Literatur

Bücher sind eine hervorragende Ressource, um mehr über Kampfsport, Trainingsmethoden und die Entwicklung von Kindern im Sport zu erfahren.

- Kampfsport für Kinder und Jugendliche: Suchen Sie nach Büchern, die speziell auf die Bedürfnisse von Kindern und Jugendlichen im Kampfsport eingehen. Diese Bücher bieten oft praktische Tipps und Anleitungen für Eltern und Trainer.
- Autobiographien und Biographien: Bücher über die Lebensgeschichten berühmter Kampfsportler können inspirierend sein und Ihrem Kind wertvolle Einblicke in die Welt des Kampfsports geben.

- Technik- und Trainingsbücher: Es gibt zahlreiche Bücher, die detaillierte Anleitungen zu Kampfsporttechniken und Trainingsmethoden bieten. Diese Bücher können Ihrem Kind helfen, seine Fähigkeiten zu verbessern und neue Techniken zu erlernen.

2.2 Videos und Online-Tutorials

Videos und Online-Tutorials sind eine ausgezeichnete Möglichkeit, Techniken und Trainingsmethoden visuell zu lernen.

- YouTube-Kanäle: Es gibt viele YouTube-Kanäle, die sich auf Kampfsport für Kinder und Jugendliche spezialisiert haben. Diese Kanäle bieten kostenlose Tutorials, Trainingsprogramme und Tipps von erfahrenen Trainern.
- Online-Kurse: Viele Kampfsportschulen und Trainer bieten Online-Kurse an, die speziell für Kinder und Jugendliche entwickelt wurden. Diese Kurse können eine gute Ergänzung zum regulären Training sein.
- Dokumentationen und Filme: Dokumentarfilme und Spielfilme über Kampfsport können inspirierend sein und ein tieferes Verständnis für die Kultur und Philosophie des Kampfsports vermitteln.

2.3 Apps und digitale Tools

Es gibt eine Vielzahl von Apps und digitalen Tools, die das Kampfsporttraining unterstützen und verbessern können.

- Trainings-Apps: Apps wie „MyFitnessPal", „Fitbit" oder spezielle Kampfsport-Apps bieten Trainingspläne, Fortschrittsverfolgung und Ernährungsberatung.
- Videoanalyse-Tools: Tools wie „Coach's Eye" oder „Hudl Technique" ermöglichen es, Trainingsvideos aufzunehmen und zu analysieren. Dies kann helfen, Techniken zu verbessern und Fehler zu erkennen.
- Ernährungs-Apps: Apps, die Ernährungspläne und -tipps bieten, können Ihrem Kind helfen, sich gesund zu ernähren und seine sportliche Leistung zu optimieren.

2.4 Online-Foren und Gemeinschaften

Online-Foren und Gemeinschaften bieten eine Plattform für den Austausch mit anderen Eltern, Trainern und Kampfsportlern.

- Foren und Diskussionsgruppen: Es gibt zahlreiche Foren und Diskussionsgruppen, in denen Eltern und Kinder Fragen stellen, Erfahrungen teilen und Tipps austauschen können.

- Social Media Gruppen: Plattformen wie Facebook und Instagram bieten Gruppen und Seiten, die sich auf Kampfsport für Kinder und Jugendliche spezialisiert haben. Diese Gruppen bieten aktuelle Informationen und eine unterstützende Gemeinschaft.
- Blogs und Webseiten: Viele erfahrene Kampfsportler und Trainer betreiben Blogs und Webseiten, die wertvolle Informationen, Tipps und Ressourcen bieten.

2.5 Lokale Gemeinschaftsangebote

Neben den digitalen Ressourcen sind auch lokale Angebote von großer Bedeutung. Hier einige Beispiele:

- Gemeindesportzentren und Vereine: Viele Gemeinden bieten Sportprogramme und Vereine an, die auch Kampfsportkurse für Kinder und Jugendliche umfassen. Diese Programme sind oft kostengünstig und gut zugänglich.
- Workshops und Seminare: Informieren Sie sich über Workshops und Seminare, die von lokalen Kampfsportschulen oder Vereinen angeboten werden. Diese bieten oft intensive Trainingsmöglichkeiten und spezielle Themen.
- Wettkämpfe und Veranstaltungen: Die Teilnahme an lokalen Wettkämpfen und Veranstaltungen kann eine wertvolle Erfahrung für Ihr Kind sein. Diese Gelegenheiten fördern nicht nur die sportliche Entwicklung, sondern auch den sozialen Austausch und die Integration in die Kampfsportgemeinschaft.

2.6 Mentoren und Vorbilder

Mentoren und Vorbilder spielen eine wichtige Rolle bei der Förderung der Entwicklung und Motivation Ihres Kindes im Kampfsport.

- Trainer als Mentoren: Die Trainer Ihrer Kampfsportschule können wertvolle Mentoren für Ihr Kind sein. Ermutigen Sie Ihr Kind, Fragen zu stellen und von den Erfahrungen der Trainer zu lernen.
- Ältere Schüler und Schwarzgurte: Erfahrene Schüler und Schwarzgurte können inspirierende Vorbilder und Mentoren sein. Sie können Ihrem Kind helfen, Techniken zu verbessern und Motivation zu finden.
- Berühmte Kampfsportler: Lassen Sie Ihr Kind die Geschichten und Karrieren berühmter Kampfsportler kennenlernen. Diese Geschichten können inspirieren und wertvolle Lektionen über Disziplin, Ausdauer und Erfolg vermitteln.

2.7 Gesundheits- und Ernährungsberatung

Gesundheit und Ernährung sind wichtige Aspekte des Kampfsports. Hier sind einige Ressourcen, die Ihnen helfen können:

- Ernährungsberater und Sportmediziner: Konsultieren Sie Ernährungsberater oder Sportmediziner, um sicherzustellen, dass Ihr Kind eine ausgewogene Ernährung erhält und gesund bleibt.
- Gesundheitswebseiten und Bücher: Es gibt zahlreiche Webseiten und Bücher, die sich auf Sporternährung und Gesundheit konzentrieren. Diese Ressourcen bieten wertvolle Tipps und Informationen, um die Leistung und Gesundheit Ihres Kindes zu optimieren.
- Fitness- und Wellness-Apps: Nutzen Sie Apps, die speziell für die Überwachung der Gesundheit und Fitness entwickelt wurden. Diese Apps können Ihnen helfen, den Gesundheitszustand und die Ernährungsgewohnheiten Ihres Kindes zu verfolgen und zu verbessern.

2.8 Bildungsressourcen und Lernmaterialien

Bildungsressourcen und Lernmaterialien können die theoretischen Kenntnisse und das Verständnis für Kampfsport vertiefen.

- Online-Bibliotheken und Datenbanken: Nutzen Sie Online-Bibliotheken und Datenbanken, die Zugang zu wissenschaftlichen Artikeln und Studien über Kampfsport und Sportwissenschaft bieten.
- E-Learning-Plattformen: Plattformen wie Coursera, Udemy und Khan Academy bieten Kurse und Vorträge zu verschiedenen Themen, einschließlich Sportpsychologie, Ernährung und Trainingstechniken.
- Fachzeitschriften und Magazine: Abonnieren Sie Fachzeitschriften und Magazine, die sich auf Kampfsport und allgemeine Fitness konzentrieren. Diese Publikationen bieten aktuelle Forschungsergebnisse, Techniktipps und Erfolgsgeschichten.

2.9 Unterstützung durch Familien und Freunde

Die Unterstützung durch Familie und Freunde spielt eine entscheidende Rolle für den Erfolg Ihres Kindes im Kampfsport.

- Elterngruppen: Beteiligen Sie sich an Elterngruppen in der Kampfsportschule Ihres Kindes. Diese Gruppen bieten eine Plattform für den Austausch von Erfahrungen und Tipps.
- Freunde und Trainingspartner: Ermutigen Sie Ihr Kind, Freundschaften mit anderen Schülern zu schließen. Gemeinsames Training und Unterstützung unter Gleichaltrigen fördern die Motivation und das Durchhaltevermögen.
- Familienunterstützung: Seien Sie als Familie aktiv involviert. Besuchen Sie Trainingseinheiten, Wettkämpfe und Veranstaltungen, um Ihrem Kind zu zeigen, dass Sie hinter ihm stehen.

2.10 Förderung von persönlichem Wachstum und Entwicklung

Kampfsport bietet viele Gelegenheiten für persönliches Wachstum und Entwicklung. Nutzen Sie diese Möglichkeiten, um Ihr Kind ganzheitlich zu fördern.

- Persönliche Ziele und Ambitionen: Helfen Sie Ihrem Kind, persönliche Ziele und Ambitionen im Kampfsport und im Leben zu setzen. Unterstützen Sie es dabei, diese Ziele zu verfolgen und zu erreichen.
- Lebenslange Fähigkeiten: Kampfsport lehrt viele Fähigkeiten, die über den Sport hinausgehen, wie Disziplin, Durchhaltevermögen und Selbstbewusstsein. Fördern Sie die Anwendung dieser Fähigkeiten in allen Lebensbereichen.
- Selbstreflexion und Feedback: Ermutigen Sie Ihr Kind zur Selbstreflexion und zum Annehmen von Feedback. Dies fördert die kontinuierliche Verbesserung und das persönliche Wachstum.

2.11 Freizeitaktivitäten und Ausgleich

Ein ausgewogenes Leben ist wichtig, um Überlastung und Stress zu vermeiden. Hier sind einige Tipps, wie Sie Ihrem Kind helfen können, einen Ausgleich zu finden:

- Freizeitaktivitäten: Unterstützen Sie Ihr Kind dabei, Freizeitaktivitäten zu finden, die es genießt und die einen Ausgleich zum Kampfsport bieten. Dies können kreative Hobbys, Musik oder andere Sportarten sein.
- Erholung und Entspannung: Achten Sie darauf, dass Ihr Kind genügend Zeit zur Erholung und Entspannung hat. Dies ist wichtig, um körperliche und mentale Erschöpfung zu vermeiden.
- Familienzeit: Planen Sie regelmäßig gemeinsame Familienaktivitäten ein. Dies stärkt die Familienbindung und bietet eine wichtige Auszeit vom Trainingsalltag.

2.12 Reise- und Veranstaltungstipps

Reisen und Veranstaltungen können das Training Ihres Kindes bereichern und neue Erfahrungen bieten.

- Trainingslager und Camps: Informieren Sie sich über Trainingslager und Camps, die speziell für Kinder und Jugendliche im Kampfsport angeboten werden. Diese bieten intensive Trainingserfahrungen und die Möglichkeit, neue Freunde zu finden.
- Wettkämpfe und Turniere: Unterstützen Sie Ihr Kind bei der Teilnahme an Wettkämpfen und Turnieren. Dies fördert nicht nur die sportliche Entwicklung, sondern auch die soziale Interaktion und den Ehrgeiz.
- Internationale Veranstaltungen: Erwägen Sie die Teilnahme an internationalen Veranstaltungen und Wettbewerben. Diese bieten wertvolle kulturelle Erfahrungen und die Möglichkeit, sich mit Kampfsportlern aus der ganzen Welt zu messen.

2.13 Online-Ressourcen und digitale Tools

Die Digitalisierung bietet viele neue Möglichkeiten für das Training und die Weiterbildung im Kampfsport.

- Virtuelle Trainingsprogramme: Nutzen Sie virtuelle Trainingsprogramme und Online-Kurse, um das Training Ihres Kindes zu ergänzen. Diese Programme bieten Flexibilität und Zugang zu Top-Trainern weltweit.
- Fitness-Tracker und Wearables: Investieren Sie in Fitness-Tracker und Wearables, die Ihrem Kind helfen, seine Fortschritte zu überwachen und zu verbessern. Diese Geräte bieten Einblicke in die körperliche Aktivität, den Schlaf und die Gesundheit.
- Digitale Bücher und eBooks: Digitale Bücher und eBooks bieten eine bequeme Möglichkeit, Wissen über Kampfsport und Trainingstechniken zu erweitern. Viele Titel sind sofort verfügbar und können auf verschiedenen Geräten gelesen werden.

2.14 Vereinsmitgliedschaften und Netzwerke

Die Mitgliedschaft in einem Verein und das Einbeziehen in Netzwerke können die Kampfsporterfahrungen Ihres Kindes erheblich bereichern.

- Lokale Kampfsportvereine: Treten Sie einem lokalen Kampfsportverein bei. Diese Vereine bieten nicht nur regelmäßiges Training, sondern auch Zugang zu Wettkämpfen, Workshops und sozialen Aktivitäten.
- Regionale und nationale Verbände: Informieren Sie sich über regionale und nationale Kampfsportverbände. Eine Mitgliedschaft kann zusätzliche Trainingsressourcen, Versicherungen und Zugang zu größeren Wettkämpfen bieten.
- Alumni-Netzwerke: Viele Kampfsportschulen haben Alumni-Netzwerke, die ehemaligen Schülern ermöglichen, in Kontakt zu bleiben und ihr Wissen und ihre Erfahrungen weiterzugeben.

2.15 Unterstützung durch Bildungsressourcen

Die Kombination von sportlicher und akademischer Bildung kann die Gesamtentwicklung Ihres Kindes fördern.

- Akademische Förderprogramme: Nutzen Sie akademische Förderprogramme, die speziell für sportlich aktive Kinder entwickelt wurden. Diese Programme bieten Unterstützung bei der Balance zwischen Schule und Sport.

- Bildungsseminare und Workshops: Nehmen Sie an Bildungsseminaren und Workshops teil, die sich auf die Entwicklung von Kindern im Sport konzentrieren. Diese bieten wertvolle Informationen und Strategien, um Ihr Kind optimal zu unterstützen.
- Bildungspartnerschaften: Kooperieren Sie mit Bildungseinrichtungen, die Programme für sportlich aktive Schüler anbieten. Diese Partnerschaften können zusätzliche Ressourcen und Unterstützung bieten.

2.16 Sicherheit und Verletzungsprävention

Sicherheit und Verletzungsprävention sind entscheidend für das Wohlbefinden und den langfristigen Erfolg im Kampfsport.

- Sicherheitsrichtlinien: Informieren Sie sich über die Sicherheitsrichtlinien der Kampfsportschule Ihres Kindes. Stellen Sie sicher, dass diese Richtlinien strikt eingehalten werden.
- Verletzungspräventionsprogramme: Nehmen Sie an Programmen teil, die sich auf die Prävention von Verletzungen konzentrieren. Diese Programme bieten wertvolle Informationen und Übungen, um das Verletzungsrisiko zu minimieren.
- Erste-Hilfe-Kurse: Absolvieren Sie einen Erste-Hilfe-Kurs, der speziell auf Sportverletzungen ausgerichtet ist. Dies bereitet Sie darauf vor, im Notfall schnell und effektiv zu reagieren.

2.17 Geistige und emotionale Unterstützung

Die geistige und emotionale Unterstützung ist ebenso wichtig wie die körperliche Förderung.

- Sportpsychologen und Berater: Ziehen Sie die Beratung durch einen Sportpsychologen in Betracht, um die mentale Stärke und das Wohlbefinden Ihres Kindes zu fördern. Diese Fachleute bieten Techniken zur Stressbewältigung und zur Verbesserung der Leistungsfähigkeit.
- Mentale Gesundheitsressourcen: Nutzen Sie Ressourcen zur mentalen Gesundheit, wie Bücher, Apps und Online-Kurse, die speziell für sportlich aktive Kinder entwickelt wurden.
- Familienunterstützung: Bieten Sie kontinuierliche emotionale Unterstützung und Ermutigung. Zeigen Sie Interesse und Verständnis für die Herausforderungen, die Ihr Kind im Training und im Wettkampf erlebt.

2.18 Finanzierung und Sponsoring

Die finanzielle Unterstützung kann eine wichtige Rolle spielen, um die Teilnahme an Kampfsportaktivitäten zu ermöglichen.

- Sponsoring durch lokale Unternehmen: Suchen Sie nach Sponsoringmöglichkeiten durch lokale Unternehmen. Viele Unternehmen unterstützen gerne Jugendprogramme und Sportveranstaltungen.
- Stipendien und Förderprogramme: Informieren Sie sich über Stipendien und Förderprogramme, die speziell für junge Sportler angeboten werden. Diese können helfen, die Kosten für Training, Ausrüstung und Wettkämpfe zu decken.
- Fundraising-Events: Organisieren Sie Fundraising-Events, um Mittel für die Kampfsportaktivitäten Ihres Kindes zu sammeln. Dies kann durch Sponsorenläufe, Tombolas oder andere kreative Veranstaltungen geschehen.

2.19 Internationale Austauschprogramme

Internationale Austauschprogramme bieten eine einzigartige Gelegenheit, neue Kulturen kennenzulernen und sich sportlich weiterzuentwickeln.

- Austauschprogramme für Kampfsport: Informieren Sie sich über Austauschprogramme, die speziell für Kampfsportler entwickelt wurden. Diese Programme bieten die Möglichkeit, in anderen Ländern zu trainieren und neue Techniken zu erlernen.
- Kultureller Austausch: Ein kultureller Austausch kann das Verständnis und die Wertschätzung für die Wurzeln und Traditionen des Kampfsports vertiefen.
- Sprachliche und persönliche Entwicklung: Die Teilnahme an internationalen Programmen fördert nicht nur die sportliche, sondern auch die sprachliche und persönliche Entwicklung Ihres Kindes.

2.20 Balance zwischen Sport und Bildung

Es ist wichtig, eine Balance zwischen sportlichen Aktivitäten und Bildung zu finden, um die ganzheitliche Entwicklung Ihres Kindes zu gewährleisten.

- Offene Kommunikation: Halten Sie eine offene Kommunikation mit Ihrem Kind über seine Zeitplanung und Verpflichtungen. Stellen Sie sicher, dass Ihr Kind seine Bedürfnisse und Bedenken äußern kann.
- Schulunterstützung: Arbeiten Sie mit den Lehrern und der Schule zusammen, um sicherzustellen, dass das Trainingsprogramm Ihres Kindes mit seinen schulischen Verpflichtungen vereinbar ist.
- Flexibilität und Anpassung: Seien Sie flexibel und bereit, Anpassungen vorzunehmen, wenn die schulischen Anforderungen steigen. Dies kann bedeuten, das Training vorübergehend zu reduzieren oder die Zeitpläne anzupassen.

2.21 Förderung des lebenslangen Lernens

Kampfsport lehrt, dass Lernen ein kontinuierlicher Prozess ist. Diese Einstellung fördert das lebenslange Lernen und die ständige persönliche Entwicklung.

- Ständige Verbesserung: Jugendliche lernen, dass es immer Raum für Verbesserung gibt und dass kontinuierliche Anstrengung notwendig ist, um Fortschritte zu erzielen.
- Offenheit für Neues: Der Kampfsport fördert die Offenheit für neue Techniken, Strategien und Denkweisen.
- Selbstentwicklung: Die Bereitschaft zur ständigen Selbstentwicklung und Verbesserung wird im Kampfsport stark gefördert und wirkt sich positiv auf alle Lebensbereiche aus.

2.22 Unterstützende Literatur und Medien

Ergänzende Literatur und Medien können eine wertvolle Ressource für Eltern und Kinder sein, um das Verständnis und die Begeisterung für Kampfsport zu vertiefen.

- Kinderbücher über Kampfsport: Es gibt viele Kinderbücher, die Kampfsport thematisieren und auf unterhaltsame Weise Werte wie Disziplin, Respekt und Durchhaltevermögen vermitteln.
- Dokumentationen und Filme: Dokumentarfilme und Spielfilme über Kampfsportler und ihre Reisen können inspirieren und motivieren.
- Fachzeitschriften und Magazine: Abonnieren Sie Kampfsportmagazine, um über aktuelle Trends, Techniken und Erfolgsgeschichten informiert zu bleiben.

2.23 Unterstützung durch Coaches und Mentoren

Der Einfluss von Coaches und Mentoren kann nicht genug betont werden. Diese Personen spielen eine Schlüsselrolle in der Entwicklung und Motivation Ihres Kindes.

- Regelmäßige Meetings: Planen Sie regelmäßige Treffen oder Gespräche mit dem Coach Ihres Kindes, um den Fortschritt zu besprechen und Feedback zu erhalten.
- Mentorensysteme: Viele Kampfsportschulen haben Mentorensysteme, bei denen erfahrene Schüler jüngere Schüler unterstützen und ihnen helfen, sich im Training und darüber hinaus zu entwickeln.
- Persönliche Beziehungen: Ermutigen Sie Ihr Kind, persönliche Beziehungen zu seinen Trainern und Mentoren aufzubauen. Diese Beziehungen können eine wertvolle Quelle der Unterstützung und Inspiration sein.

2.24 Online-Communities und soziale Netzwerke

Die Teilnahme an Online-Communities und sozialen Netzwerken kann zusätzliche Unterstützung und Ressourcen bieten.

- Facebook-Gruppen und Foren: Tritt Facebook-Gruppen und Online-Foren bei, die sich auf Kampfsport für Kinder und Jugendliche konzentrieren. Diese Plattformen bieten eine Fülle von Informationen und eine Gemeinschaft, die Unterstützung bietet.
- Instagram und YouTube: Viele professionelle Kampfsportler und Trainer teilen auf Instagram und YouTube wertvolle Inhalte, die Trainingstipps, Motivation und Techniken bieten.
- Webinare und Online-Workshops: Nehmen Sie an Webinaren und Online-Workshops teil, die von Experten angeboten werden. Diese Veranstaltungen bieten tiefere Einblicke und aktuelle Informationen zu verschiedenen Aspekten des Kampfsports.

2.25 Ressourcen für spezielle Bedürfnisse

Kinder mit speziellen Bedürfnissen können auch von den Vorteilen des Kampfsports profitieren. Hier sind einige Ressourcen, die speziell auf diese Kinder ausgerichtet sind.

- Inklusive Kampfsportschulen: Suchen Sie nach Kampfsportschulen, die inklusive Programme anbieten und Erfahrung in der Arbeit mit Kindern mit besonderen Bedürfnissen haben.
- Spezialisierte Trainer: Finden Sie Trainer, die speziell ausgebildet sind, um mit Kindern mit besonderen Bedürfnissen zu arbeiten. Diese Trainer können maßgeschneiderte Trainingsprogramme erstellen.
- Unterstützungsnetzwerke: Schließen Sie sich Netzwerken und Gruppen an, die sich auf inklusive Sportprogramme konzentrieren. Diese Gemeinschaften bieten Unterstützung und Ressourcen, die speziell auf die Bedürfnisse Ihres Kindes zugeschnitten sind.

Zusammenfassung und Ausblick

Das Training im Kampfsport bietet Kindern und Jugendlichen viele Vorteile, die weit über die körperliche Fitness hinausgehen. In diesem Buch haben wir die vielfältigen positiven Auswirkungen des Kampfsports auf die körperliche, geistige und soziale Entwicklung von Kindern und Jugendlichen beleuchtet. Nun fassen wir die wichtigsten Punkte zusammen und geben einen Ausblick auf die langfristigen Auswirkungen und zukünftigen Perspektiven.

1.1 Körperliche Vorteile

Kampfsport fördert die körperliche Fitness und Gesundheit auf vielfältige Weise:

- Verbesserung der körperlichen Fitness: Regelmäßiges Training stärkt das Herz-Kreislauf-System, erhöht die Muskelkraft und verbessert die Flexibilität und Beweglichkeit.
- Entwicklung von motorischen Fähigkeiten: Kinder und Jugendliche lernen, ihren Körper besser zu kontrollieren und ihre motorischen Fähigkeiten zu verbessern.
- Förderung eines gesunden Lebensstils: Kampfsport ermutigt zu einer gesunden Lebensweise, einschließlich ausgewogener Ernährung und ausreichender Erholung.

1.2 Geistige Vorteile

Neben den körperlichen Vorteilen fördert Kampfsport auch die geistige Entwicklung:

- Stärkung der Disziplin und Konzentration: Durch das Training lernen Kinder und Jugendliche, sich zu konzentrieren und diszipliniert zu arbeiten.
- Förderung der Resilienz und Durchhaltevermögen: Kampfsport lehrt, mit Rückschlägen umzugehen und trotz Herausforderungen weiterzumachen.
- Verbesserung der Selbstregulation: Kinder und Jugendliche lernen, ihre Emotionen zu kontrollieren und in stressigen Situationen ruhig zu bleiben.

1.3 Soziale Vorteile

Kampfsport bietet zahlreiche soziale Vorteile, die für die Entwicklung von Kindern und Jugendlichen wichtig sind:

- Entwicklung von Teamarbeit und Kooperation: Durch Partnerübungen und Teamwettkämpfe lernen Kinder und Jugendliche, effektiv im Team zu arbeiten.
- Förderung von Respekt und Fairness: Kampfsport lehrt, andere zu respektieren und fair zu behandeln, sowohl im Training als auch im Alltag.
- Aufbau von Freundschaften und sozialem Netzwerk: Kinder und Jugendliche knüpfen neue Freundschaften und bauen ein unterstützendes soziales Netzwerk auf.

1.4 Emotionale und mentale Vorteile

Der emotionale und mentale Nutzen des Kampfsports ist erheblich:

- Stärkung des Selbstvertrauens: Durch das Erlernen neuer Fähigkeiten und das Meistern von Herausforderungen entwickeln Kinder und Jugendliche ein starkes Selbstvertrauen.
- Förderung der emotionalen Intelligenz: Kampfsport hilft, eigene und fremde Emotionen besser zu verstehen und zu regulieren.
- Stressabbau und mentale Gesundheit: Regelmäßiges Training hilft, Stress abzubauen und die mentale Gesundheit zu fördern.

1.5 Langfristige Perspektiven

Die positiven Auswirkungen des Kampfsports erstrecken sich auch auf das Erwachsenenalter:

- Lebenslange Fitness: Die im Kampfsport entwickelten Fitnessgewohnheiten und körperlichen Fähigkeiten tragen zu einer lebenslangen Gesundheit und Fitness bei.
- Berufliche und akademische Vorteile: Die Disziplin, das Durchhaltevermögen und die Teamfähigkeit, die im Kampfsport entwickelt werden, sind auch in Schule und Beruf von Vorteil.

- Persönliche Entwicklung: Die im Kampfsport erworbenen Fähigkeiten und Werte tragen zur persönlichen Reife und Entwicklung bei und fördern ein selbstbewusstes und ausgewogenes Leben.

1.6 Empfehlungen für Eltern

Eltern spielen eine entscheidende Rolle bei der Unterstützung ihres Kindes im Kampfsport. Hier sind einige Empfehlungen:

- Aktive Unterstützung: Seien Sie aktiv involviert und unterstützen Sie Ihr Kind emotional und logistisch.
- Positive Verstärkung: Loben Sie Ihr Kind für seine Anstrengungen und Erfolge, um das Selbstvertrauen zu stärken.
- Offene Kommunikation: Halten Sie eine offene Kommunikation mit Ihrem Kind und seinen Trainern, um den Fortschritt und mögliche Herausforderungen zu besprechen.

1.7 Zukünftige Entwicklungen im Kampfsport

Der Kampfsport entwickelt sich ständig weiter und bietet immer neue Möglichkeiten:

- Technologische Fortschritte: Neue Technologien wie virtuelle Realität und digitale Trainingsplattformen bieten innovative Trainingsmethoden.
- Inklusive Programme: Es gibt eine wachsende Anzahl von Programmen, die speziell auf Kinder mit besonderen Bedürfnissen ausgerichtet sind.
- Internationale Vernetzung: Internationale Austauschprogramme und Wettbewerbe bieten spannende Möglichkeiten, neue Techniken zu erlernen und kulturelle Erfahrungen zu sammeln.

1.8 Die Rolle der Trainer und Mentoren

Trainer und Mentoren sind entscheidend für die erfolgreiche Entwicklung junger Kampfsportler. Sie bieten nicht nur technisches Wissen, sondern auch emotionale und mentale Unterstützung.

- Wertvolle Anleitung und Feedback: Trainer bieten präzise Anleitung und kontinuierliches Feedback, um die Fähigkeiten der Schüler zu verbessern.
- Mentoring und Vorbildfunktion: Trainer und erfahrene Kampfsportler dienen als Vorbilder und Mentoren, die Jugendliche inspirieren und motivieren.
- Individuelle Betreuung: Gute Trainer passen ihre Methoden an die individuellen Bedürfnisse und Fähigkeiten der Schüler an, um optimale Ergebnisse zu erzielen.

1.9 Die Bedeutung der Gemeinschaft

Eine unterstützende Gemeinschaft ist für die Entwicklung von Kindern im Kampfsport von unschätzbarem Wert.

- Gemeinschaftsgefühl: Die Teilnahme an einer Kampfsportschule fördert ein starkes Gemeinschaftsgefühl und die Zugehörigkeit zu einer unterstützenden Gruppe.
- Gemeinsame Erlebnisse: Gemeinsame Trainingserlebnisse, Wettkämpfe und Veranstaltungen stärken die Bindungen zwischen den Schülern.
- Netzwerk und Unterstützung: Eine starke Gemeinschaft bietet ein Netzwerk, das Unterstützung und Ermutigung sowohl innerhalb als auch außerhalb des Trainings bietet.

1.10 Herausforderungen und wie man sie meistert

Kampfsport kann auch Herausforderungen mit sich bringen, aber mit der richtigen Unterstützung können diese gemeistert werden.

- Zeitmanagement: Die Balance zwischen Schule, Training und Freizeit kann eine Herausforderung sein. Eine gute Planung und Priorisierung helfen, diese Balance zu finden.
- Verletzungsrisiken: Verletzungen sind im Kampfsport nicht auszuschließen. Regelmäßiges Aufwärmen, korrekte Technik und die Nutzung von Schutzausrüstung minimieren das Risiko.
- Motivationsschwankungen: Es ist normal, dass die Motivation schwankt. Unterstützung durch Familie, Freunde und Trainer sowie das Setzen realistischer Ziele können helfen, die Motivation aufrechtzuerhalten.

1.11 Die langfristigen Vorteile für die persönliche Entwicklung

Kampfsport bietet langfristige Vorteile, die weit über die Jugend hinausreichen und das gesamte Leben beeinflussen können.

- Berufliche Fähigkeiten: Disziplin, Durchhaltevermögen und Teamarbeit sind wertvolle Fähigkeiten, die im Berufsleben von großem Nutzen sind.
- Persönliche Reife: Kampfsport fördert Selbstbewusstsein, Resilienz und die Fähigkeit, mit Stress umzugehen, was zur persönlichen Reife beiträgt.
- Gesundheit und Wohlbefinden: Die im Kampfsport entwickelten Fitness- und Gesundheitsgewohnheiten tragen zu einem gesunden und ausgewogenen Lebensstil bei.

1.12 Ein Ausblick auf die Zukunft des Kampfsports

Der Kampfsport entwickelt sich ständig weiter und bietet spannende Perspektiven für die Zukunft.

- Technologische Innovationen: Virtuelle Realität und digitale Trainingsplattformen revolutionieren das Training und machen es zugänglicher.
- Globaler Austausch: Internationale Wettbewerbe und Austauschprogramme fördern das Verständnis und die Zusammenarbeit zwischen Kampfsportlern aus verschiedenen Kulturen.
- Nachhaltigkeit und Inklusion: Immer mehr Programme legen Wert auf Nachhaltigkeit und Inklusion, um den Kampfsport für alle zugänglich zu machen.

1.13 Praktische Tipps für den Einstieg

Für Eltern und Kinder, die gerade erst in den Kampfsport einsteigen, sind hier einige praktische Tipps:

- Erste Schritte: Besuchen Sie mehrere Kampfsportschulen und beobachten Sie den Unterricht, um die beste Schule für Ihr Kind zu finden.
- Ausrüstung: Investieren Sie in die richtige Ausrüstung, die sicher und langlebig ist.
- Geduld und Engagement: Der Einstieg kann herausfordernd sein, aber Geduld und kontinuierliches Engagement führen zum Erfolg.

1.14 Die Rolle der Eltern

Eltern spielen eine entscheidende Rolle bei der Unterstützung ihrer Kinder im Kampfsport.

- Emotionale Unterstützung: Bieten Sie kontinuierliche emotionale Unterstützung und Ermutigung.
- Logistische Hilfe: Helfen Sie bei der Organisation des Trainingsplans und der Teilnahme an Wettkämpfen.
- Vorbildfunktion: Seien Sie ein positives Vorbild in Bezug auf Disziplin, Engagement und Gesundheit.

1.15 Der Weg zu lebenslangem Lernen und Wachstum

Kampfsport lehrt die wertvolle Lektion, dass Lernen und Wachstum ein lebenslanger Prozess sind.

- Kontinuierliche Verbesserung: Fördern Sie eine Haltung der kontinuierlichen Verbesserung und des lebenslangen Lernens.
- Offenheit für Neues: Ermutigen Sie Ihr Kind, offen für neue Techniken, Strategien und Denkweisen zu sein.
- Persönliche Entwicklung: Unterstützen Sie die persönliche Entwicklung und das Streben nach Selbstverbesserung in allen Bereichen des Lebens.

1.16 Die Bedeutung von Reflexion und Selbstbewertung

Reflexion und Selbstbewertung sind entscheidend, um kontinuierlich zu lernen und sich zu verbessern.

- Regelmäßige Selbstreflexion: Ermutigen Sie Ihr Kind, regelmäßig über seine Fortschritte, Herausforderungen und Erfolge nachzudenken.
- Feedback annehmen: Fördern Sie die Bereitschaft, konstruktives Feedback von Trainern, Mitschülern und sich selbst anzunehmen.
- Zielanpassung: Helfen Sie Ihrem Kind, seine Ziele regelmäßig zu überprüfen und anzupassen, um sicherzustellen, dass sie realistisch und erreichbar bleiben.

1.17 Die langfristigen Vorteile für das soziale Leben

Kampfsport bietet nicht nur individuelle Vorteile, sondern stärkt auch soziale Fähigkeiten und das Gemeinschaftsgefühl.

- Freundschaften und Netzwerke: Durch den Kampfsport knüpfen Kinder und Jugendliche wertvolle Freundschaften und bauen ein unterstützendes Netzwerk auf.
- Teamarbeit und Kooperation: Die im Kampfsport erlernten Fähigkeiten zur Teamarbeit und Kooperation sind in vielen sozialen und beruflichen Kontexten nützlich.
- Respekt und Empathie: Kampfsport fördert den Respekt vor anderen und die Fähigkeit, sich in andere hineinzuversetzen, was zu positiven sozialen Interaktionen führt.

1.18 Die Rolle von Eltern und Familien

Eltern und Familien spielen eine entscheidende Rolle bei der Unterstützung und Motivation junger Kampfsportler.

- Aktive Beteiligung: Nehmen Sie aktiv am Training und an Wettkämpfen teil, um Ihr Kind zu unterstützen und zu ermutigen.
- Gemeinsame Aktivitäten: Nutzen Sie gemeinsame Aktivitäten, um die Bindung zu Ihrem Kind zu stärken und seine Leidenschaft für den Kampfsport zu teilen.
- Emotionale Unterstützung: Bieten Sie kontinuierliche emotionale Unterstützung und ermutigen Sie Ihr Kind, auch bei Rückschlägen weiterzumachen.

1.19 Die Balance zwischen Tradition und Innovation

Kampfsport verbindet oft traditionelle Werte und Techniken mit modernen Trainingsmethoden und Innovationen.

- Traditionelle Werte: Fördern Sie das Verständnis und die Wertschätzung für die traditionellen Werte und Philosophien des Kampfsports.
- Moderne Methoden: Nutzen Sie moderne Trainingsmethoden und Technologien, um das Training zu ergänzen und zu verbessern.
- Integrierter Ansatz: Ein integrierter Ansatz, der sowohl Tradition als auch Innovation berücksichtigt, bietet die besten Voraussetzungen für eine umfassende Entwicklung.

1.20 Die Bedeutung von Geduld und Ausdauer

Geduld und Ausdauer sind Schlüsselqualitäten, die im Kampfsport entwickelt und gestärkt werden.

- Langfristige Ziele: Ermutigen Sie Ihr Kind, langfristige Ziele zu setzen und geduldig auf deren Erreichung hinzuarbeiten.
- Durchhaltevermögen: Helfen Sie Ihrem Kind, Ausdauer und Durchhaltevermögen zu entwickeln, um auch bei Herausforderungen und Rückschlägen weiterzumachen.
- Erfolg feiern: Feiern Sie sowohl große als auch kleine Erfolge, um die Motivation und das Selbstbewusstsein zu stärken.

1.21 Die Zukunft des Kampfsports

Die Zukunft des Kampfsports sieht vielversprechend aus, mit neuen Entwicklungen und Möglichkeiten, die ständig entstehen.

- Technologische Fortschritte: Virtuelle Realität, Online-Trainingsplattformen und Fitness-Apps bieten neue Möglichkeiten, das Training zu verbessern und zugänglicher zu machen.
- Globale Vernetzung: Internationale Wettbewerbe und Austauschprogramme fördern das Verständnis und die Zusammenarbeit zwischen Kampfsportlern aus verschiedenen Kulturen.
- Inklusivität und Nachhaltigkeit: Immer mehr Programme legen Wert auf Inklusivität und Nachhaltigkeit, um den Kampfsport für alle zugänglich und umweltfreundlich zu gestalten.

1.22 Ein Leben voller Möglichkeiten

Kampfsport eröffnet Kindern und Jugendlichen eine Welt voller Möglichkeiten und Potenziale.

- Karrieremöglichkeiten: Für einige können Kampfsportarten zu einer beruflichen Karriere führen, sei es als Athlet, Trainer oder in der Sportadministration.
- Lebenslange Fitness: Die im Kampfsport entwickelten Fitness- und Gesundheitsgewohnheiten tragen zu einem gesunden und aktiven Lebensstil bei.
- Persönliche Erfüllung: Kampfsport bietet eine Möglichkeit, persönliche Erfüllung und ein Gefühl von Leistung und Selbstverwirklichung zu finden.

1.23 Abschlussgedanken

Kampfsport ist mehr als nur körperliche Bewegung. Er ist eine umfassende Erfahrung, die die körperliche, geistige und soziale Entwicklung fördert.

- Ganzheitliche Entwicklung: Kampfsport unterstützt die ganzheitliche Entwicklung und bereitet Kinder und Jugendliche auf ein erfülltes und erfolgreiches Leben vor.
- Lebenslange Werte: Die im Kampfsport erlernten Werte wie Disziplin, Respekt und Durchhaltevermögen sind lebenslange Begleiter.
- Ermutigung und Unterstützung: Eltern spielen eine entscheidende Rolle, indem sie ihre Kinder ermutigen und unterstützen, diese wertvollen Erfahrungen zu machen.

1.24 Die Kraft der Gemeinschaft

Die Bedeutung der Gemeinschaft im Kampfsport kann nicht überschätzt werden. Sie bietet Unterstützung, Motivation und eine Plattform für soziales Lernen.

- Gemeinschaftsgefühl stärken: Ermutigen Sie Ihr Kind, aktiv an den Gemeinschaftsaktivitäten der Kampfsportschule teilzunehmen, um das Gemeinschaftsgefühl zu stärken.
- Netzwerk von Unterstützern: Ein starkes Netzwerk von Trainern, Mitschülern und anderen Eltern bietet eine solide Basis für die emotionale und soziale Unterstützung.
- Soziale Verantwortung: Kinder und Jugendliche lernen, Verantwortung in der Gemeinschaft zu übernehmen und sich für andere einzusetzen, was ihre sozialen Kompetenzen weiterentwickelt.

1.25 Die Rolle der Selbstdisziplin

Selbstdisziplin ist eine der wichtigsten Fähigkeiten, die durch den Kampfsport entwickelt werden und die in vielen Lebensbereichen von Nutzen ist.

- Regelmäßiges Training: Die Verpflichtung zu regelmäßigem Training lehrt Selbstdisziplin und Zeitmanagement.
- Verantwortungsbewusstsein: Kinder und Jugendliche lernen, Verantwortung für ihre eigenen Fortschritte und Leistungen zu übernehmen.
- Zielorientierung: Der Kampfsport hilft, klare Ziele zu setzen und diese konsequent zu verfolgen, was zu einem strukturierten und fokussierten Lebensstil beiträgt.

1.26 Die Bedeutung von Integrität und Ethik

Integrität und ethisches Verhalten sind Kernwerte des Kampfsports, die das persönliche und soziale Leben bereichern.

- Ehrlichkeit und Fairness: Kampfsport lehrt die Bedeutung von Ehrlichkeit und Fairness sowohl im Training als auch im Alltag.
- Respekt vor anderen: Respekt vor Trainern, Mitschülern und Gegnern ist eine zentrale Lektion, die Kinder und Jugendliche durch den Kampfsport lernen.
- Verantwortungsbewusstsein: Das Verständnis für Verantwortung und die Auswirkungen des eigenen Handelns auf andere wird durch die Prinzipien des Kampfsports gestärkt.

1.27 Die Balance zwischen Körper und Geist

Die Balance zwischen körperlicher Fitness und geistiger Gesundheit ist ein wesentlicher Bestandteil des Kampfsports.

- Ganzheitliches Training: Kampfsport bietet ein ganzheitliches Training, das sowohl körperliche als auch geistige Aspekte berücksichtigt.
- Mentale Techniken: Techniken wie Meditation und Atemübungen fördern die geistige Klarheit und das emotionale Wohlbefinden.
- Körperliche Gesundheit: Regelmäßiges Training verbessert die körperliche Gesundheit, stärkt das Immunsystem und erhöht die allgemeine Fitness.

1.28 Die Förderung von Vielfalt und Inklusion

Kampfsport bietet eine inklusive Umgebung, die Vielfalt schätzt und fördert.

- Inklusionsprogramme: Viele Kampfsportschulen bieten Programme an, die speziell auf die Bedürfnisse von Kindern mit besonderen Bedürfnissen zugeschnitten sind.
- Kulturelle Vielfalt: Kampfsport fördert das Verständnis und die Wertschätzung für kulturelle Vielfalt und unterschiedliche Traditionen.
- Gemeinschaft für alle: Kampfsport schafft eine Gemeinschaft, in der sich jeder willkommen und geschätzt fühlt, unabhängig von Hintergrund oder Fähigkeiten.

1.29 Die langfristigen gesundheitlichen Vorteile

Die gesundheitlichen Vorteile des Kampfsports erstrecken sich weit über die Jugend hinaus und tragen zu einem langen und gesunden Leben bei.

- Vorbeugung von Krankheiten: Regelmäßiges Training kann das Risiko chronischer Krankheiten wie Herz-Kreislauf-Erkrankungen, Diabetes und Übergewicht reduzieren.
- Stärkung des Immunsystems: Ein aktiver Lebensstil stärkt das Immunsystem und verbessert die allgemeine Gesundheit.
- Mentale Gesundheit: Kampfsport fördert nicht nur die körperliche, sondern auch die mentale Gesundheit, indem er Stress abbaut und das emotionale Wohlbefinden verbessert.

1.30 Die Rolle der Eltern als Unterstützer

Eltern sind entscheidend für den Erfolg und das Wohlbefinden ihrer Kinder im Kampfsport.

- Engagement zeigen: Zeigen Sie Interesse und Engagement für die Kampfsportaktivitäten Ihres Kindes, indem Sie an Veranstaltungen und Wettkämpfen teilnehmen.
- Emotionale Unterstützung: Bieten Sie kontinuierliche emotionale Unterstützung und ermutigen Sie Ihr Kind, auch bei Herausforderungen weiterzumachen.
- Vorbildfunktion: Seien Sie ein positives Vorbild in Bezug auf Disziplin, Engagement und gesunden Lebensstil.

1.31 Ein Leben voller Möglichkeiten und Potenziale

Kampfsport bietet eine Vielzahl von Möglichkeiten und Potenzialen, die das gesamte Leben Ihres Kindes positiv beeinflussen können.

- Karrieremöglichkeiten: Für einige kann der Kampfsport zu einer beruflichen Karriere führen, sei es als Athlet, Trainer oder in der Sportadministration.
- Lebenslange Fitness: Die im Kampfsport entwickelten Fitness- und Gesundheitsgewohnheiten tragen zu einem gesunden und aktiven Lebensstil bei.
- Persönliche Erfüllung: Kampfsport bietet eine Möglichkeit, persönliche Erfüllung und ein Gefühl von Leistung und Selbstverwirklichung zu finden.

Anhang

1. Glossar der Kampfsportbegriffe

Dieses Glossar enthält eine Übersicht über wichtige Begriffe, die im Kampfsport häufig verwendet werden. Es dient als Nachschlagewerk für Eltern und Kinder, um die Terminologie besser zu verstehen und sich im Kampfsport zurechtzufinden. Da es weltweit über 3000 verschiedene Kampfkünste und Kampfsportarten gibt, ist dies nur ein minimaler Ausschnitt.

A

- Atemi: Ein Schlag oder Stoß, der auf die empfindlichen Punkte des Körpers abzielt. Atemi-Techniken werden in vielen Kampfsportarten wie Judo und Aikido verwendet.
- Aikido: Eine japanische Kampfkunst, die auf die Nutzung der Energie des Gegners abzielt, um Angriffe zu neutralisieren. Aikido legt großen Wert auf defensive Techniken und harmonische Bewegungen.
- Arnis: Auch bekannt als Eskrima oder Kali, ist eine philippinische Kampfkunst, die sich auf den Einsatz von Stöcken, Messern und anderen Waffen spezialisiert hat.

B

- BJJ (Brazilian Jiu-Jitsu): Eine Kampfkunst, die sich auf Bodenkampf und Grappling-Techniken spezialisiert hat. BJJ ist bekannt für seine Hebel- und Würgetechniken.
- Bokken: Ein Holzschwert, das im Training von japanischen Kampfkünsten wie Kendo und Aikido verwendet wird.
- Boxen: Ein Kampfsport, der sich auf Schläge mit den Fäusten konzentriert. Boxen ist eine der ältesten und bekanntesten Kampfsportarten.

C

- Capoeira: Eine brasilianische Kampfkunst, die Tanz, Akrobatik und Musik kombiniert. Capoeira ist bekannt für seine schnellen, fließenden Bewegungen und rhythmischen Elemente.
- Chi: Ein Begriff aus der chinesischen Philosophie, der die Lebensenergie oder Lebenskraft bezeichnet. Chi spielt eine zentrale Rolle in vielen asiatischen Kampfkünsten und Heilmethoden.
- Choke: Eine Würgetechnik, die darauf abzielt, den Gegner durch Kompression der Luftröhre oder Blutgefäße bewusstlos zu machen.

D

- Dan: Ein Rangsystem, das den Fortschritt und die Fähigkeiten eines Kampfsportlers bewertet. Der Dan-Rang beginnt in der Regel nach dem Erreichen des schwarzen Gürtels.
- Dojo: Ein Trainingsraum für Kampfkünste. Der Begriff stammt aus dem Japanischen und bedeutet wörtlich "Ort des Weges".
- Dojokun: Eine Reihe von ethischen Richtlinien und Verhaltensregeln, die in vielen traditionellen Kampfsportdojos gelehrt werden.

E

- Eskrima: Eine philippinische Kampfkunst, die sich auf den Einsatz von Stöcken, Messern und anderen Waffen konzentriert. Eskrima ist auch als Arnis oder Kali bekannt.
- Etikette: Die Verhaltensregeln und Höflichkeitsformen, die im Kampfsport befolgt werden. Etikette umfasst das Grüßen, die Pflege der Ausrüstung und den respektvollen Umgang mit Trainern und Mitschülern.

F

- Faustschutz: Ein Schutzausrüstungsstück, das die Hände und Knöchel bei Schlagtechniken schützt. Faustschutz wird in vielen Kampfsportarten wie Boxen, Muay Thai und Kickboxen verwendet.
- Form: Eine festgelegte Abfolge von Bewegungen und Techniken, die im Training geübt wird. Formen sind in vielen Kampfsportarten wie Karate, Taekwondo und Kung Fu üblich.

G

- Gi: Die traditionelle Trainingskleidung in vielen japanischen Kampfkünsten wie Judo, Karate und Jiu-Jitsu. Ein Gi besteht aus einer Jacke, einer Hose und einem Gürtel.
- Grappling: Eine Gruppe von Techniken, die den Nahkampf und den Bodenkampf umfassen. Grappling-Techniken sind in Kampfsportarten wie Brazilian Jiu-Jitsu, Judo und Wrestling weit verbreitet.
- Gürtel: Ein farbiger Streifen, der um die Taille getragen wird und den Rang und Fortschritt eines Kampfsportlers anzeigt. Die Farbe des Gürtels variiert je nach Kampfsportart und Graduierungssystem.

H

- Hakama: Eine traditionelle japanische Hose, die in Kampfkünsten wie Aikido und Kendo getragen wird. Hakama sind weit geschnitten und haben eine symbolische Bedeutung.
- Hapkido: Eine koreanische Kampfkunst, die eine Vielzahl von Techniken einschließlich Schlägen, Tritten, Würfen und Gelenkhebeln kombiniert. Hapkido legt großen Wert auf die Selbstverteidigung.
- Hebel: Eine Technik, die darauf abzielt, die Gelenke des Gegners zu kontrollieren und zu manipulieren, um Schmerzen zu verursachen oder ihn zur Aufgabe zu zwingen.

I

- Iaido: Eine japanische Kampfkunst, die sich auf das schnelle Ziehen des Schwertes und die sofortige Ausführung eines Schnitts konzentriert. Iaido betont Präzision, Konzentration und fließende Bewegungen.
- Ichimonji: Eine Grundstellung in vielen Kampfkünsten, bei der der Körper in einer geraden Linie positioniert ist. Diese Stellung wird oft zur Vorbereitung auf Techniken verwendet.

J

- Judo: Eine japanische Kampfkunst und olympische Sportart, die sich auf Würfe und Bodenkampf spezialisiert hat. Judo bedeutet wörtlich "sanfter Weg" und betont die Effizienz von Bewegung und Technik.
- Jujutsu: Eine traditionelle japanische Kampfkunst, die eine Vielzahl von Techniken einschließlich Schlägen, Tritten, Würfen und Gelenkhebeln umfasst. Jujutsu ist der Vorgänger moderner Kampfsportarten wie Judo und Brazilian Jiu-Jitsu.

K

- Kali: Eine philippinische Kampfkunst, die sich auf den Einsatz von Stöcken, Messern und anderen Waffen spezialisiert hat. Kali ist auch als Eskrima oder Arnis bekannt.
- Kata: Eine choreografierte Abfolge von Bewegungen und Techniken, die im Training geübt wird. Kata wird in vielen japanischen Kampfsportarten wie Karate und Judo praktiziert.
- Kiai: Ein Kampfschrei, der in vielen asiatischen Kampfsportarten verwendet wird, um die Konzentration zu erhöhen und die Technik zu verstärken.
- Kicks: Tritte, die in vielen Kampfsportarten wie Taekwondo, Karate und Muay Thai verwendet werden. Verschiedene Arten von Kicks umfassen den Frontkick, Roundhouse-Kick und Sidekick.

L

- Lock: Eine Technik, die darauf abzielt, das Gelenk eines Gegners zu kontrollieren und ihn bewegungsunfähig zu machen. Gelenkhebel und Hebeltechniken sind Beispiele für Locks.
- Low Kick: Ein Tritt, der auf die Beine des Gegners abzielt, oft verwendet in Muay Thai und Kickboxen. Low Kicks können die Bewegungsfreiheit des Gegners einschränken und Schmerzen verursachen.

M

- Martial Arts: Ein allgemeiner Begriff für verschiedene Kampfsportarten und Selbstverteidigungssysteme. Martial Arts umfassen eine Vielzahl von Stilen und Techniken aus der ganzen Welt.

- Meditation: Eine Praxis, die in vielen Kampfsportarten zur Förderung der mentalen Klarheit und Konzentration verwendet wird. Meditation kann die geistige Stärke und die emotionale Balance verbessern.
- Muay Thai: Eine thailändische Kampfkunst, die auch als Thai-Boxen bekannt ist. Muay Thai verwendet Schläge, Tritte, Ellbogen- und Knietechniken sowie Clinchtechniken.

N

- Nunchaku: Eine traditionelle japanische Waffe, die aus zwei Stöcken besteht, die durch eine Kette oder ein Seil verbunden sind. Nunchaku wird in Kampfsportarten wie Karate und Kobudo verwendet.
- Ne-Waza: Techniken des Bodenkampfes, die im Judo und Brazilian Jiu-Jitsu praktiziert werden. Ne-Waza umfasst Würgegriffe, Hebel und Kontrolltechniken.

O

- O-Soto-Gari: Eine Judo-Wurftechnik, bei der der Gegner durch einen großen Außensichelwurf zu Boden gebracht wird. O-Soto-Gari ist eine der grundlegenden Techniken im Judo.
- Obi: Der Gürtel, der in vielen japanischen Kampfkünsten getragen wird. Der Obi zeigt den Rang des Trägers an und ist ein wichtiges Symbol der Disziplin und des Fortschritts.

P

- Punch: Ein Schlag mit der Faust, der in vielen Kampfsportarten wie Boxen, Karate und Taekwondo verwendet wird. Verschiedene Arten von Punches umfassen den Jab, Cross und Uppercut.
- Parry: Eine Verteidigungstechnik, bei der der Angriff des Gegners abgelenkt oder abgewehrt wird. Parieren ist in vielen Kampfsportarten ein grundlegendes Verteidigungselement.

Q

- Qi (Chi): Ein Begriff aus der chinesischen Philosophie, der die Lebensenergie oder Lebenskraft bezeichnet. Qi spielt eine zentrale Rolle in vielen asiatischen Kampfkünsten und Heilmethoden.
- Qi Gong: Eine chinesische Praxis zur Kultivierung und Harmonisierung von Qi durch Atemübungen, Meditation und sanfte Bewegungen. Qi Gong wird oft zur Gesundheitsförderung und als Ergänzung zum Kampfsport praktiziert.

R

- Roundhouse-Kick: Ein Tritt, bei dem das Bein in einer kreisförmigen Bewegung geschwungen wird, um das Ziel seitlich zu treffen. Der Roundhouse-Kick ist in vielen Kampfsportarten weit verbreitet.

- Randori: Eine Form des freien Trainings im Judo und Aikido, bei dem die Techniken in einem weniger formellen, fließenden Kontext geübt werden. Randori fördert die Anwendung der Techniken in realistischen Situationen.

S

- Sparring: Eine Trainingsmethode, bei der zwei Kampfsportler gegeneinander antreten, um Techniken in einer kontrollierten Umgebung zu üben. Sparring ist ein wesentlicher Bestandteil vieler Kampfsportarten, um das Gelernte anzuwenden.
- Shihan: Ein Ehrentitel, der in vielen japanischen Kampfkünsten einem hochrangigen Lehrer oder Meister verliehen wird. Shihan bedeutet wörtlich "Meisterlehrer".
- Shodan: Der erste Rang des schwarzen Gürtels in vielen japanischen Kampfkünsten. Shodan bedeutet wörtlich "erster Rang" und markiert den Beginn der fortgeschrittenen Ausbildung.

T

- Taekwondo: Eine koreanische Kampfkunst, die für ihre spektakulären Tritte und schnellen Techniken bekannt ist. Taekwondo ist eine olympische Sportart und betont Disziplin und Respekt.
- Tameshiwari: Das Brechen von Brettern, Ziegeln oder anderen Materialien zur Demonstration der Kraft und Technik. Tameshiwari wird oft in Karate und anderen Kampfsportarten praktiziert.
- Throw: Eine Technik, bei der der Gegner geworfen wird, um ihn aus dem Gleichgewicht zu bringen und zu Boden zu bringen. Würfe sind ein zentrales Element in Kampfsportarten wie Judo und Sambo.

U

- Uchi Deshi: Ein Schüler, der in der Schule oder im Dojo seines Lehrers lebt und trainiert. Uchi Deshi erhalten intensive Ausbildung und dienen ihrem Lehrer in verschiedenen Aufgaben.
- Uke: Der Partner, der in einer Trainingseinheit oder Demonstration die Rolle des Angreifers übernimmt. Uke hilft Tori (dem Verteidiger), die Techniken zu üben und zu verbessern.

V

- Ving Tsun (Wing Chun): Eine südchinesische Kampfkunst, die schnelle und direkte Techniken zur Selbstverteidigung betont. Ving Tsun ist bekannt für seine Effizienz und Einfachheit.

W

- Waza: Japanischer Begriff für "Technik". Waza bezieht sich auf die spezifischen Techniken, die in einer Kampfsportart gelehrt und geübt werden.

- Wushu: Ein moderner Wettkampfstil, der auf traditionellen chinesischen Kampfkünsten basiert. Wushu umfasst sowohl Formen- als auch Kampfdisziplinen.

X

- Xingyiquan: Eine chinesische innere Kampfkunst, die auf geradlinigen, kraftvollen Bewegungen basiert und die Prinzipien der fünf Elemente nutzt.

Y

- Yudansha: Ein Träger eines schwarzen Gürtels in einer japanischen Kampfkunst. Yudansha bedeutet wörtlich "Person mit Rang".
- Yawara: Ein kleiner, handlicher Schlagstock, der in der Selbstverteidigung verwendet wird. Yawara wird oft in Jujutsu und modernen Selbstverteidigungssystemen eingesetzt.

Z

- Zanshin: Ein Zustand der anhaltenden Wachsamkeit und Achtsamkeit, der in vielen Kampfkünsten angestrebt wird. Zanshin bedeutet wörtlich "der verbleibende Geist" und beschreibt die Bereitschaft, auch nach einer Technik aufmerksam zu bleiben.
- Zori: Traditionelle japanische Sandalen, die oft im Dojo getragen werden. Zori werden vor dem Betreten des Trainingsbereichs ausgezogen.